피지배층이었던 군중이
지배 세력으로 떠오른
오늘의 현상은 무엇을 말하는가?

: 군중의 시대

현시대의 변화 — 문명의 대대적인 변화는 민족의 사고방식이 변화한 결과다 — 군중 세력에 대한 현대인들의 믿음 — 군중 세력에 대한 믿음이 관례적인 국가 정책을 바꾼다 — 민중 계급은 어떻게 출현하고 힘을 행사하는가? — 군중 세력이 만들어내는 필연적 결과 — 군중의 역할은 파괴자일 수밖에 없다 — 매우 오래된 문명은 군중의 손에 붕괴된다 — 군중 심리에 대한 보편적 무지 — 입법자와 정치인에게 군중에 관한 연구가 중요한 이유

인류 역사에서 일어난 큰 사건들의 배경에는 항상 생각의 변화가 자리 잡고 있었다. 우리 시대 역시 그러한 변화의 순간에 이르렀다. 이 시대가 과도기인 것은, 과거의 낡은 사상이 차츰 붕괴하면서도 여전히 힘을 발휘하는 가운데 그 자리를 대체할 새로운 사상이 아직 무르익지 않았기 때문이다. 미래는 전혀 새로운 사상 위에 세워질 것이다. 그리고 그 사상을 형성할 가장 강력한 세력은 군중이다.

로마 제국이 붕괴하고 아랍 세계가 탄생한 것과 같은 문명의 변화와 격변은 이민족의 침략이나 왕조의 전복 등과 같이 정치적으로 중대한 사건들이 원인인 것처럼 보인다. 하지만 이 사건들을 깊이 파고든 연구에 따르면, 표면적 이유 이면에는 대체로 민족 사상의 변화라는 보다 실제적인 이유가 있다고 한다. 역사 속의 급격한 변화들에서 주목해야 할 부분은 그 규모와 폭력성이 아니다. 문명을 쇄신하게 만든 중대한 변화들이 사상과 이해, 신념에서 비롯되었다는 점이다. 인류가 기억할 만한 역사적 사건들은 눈에 보이지 않는 생각의 변화가 야기한 가시적 결과들이다. 그리고 그처럼 큰 사건들이 아주 드물게 나타난다는 것은 그 민족 대대로 전해 내려온 사고방식의 토대가 그만큼 강고하다는 뜻이기도 하다.

우리가 살아가고 있는 이 시대 역시 인간의 사고가 변화하는 중요한 시점이라 할 수 있다. 이러한 변화가 찾아온 두 가지 근본 요인이 있다. 첫 번째는 우리가 누려온 문명의 모든 요소를 형성한 종교적·정치적·사회적 신념의 붕괴다. 두 번째는 과학과 산업이 발전함에 따라 우리가 완전히 새로운 생활 여건에 처했고, 그에 따라 완전히 새로운 사고방식을 갖게 되었다는 점이다. 한편으로는 현시대를 과도기 또는 무정부 시대라고 부를 수도 있다. 과거의 사상이 비록 반쯤 붕괴되었음에도 여전히 강력한데다 그 자리를 메워야 할 새로운 사상은 아직 형성 단계에 머물러 있기 때문이다.

다소 혼란스러울 수밖에 없는 이러한 시기에 어떤 일이 일어날지 말하기란 쉽지 않다. 지금의 사회를 이을 미래의 사회는 어떤 사상의 토대 위에 세워질까? 우리는 아직 그 답을 알 수 없다. 하지만 한 가지는 분명하다. 그 사상을 형성하기 위해서는 현시대 최후의 권력인 새로운 세력, 바로 군중 세력을 고려해야 한다는 사실이다.

과거에는 실재했으나 지금은 사라져버린 수많은 사상의 잔해 위로, 또 혁명으로 줄줄이 부서져버린 그 숱한 정권들 속에서 유일하게 일어선 것이 바로 군중 세력이다. 그리고 그 힘은 머지않아 다른 모든 세력을 흡수하고 말 것이다. 오랜 신념이 가물거리다 사라지고 사회의 낡은 기둥들이 차례로 무너지는 동안 그 어떤 것에도 위협받지 않고 점점 더 위세를 키우는 것은 오직 군중 세력뿐이다. 우리가 살아갈 이 시대는 진정한 '군중의 시대'가 될 것이다.

과거에는 국가의 정치적 결정에서 하등의 고려 대상이 아니었던 군중이 이제는 점점 지배 계급으로 발돋움하고 있다. 상황이 이렇게 된 이유는 정치 제도 때문이 아니라, 군중의 머릿속에 자리 잡은 사상 때문이다. 지적 수준은 열등하나 행동력은 뛰어난 군중은 사상을 중심으로 결집하여 세력을 형성했고, 그들의 힘은 군주의 권력을 넘어섰다.

불과 100년 전만 해도 국가 정책과 왕족의 권력 경쟁이 역사적 사건을 만들어내는 주요 원인이었다. 군중의 견해는 거의 고려되지 않았으며, 심지어 단 하나도 받아들여지지 않는 경우가 허다했다. 하지만 오늘날에는 정치적 관례, 군주들 개개인의 성향, 또 그들의 경쟁은 더 이상 중요하지 않다. 반대로 군중의 목소리가 우세해졌다. 왕의 행동을 결정하는 이들도, 왕이 귀를 기울여야 하는 대상도 군중이다. 이제 국가의 운명이 왕의 뜻이 아니라 군중의 정신을 통해 이루어지는 시대에 이르렀다.

민중 계급이 정계에 진출하고 사실상 지배 계급으로 발돋움하는 점진적 변화는 과도기적인 우리 시대의 두드러진 특징 가운데 하나다. 오랫동안 보통 선거의 영향력이 미미했고 그동안 수월하게 집행되었기에 민중 계급의 정계 진출이 보통 선거라는 제도의 결과라고 볼 수는 없다. 군중이 점진적으로 위세를 떨치게 된 이유는 어떤 사상들이 전파되어 사람들의 머릿속에 천천히 뿌리내렸고 이후 그 이론적 개념을 구현하고자 하는 개인들이 결집했기 때문이다. 이러한 결집을 통해 공정하지는 않으나 확고한 사상이 형성되고 군중은 마침내 자신들의 힘을 자각하기에 이르렀다. 군중은 모든 경제 법칙을 무시한 채 근로와 임금 조건을 통제하기 위한 노동조합을 설립해 모든 권력을 차례로 굴복시킨다. 그리고 그 어떤 주

24

도권과 자주성도 없는 일개 대변인을 대표로 선출해 정부 회의에 대표자로 내보낸다.

오늘날 군중의 요구는 점점 더 거세지고 있다. 현대 사회를 완전히 파괴하여 문명의 여명기 이전 모든 인간 집단이 당연시했던 원시적 공산주의로 회귀하지 않는 한 이 요구는 끝나지 않을 것만 같다. 민중 계급의 이익을 위해 노동 시간을 제한하고 광산과 철도, 공장, 토지를 수용할 것, 모든 생산품을 공평히 나누고 모든 상류층을 없애는 것, 군중의 요구는 이런 것들이다.

군중은 이론적 추론 능력이 거의 없는 대신 행동하는데 있어서는 대단히 과감하다. 그들은 결집과 조직에 힘입어 막강한 힘을 키웠다. 또 우리가 그 탄생을 목도하고 있는 신조들은 머지않아 과거의 오랜 신조들이 그랬던 것처럼 그 어떤 논쟁도 불허하는 전제적이고 절대적인 힘을 갖게 될 것이다. 군중의 숭고한 권리가 곧 군주의 신권神權을 대신하게 될 것이다.

부르주아의 입장에 선 작가들은 두려운 시선으로 군중을 바라보지만, 파괴적인 군중이 득세하는 현실을 막을 방법은 없다. 문명의 수명이 다해가는 순간 결정타를 날린 것은

언제나 군중이었다. 군중의 힘을 막을 길이 없는 현 시대가
어쩌면 새로운 문명으로 들어서는 입구인지도 모른다.

오늘날 부르주아지들이 선호하는 작가들은 군중 세력
의 다소 편협한 사상과 근시안적 관점과 피상적인 회의
주의와 또 때로는 조금 지나치다 싶은 이기주의를 아주
잘 묘사하고 있고, 이 새로운 권력의 성장을 지켜보며 불
안해한다. 그러면서 무질서한 사고에 맞서고자 과거 자
신들이 그토록 경멸했던 교회의 정신적 힘에 필사적으로
호소한다. 작가들은 완전히 회개하여 과학의 실패를 떠
벌리고 신이 계시한 진리의 가르침을 다시금 상기시킨
다. 하지만 섣부르게 전향한 그들은 이미 너무 늦었다는
사실을 깨닫지 못하고 있다. 작가들이 실제로 신의 은총
에 감명받았다 해도 이 회두한 신자들을 괴롭히는 걱정
거리에 무관심한 영혼들에게는 신의 은총이 아무런 위력
을 발휘하지 못한다. 군중은 온 힘을 다해 무너뜨리고자
했던 신들을, 자신들이 어제 원치 않았던 그 신들을 오늘
은 더더욱 멀리한다. 강물을 근원으로 거슬러 오르게 하
는 힘은 신에게도, 인간에게도 없는 것이다.

하지만 과학은 실패하지 않았다. 과학은 지금의 사상

26

적 무질서와 그 무질서 속에서 위세를 떨치는 새로운 권력과 아무런 상관이 없다. 과학은 진실을, 세상 모든 요소들의 관계를 우리의 지성으로 이해할 수 있도록 해주겠다고 약속했지 결코 평화나 행복을 약속한 적은 없다. 인간의 감정에 극도로 무관심한 과학에게 우리의 탄식이 들릴 리도 없다. 우리 인간은 과학을 벗 삼아야 한다. 그래야만 과학에 의해 환상이나 미신으로 증명된 일들에 다시 현혹되는 일이 없을 것이다.

모든 국가에서 드러나는 보편적 징후는 군중 세력이 빠르게 성장할 것임을 예고하고 있다. 그 성장세가 곧 주춤할 것이라고 기대하는 것은 어리석은 일이다. 군중 세력이 어떤 결과를 초래하더라도 우리는 그것을 감내할 수밖에 없을 것이다.

군중 세력에 반대하는 모든 장광설은 죄다 무의미하다. 물론 군중의 출현이 서양 문명의 최종 단계 중 하나, 즉 모든 새로운 문명과 사회가 출현하기에 앞서 으레 등장하는 혼란스러운 무정부 상태를 의미하는 것일지도 모른다. 그렇다고 우리에게 그것을 막을 방법이 있을까?

쇠퇴해가는 문명에 결정적 타격을 가하고 무너뜨린 것은 언제나 군중이었다. 역사는, 문명의 근간이었던 정신적 힘이 영향력을 상실하는 순간 야만인이라는 표현에 걸맞은 몰지각하고 난폭한 군중이 등장해 그 문명을 최종적으로 해체해버린다는 사실을 보여준다. 지금껏 문명을 열고 주도한 이들은 오직 소수의 특권 계급이었지, 결코 군중이 아니었다. 군중에게는 그저 문명을 파괴하는 힘만 있을 뿐이다. 그러므로 어떤 시대를 군중이 지배하고 있다는 사실은 곧 그 시대의 문명이 미개한 단계에 있음을 의미한다.

문명은 규율과 규범, 본능에서 한 발 나아간 이성, 선견지명, 한 단계 성숙한 문화를 전제로 한다. 하지만 그 모든 조건들을 포기한 군중은 결코 그 조건들을 실현할 수 없음을 보여주었다. 오직 파괴하는 힘만 행사하는 군중은 그 힘을 이용해 약한 신체나 시체를 부패시키는 무생물처럼 행동한다. 문명이라는 구축물이 노후하면 그 문명을 파괴하는 건 늘 군중이다. 바로 그때 군중의 주된 역할이 명백히 드러나고, 이후 얼마간은 수數의 철학이 유일한 역사 철학인 것처럼 보이는 것이다.

그렇다면 우리 문명도 같은 길을 가게 될까? 두렵지만 아직은 모를 일이다. 어쨌든 우리는 군중이 군림하는 것을 그저 받아들일 수밖에 없다. 앞을 내다볼 줄 모르는 지배자들이, 그나마 군중을 저지할 수 있었던 모든 장벽을 연거푸 쓰러뜨려버렸으니 말이다.

> 이전의 심리학자들은 군중을 잠재적 범죄 집단이라는 관점에서 바라보았다. 하지만 범죄에 가담하는 군중만이 아니라 선량하고 영웅적인 군중도 존재한다. 군중에 지배당하지 않으려는 지도자들은 반드시 군중을 알아야 한다. 한 가지 명심할 것은 공정하고 합리적인 원칙을 내세우는 것은 군중을 설득하는 좋은 방법이 아니라는 점이다.

29 이제 군중이라는 말이 무수히 오르내리기 시작했지만, 우리는 군중에 대해서 아는 것이 거의 없다. 군중과 접점이라고는 없었던 심리학자들은 군중에 대해 늘 무관심했고, 군중에 관심을 가질 때는 오직 그들이 저지를지도 모를 범죄를 다룰 때뿐이었다. 물론 범죄를 저지르는 군중이 있다. 하지만 선량한 군중이나 영웅적인 군중 등 다른 양상을 띠는 군중도 존재한다. 군중 범죄는 군중 심리의 특수한 사례일 뿐이기에 그들이 저지른 범죄만 연구해서는 그들의 정신 구조를 알 수 없다. 개인이 저지른 악행만 기술하는 것으로 그 개인의 정신 구조를 파악할 수 없

음주 상태에서 과속 주행을 하던 흑인 남성 로드니 킹을 백인 경찰관들이 폭
력을 행사하며 과잉 진압한 일에 대해 법정이 경찰관들에게 무죄를 선고하
자, 이에 항의하던 흑인 주민들이 폭도로 변했다. 이 일을 시작으로 1992년
4월 29일부터 5월 4일까지 LA 전역에서 흑인과 히스패닉 주민들이 주도한
폭동이 일어나 LA는 무정부 상태에 빠졌다. 원래는 흑백 갈등으로 폭동이 점
화되었으나, 미국 경찰 당국과 언론은 백인을 보호하기 위해 사건을 흑인과
한인의 갈등으로 방향이 틀어지도록 유도했고, 때문에 LA의 코리아타운과 한
국계 주민이 큰 피해를 입었다. 당시 삶의 터전을 지키기 위해 총을 들고 방어
선을 구축한 '루프탑 코리안'이 미국 전역에서 크게 화제가 되기도 했다.

듯이 말이다.

하지만 사실 전 세계의 수장들과 모든 종교의 창시자들, 제국의 창건자들, 모든 신앙의 전도자들, 뛰어난 정치가들 그리고 조금 더 평범하게는 소규모 집단의 지도자들까지, 그들 모두는 자각하지 못했을 뿐 인간 심리에 밝은 사람들이었고, 군중의 정신에 대해 본능적으로 매우 정확히 알고 있었다. 그 덕에 지배자가 될 수 있었다. 나폴레옹은 자신이 통치했던 국가의 군중 심리를 아주 훌륭하게 꿰뚫어보았다. 하지만 그는 다른 민족의 군중 심리는 완전히 등한시하기도 했다.[1] 스페인 군중의 저항과 러시아와의 전쟁으로 심각한 타격을 입은 그의 권력이 얼마 지나지 않아 실추되었던 것은 바로 그 때문이었다.

군중을 지배하는 일이 매우 어려워진 지금, 군중 심리를 이해하는 일은 적어도 군중에 의해 지배되는 것을 피하고자 하는 정치인들이 취할 최후의 수단이 되었다.

---

1 나폴레옹의 고문들도 군중 심리를 잘 이해하지 못했다. 탈레랑*Talleyrand*(1754~1838, 프랑스의 가톨릭 성직자이자 외교관)은 나폴레옹에게 "스페인이 폐하의 군사들을 구원자라 여기며 환영할 것"이라고 했지만, 스페인 사람들은 프랑스군을 야수라 여겼다. 스페인 민족의 기질을 잘 알았다면, 그들이 프랑스군을 어떻게 대할지 쉽게 예측할 수 있었을 것이다.

스페인 화가 프란시스 고야*Francisco Goya*(1746~1828)가 그린 〈1808년 5월 3일〉이다. 프랑스군에 의해 총살당하는 스페인 주민을 표현한 그림이다. 1804년 프랑스 황제에 오른 나폴레옹 보나파르트는 전 유럽을 상대로 정복 전쟁을 벌인 '나폴레옹 전쟁'을 본격화했다. 나폴레옹은 피레네산맥을 경계로 프랑스와 이웃한 스페인의 국왕을 폐위하고 자신의 형 조제프 보나파르트를 스페인 왕에 옹립했다. 이에 스페인 국민의 저항이 거세자 나폴레옹은 병력을 스페인에 파견하여 학살을 자행했다.

법과 제도가 군중에게 거의 영향력을 미치지 못하는 이유를, 또 자신들이 받아들인 견해 이외의 다른 어떠한 견해도 군중이 수용할 수 없는 이유를, 그리고 군중을 움직일 때는 원칙적 공정성에 기초한 규칙을 내세울 게 아니라 그들을 감명시키고 매혹하는 법을 강구해야 한다는 사실을 이해하기 위해서는 군중 심리를 깊이 파고드는 방법밖에 없다. 예컨대 입법자가 새로운 세금 제도를 제정하고자 한다면 이론적으로 가장 공정한 세법을 선택해야 할까? 결코 그렇지 않다. 가장 불공정한 세법이 군중에게는 가장 좋을 수도 있는 것이다. 게다가 모호하면서도 표면적으로는 가장 덜 부담스러워 보인다면, 그 세법은 다른 어느 세제보다 수월하게 받아들여질 것이다. 간접세가 터무니없이 높아도 군중이 쉽게 받아들이는 이유역시 그 때문이다. 소비재에 부과되는 간접세를 매일 몇 푼씩 지불하는 정도는 군중의 일상적 소비에 불편을 끼치지 않을뿐더러 크게 다가오지도 않는다. 하지만 이 간접세를 임금이나 기타 소득에 부과하는 비례세로 대체한다면, 그 비례세는 딱 한 번만 납부하면 되고 실질적으로는 간접세에 비해 부담이 10분의 1에 불과하다 해도 사람들은 이구동성으로 항의하며 일어날 것이다. 매일 조금씩 거의 눈에 띄지 않을 정도로 지불하던 금액을 이제는 상대적으로 많아 보이는 액수로 지불해야 하기 때문에 세금을 납부하는 날이면 그 금액이 무시무시하리만큼 크게 느껴지는 것이다. 평소에 조금씩 저축해두었다면 그 액수가 그리 크게 느껴지지 않을 테지만, 군중이 내일을 내다보고 그런 경제적 태도를 취하기란 불가능하다.

앞서 언급한 예는 가장 단순한 경우이며, 그 타당성도 쉽게 인지할 수 있을 것이다. 나폴레옹처럼 군중 심리에 비교적 밝은 사람은 그러한 군중 심리의 급소를 놓치지 않았지만, 군중의 정신에 무관심한 입법자들은 미처 알아차리지 못한다. 인간이 결코 순수 이성의 규범대로만 움직이지 않는다는 사실을 아직 경험으로 충분히 배우지 못했기 때문이다.

> 군중 심리를 연구하는 가운데 이전에는 이해할 수 없었던 수많은 현상들을 이해하게 될 것이다.

군중 심리는 다른 분야들에도 적용할 수 있다. 군중 심리를 이해하는 것은 군중 심리를 모르면 결코 이해할 수 없는 수많은 역사적·경제적 현상들을 파악하고자 할 때 가장 큰 빛을 발한다. 나는 현시대의 뛰어난 철학자이자 역사학자 중 한 사람인 이폴리트 텐*Hippolyte Adolpheb Taine*(1828~1893, 프랑스의 철학자이자 비평가, 역사가)이 군중의 정신을 연구할 생각조차 못했기 때문에 프랑스 대혁명 당시 일어난 사건들에 대해 불완전하게 이해할 수밖에 없었음을 이 책에서 밝혀보려 한다. 텐은 이 복잡한 시기를 연구할 때 박물학자(박물학은 주로 동물과 식물에 관해 연구하는데, 실험보다는 관측에 의존하는 경우가 많다)의 기술적 방식을 길잡이로 삼는 오류를 범했다. 박물학자는 현상을 연구할 때 정신적 힘을 거의 다루지 않는데, 바로 그 정신적 힘이 역사의 진정한 원동력이다.

35

그러므로 군중 심리에 관한 연구는 그 실용적인 면만 고려한다 해도 시도할 가치가 충분하다. 순전한 호기심에서라고 해도 역시 마찬가지일 것이다. 인간 행동의 동기들을 꿰뚫어보는 일은 광물이나 식물의 비밀을 해독하는 것만큼이나 흥미로운 일이다.

군중의 정신에 관한 우리의 연구는 관찰 결과를 간결하게 요약한 짧은 보고서 정도라고 할 수 있을 듯하다. 그러니 이 연구에서는 그저 몇 가지 시사점만 기대해야 할 것이다. 그 외의 것들은 다른 이들이 더욱 진전시켜

프랑스의 철학자이자 역사학자인 이폴리트 아돌프 텐. 실증주의에 바탕을 두고 인간성을 연구함에 있어 과학적 접근 방법을 시도했다. 여러 사상과 이론에서 '진리'라고 받아들여지는 부분들을 절충하고 조화시켜 하나의 학설을 만들어나가는 절충주의를 비판하여 당대의 학자들과 대립하기도 했다. 특히 그는 문학 연구에 있어서도 작가가 물려받은 정신적 기질과 종족, 역사적 상황 등을 고려해야 한다는 입장을 취해서 개인의 감상을 위주로 하는 당대의 비평계에 새로운 접근법을 제안했다. 귀스타브 르 봉은 이폴리트 텐을 어느 부분에서는 비판하면서도 그의 저작에서 많은 내용을 인용하여 소개하고 있다.

나아갈 것이다. 지금 우리가 할 수 있는 일은 아직 아무도 가보지 않은 길에 방향을 제시하는 것뿐이다.[2]

---

[2] 앞서 언급했듯, 이전에 군중 심리를 연구한 몇 안 되는 저자들은 범죄적 측면에서만 군중을 관찰했다. 이 책에서는 군중의 범죄에 관해서는 아주 짧게 다루었기에 이 주제에 접근하고 싶은 독자들에게는 가브리엘 타르드*Gabriel Tarde*의 연구와 스키피오 시겔레*Scipio Sighele*의 소논문 「범죄적 군중*La Folla delinquente*」을 추천한다. 특히 시겔레의 논문은 저자 개인의 사상은 배제한 채 오직 심리학자들이 활용할 수 있을 여러 현상을 총망라한 것이라 할 수 있다. 하지만 군중의 범죄와 도덕성에 대한 나의 결론은 앞서 언급한 두 저자의 의견과는 상반된다.

나는 나의 다른 저서 『사회주의 심리학*La Psychologie du socialisme*』에서 군중 심리를 지배하는 여러 법칙들의 산물을 기술한 바 있다. 이 법칙들은 아주 다양한 주제에 적용되는데, 브뤼셀 왕립 음악원의 프랑수아 오귀스트 헤바르트*François-Auguste Gevaert* 원장은 우리가 음악에 관한 연구에서 설명했던 법칙들을 최근에 아주 훌륭하게 적용했다. 그는 그 법칙들을 아주 적절하게도 '군중 예술'이라고 규정했다. 뛰어난 교수였던 헤바르트는 자신의 논문을 나에게 보내면서 다음과 같이 썼다. '당신이 집필한 두 저서 덕분에 나는 도저히 해결할 수 없으리라 생각했던 문제의 답을 찾았습니다. 현대악이든 고전악이든, 자국의 곡이든 해외의 곡이든, 단순한 곡이든 복잡한 곡이든 열정적인 지휘자가 이끄는 연주자들에 의해 아름답게 연주되기만 한다면, 그 음악 작품을 감상하는 군중의 능력 또한 놀라우리만치 훌륭해진다는 점을 말입니다.' 그는 이어서 '노련한 음악가들이 자기 방에서 고독하게 악보를 읽으면서도 이해하지 못하는 작품을, 때로는 음악적 전문 지식이 전혀 없는 관객이 단번에 이해할 수 있을 것'이라는 사실을 아주 훌륭하게 밝혀낸다. 아울러 그런 미학적 감상들이 감쪽같이 사라져버리는 이유도 명확히 제시한다.

van Mallegem, wilt nu wel syn gesint,

Hexe wil hier oock wel worden bemint.

Om v te ge

Turven lichtl

PART 1

독립된 개인과 군중 속 개인의 의식은
어떻게 다른가?

군중의 정신 구조

n ick gecomen hier   Compt vry, den meesten met den min
Hebdy de wesn int hooft, oft lote

"뛰어난 자질을 갖추고 교육 수준도 높은 인재들로 구성된 모임이
별로 교육을 받지도 못한 이들이 모인 모임보다
더 나은 판단을 하거나 결정을 내리지 못하는 이유는 자명하다.
여럿이 모였을 때 그들이 공유할 수 있는 것은
개개인의 특출함이 아니라 평균 수준이거나
거기에 못 미치는 평범함과 열등함이기 때문이다."

Chapter 1

군중 속에서 개인의 개성이
완전히 소멸되는 이유
: 군중의 정신적 단결에 관한 심리 법칙

심리학적 측면에서 살펴보는 군중의 구성 — 수많은 개인의 결집만으로는 군중을 형성하지 못한다 — 심리적 군중의 특수성 — 심리적 군중을 이루는 개인들의 사상과 감정의 방향이 고정되면 그들 고유의 개성은 사라진다 — 군중은 언제나 무의식에 지배된다 — 지성 활동 소멸과 무의식적 척수 활동의 지배 — 지성의 감퇴와 감정의 완전한 변화 — 변화한 감정은 군중 속 개인의 감정보다 더 좋을 수도, 더 나쁠 수도 있다 — 군중은 쉽게 영웅이 되는 만큼 범죄자가 되기도 한다 우연히 사람들이 한데 모여 있는 것만으로는 군중의 특성을 띠지 않는다. 특정한 상황 아래에서 결집할 때만이 심리적 군중의 특성을 띠게 된다. 이러한 군중은 구성원의 형태, 특정한 상황이 주는 자극의 종류와 정도에 따라 다양한 범주로 구분할 수 있다. 하지만 그럼에도 모든 군중이 보이는 공통적인 특성은 있기 마련이다.

　　보편적으로 군중은 국적과 직업, 성별을 막론한 개개인들이 모여 있음을 의미한다. 그들을 결집케 한 우연이 무엇인지는 중요하지 않다.

　　하지만 심리학적 측면에서는 군중이라는 표현이 완전히 다른 의미를 띤다. 특정한 상황 아래에서 결집한 사람들은 그 상황 속에서 새로운 특성, 그러니까 각 개인의 특성과는 매우 판이한 특성을 갖기 마련인데, 이때 의식을 가진 인격체는 흔적도 없이 사라지고 집단 일체의 감정과 생각이 한 방향으로 흐르게 된다. 그러면 일시적이지만 뚜렷한 성격을 지닌 집단정신이 형성된다. '집단'은 내가 찾은 최선의 표현으로, 이른바 '조직된 군중' 또는 '심리적 군중'이 되고 단일한 존재로 거듭나 정신적으로 단결하는 법칙을 따르게 된다.

물론 우연히 한데 모여 있다는 이유만으로 수많은 개인들이 조직된 군중의 특성을 얻는 것은 아니다. 그들이 아무런 목적 없이 그저 우연한 계기로 어떤 공공장소에 모여 있다면 심리학적 관점에서 볼 때 결코 군중이라 할수 없다. 그들이 군중의 특수성을 갖기 위해서는 어떠한 자극들에 영향을 받아야 한다. 그 자극들의 종류에 대해서는 뒤에서 살펴볼 것이다.

의식을 가진 인격체의 소멸, 감정과 사유의 편향성은 조직된 군중에게서 가장 먼저 발현되는 특징으로 여러 개인들이 한 장소에 동시에 존재한다고 해서 반드시 수반되는 것은 아니다. 서로 떨어져 있는 수많은 개인들도, 가령 국가적으로 엄청난 사건이 발생했을 때처럼 특정한 순간에 어떤 격렬한 감정의 영향을 받으면 심리적 군중의 성격을 띠기도 한다. 요컨대 개인들을 결집케 할 어떤 우연만 있다면 그들의 행위는 곧 군중 행위의 특수성을 띠게 되는 것이다. 어떤 순간에는 대여섯 명으로도 심리적 군중을 이룰 수 있지만, 우연히 모인 수백 명이 군

44

중을 이루지 못하는 경우도 있다. 또 어떤 때는 가시적인 결속 따위가 없어도 한 민족 전체가 특정 작용의 영향을 받아 군중이 되기도 한다.

일단 심리적 군중을 형성하고 나면 대개 일시적이지만 결정적인 특성을 갖추게 된다. 그리고 나서는 이 일반적 특성들에 더해, 군중을 구성하거나 군중의 정신 구조를 바꿀 수 있는 요인들에 따라 다양한 특수성들이 보태어진다. 그러므로 심리적 군중은 세분화할 수 있다. 실제로 여러 범주로 세분화해보면, 종파나 신분, 계급 등이 서로 다른 구성원들로 이루어진 비균질적 군중이 그럭저럭 처지가 유사한 구성원들로 구성된 균질적 군중과 공통적인 특성을 보인다는 사실을 알 수 있다. 또 그 공통성과 더불어 이 두 군중을 구분 짓는 특수성 역시 발견할 수 있다는 사실도 알 수 있을 것이다.

하지만 그 다양한 특수성을 다루기에 앞서 모든 범주의 군중에서 공통적으로 나타나는 특징을 살펴볼 필요가 있다. 이 책에서는 박물학자들이 연구에 적용하는 방식대로 과_family, 科_에 속하는 모든 개체들에서 공통적으로 나타나는 일반적 특성을 기술한 후에 그 과에 속하는 속_genus, 屬_과 종_species, 種_의 독자적 특성들을 다루어보려 한다.

사실 군중의 정신을 정확하게 기술하기란 쉽지 않다. 군중은 그 집단을 이루는 민족과 구성원뿐만 아니라 가해지는 자극의 성질과 정도에 따라 다른 양상을 띠기 때문이다. 이러한 어려움은 개인에 관한 심리학 연구에서도 똑같이 나타난다. 일관된 성격은 일관된 환경에서만 만들어지기에 평생 일관된 성격으로 살아가는 사람은 오직 소설 속에서만 존재할 수밖에 없다. 내가 인간의 모든 정신 구조에는 환경이 급변하는 순간 발현될 수 있는 여러 가지 성격이 잠재한다고 제시한 것도 같은 맥락이다. 실제로 평상시라면 평화를 추구하는 공증인이나 덕망 높은 법관이 되었을 선량한 부르주아지들이 혁명기에 이르러 가장 과격한 국민 공회 의원이 되었고, 이후 혁명의 폭풍우가 지나가고 나자 본래의 평화주의자로 되돌아오기도 했다. 나폴레옹이 찾은 가장 고분고분한 종복들도 그들 부르주아지들이었다.

군중에 속한 개인은 생활 환경과 직업, 지적 수준에 관계없이 누구나 독립된 개인일 때와는 완전히 다른 방식으로 느끼고 생각하고 행동한다. 따라서 군중은 구성원 개개인의 평균값이나 단순한 합이 아니라, 이질적인 요소들이

화학적으로 결합하여 만들어진 새로운 유기체와 같다. 군중 속에서 개인이 상실되는 현상은 의식적 행위나 의지가 아니라 무의식에서 비롯된다.

군중이 형성되는 모든 단계를 살펴볼 수는 없기에 이 책에서는 완전한 조직화 단계에 이른 군중을 집중적으로 고찰해보려 한다. 그러면 군중의 평소 모습과 더불어 앞으로 군중이 어떻게 변할 수 있는지를 확인할 수 있을 것이다.

민족이라는 불변적이고 지배적인 기반 위에 새로운 특수성이 덧붙여지거나 집단에 속한 개개인들의 감정과 사유에 동일한 방향성을 제시할 수 있는 일은 오직 완전한 조직화 단계에 이른 군중에게서만 가능하다. 그리고 그제야 비로소 내가 앞서 언급한 군중의 정신적 단결에 관한 심리적 법칙이 작용하기 시작한다.

군중은 심리적 측면에서 군중 밖의 독립된 개인과 공통된 특성을 보이기도 하지만, 반대로 군중 고유의 특수성과 집단에서만 나타나는 특성을 띠기도 한다. 이 책에서는 군중의 중요성을 입증하기 위해 바로 이 군중 심리의 특수성을 우선적으로 살펴보려 한다.

심리적 군중에서 볼 수 있는 가장 놀라운 점은 각 개인들이 누구인지, 또 생활 양식이나 직업, 성격, 지적 수준이 얼마나 유사한지와 관계없이 군중을 이루는 개인들은 그 군중의 일원이 되었다는 사실 단 하나만으로도 일종의 집단적 정신에 종속된 채 개인일 때와는 완전히 다른 방식으로 느끼고 생각하며 행동한다는 사실이다. 달리 말해서 오직 군중을 이룬 개인들에게서만 발현되고 실현되는 사상과 감정이 따로 있다는 뜻이다. 심리적 군중은 분명 비균질적 구성원들이 잠시간 결속되어 만들어진 일시적인 존재다. 마치 생물체를 구성하는 각각의 세포들이 결합하여 만들어졌으나, 세포 각각의 본래 특성과는 확연히 다른 특성을 가진 새로운 유기체 같다고나 할까. 따라서 허버트 스펜서*Herbert Spencer*(1820~1903, 영국의 사회학자)에 비견될 만큼 통찰력이 날카로웠던 한 철학자의 주장과 달리 군중이라는 결합체는 각 구성원들의 단순한 합이나 평균값이 아니라 새로운 특성들의 결합이자 탄생을 의미한다. 가령 화학에서 염기성과 산성을 띤 특정 물질들이 결합하면 각각의 물질이 가진 특성과는 완전히 다른 특성을 가진 새로운 물질이 생성되는 것처럼 말이다.

오토 아돌프 아이히만_Otto Adolf Eichmann_(1906~1962). 왼쪽은 나치 독일의 대령일 때의 모습이고(1942), 오른쪽은 이스라엘 예루살렘 법정에서 전범 재판을 받을 때의 모습이다(1961). 아이히만은 독일과 오스트리아 이중 국적자로서 고등학교를 중퇴한 뒤 여러 직업을 전전하며 어렵게 살았다. 나치당에 가입한 뒤 승승장구한 그는 강제 수용소에 억압된 유대인을 처형하는 일에 관여했다. 독일이 패망했을 때 미군에 포로로 붙잡혔다가 탈출한 뒤 아르헨티나로 건너가 신분을 감추고 살았으나, 이스라엘 모사드에 체포되어 이스라엘로 압송되었다. 1962년 교수형에 처해졌다. 아이히만은 전범 재판을 받는 동안 자신은 그저 일상에 충실했을 뿐이라는 변론을 거듭했다. 그의 이런 태도는 유대인 철학자 한나 아렌트_Hannah Arend_에 의해 '악의 평범성'이라는 개념으로 정립되었다. 아이히만의 사례는 그저 한 개인으로서는 그다지 악하지도 않고 평범했을 사람이 군중에 속하는 순간 전혀 다른 존재가 될 수 있음을 보여준다.

사실 군중 안의 개인과 군중 밖의 개인이 어떻게 다른지 증명하기란 어렵지 않지만, 그 차이를 초래한 원인을 밝혀내는 건 꽤나 어려운 작업이다. 하지만 무의식에서 비롯된 현상들이 유기체의 생활 양식과 행위뿐만 아니라 지적 활동에서도 매우 중요한 역할을 한다는 사실을 떠올린다면 그 원인들을 어렴풋하게나마 예측할 수 있을 것이다. 실제로 정신의 의식 세계는 무의식 세계에 비하면 극히 일부에 불과하다. 하지만 무의식 세계는 수면 아래에 잠겨 있는 빙산처럼 베일에 싸여 있어서 아무리 예리한 분석가나 날카로운 관찰자라도 자신을 이끄는 무의식적 동기를 거의 찾아내지 못한다. 우리의 의식적 행동은 주로 세대를 이어오며 형성된 무의식 기층에서 기인하며, 그 무의식 기층 아래에는 민족혼을 구성하는 수많은 전래의 잔재들이 감추어져 있기 마련이다. 우리가 의식적으로 하는 행동에는 이렇다 할 명백한 원인이 있는 한편 그 이면에는 차마 고백하지 못할 비밀스러운 원인도 있다. 그리고 그 비밀스러운 원인의 이면에는 우리조차 인지하지 못하는 더욱더 비밀스러운 원인이 있는 법이다. 그러므로 우리의 일상 행위는 대개 우리도 모르는 숨은 동기가 발현된 양상인 셈이다.

50

살아온 환경이나 교육의 정도에 따라 사람마다 지적 수준이 다를 수는 있으나 인격적인 면에서는 별반 차이를 보이지 않는다. 또한 뛰어난 인재들이 모여 있다고 해서 그들이 지적으로 열등한 사람들보다 현명한 결정을 내리는 것도 아니다. 사람이라면 누구나 보편적 성질을 공유하고 있으며, 인재들이 모였을 때 그들이 공유할 수 있는 것은 각자의 특출함이 아니라 누구나 가진 평범함이기 때문이다. 그런데도 군중을 이루었을 때 새로운 특성이 나타나는 이유는 수적 우세와 익명성으로 인해 도덕 수준이 낮아지고, 무리 속에서는 어떤 메시지에 쉽게 동화될 뿐 아니라 그것이 빠른 속도로 퍼지면서 증폭하기 때문이다.

51 　　한 민족을 이루는 개인들은 민족정신을 구성하는 무의식적 요소들로 인해 서로 닮아 있는가 하면, 교육 정도와 같은 의식적 요소들로 인해 개인적인 차이를 보이기도 한다. 특히 유전적으로 뛰어난 사람과 그렇지 않은 사람 사이에서 그 차이는 더욱 극명해진다. 하지만 지적 능력에서 아무리 현저한 차이를 보이는 사람들이라도 본능과 열정, 감정에 있어서는 매우 긴밀한 유사성을 띤다. 또 아무리 뛰어난 사람들이라도 종교적·정치적·도덕적 감수성이나 애정, 반감 등을 느끼는 데는 지극히 평범한 사람의 수준을 뛰어넘는 경우가 매우 드물다. 위대한 수학

자와 그의 구두를 만드는 구두장이가 지적 측면에서는 큰 차이를 보일지 몰라도 인격에서는 별반 차이가 없거나 그 차이가 아주 미미한 것과 같은 이치다.

특히나 한 민족을 이루는 보통의 개인들이라면 성격을 이루는 보편적인 특질을 대개 무의식중에 거의 같은 정도로 공유하고 있다. 그래서 군중 역시 공통된 특질을 띠기 마련이다. 개개인의 지적 능력은 그들 고유의 개성과 함께 집단정신 속으로 용해되어버린다. 다시 말해 비균질성이 균질성 속으로 사라져버리고 무의식적 특성들이 군림하게 되는 것이다.

군중이 결코 고도의 지성이 발현된 행동을 할 수 없는 이유도 바로 그들에게서 공통적으로 발현되는 일반적인 특질 때문이다. 공익을 위한 결정을 내리기 위해 여러 분야의 뛰어난 인물들이 모여 머리를 맞댄다 해도 그들이 내리는 결정이 우둔한 이들끼리 내릴 법한 결정보다 월등히 뛰어나다고 할 수 없다. 사실상 그 인재들이 공유할 수 있는 것이라고는 모두가 지닌 그저 그런 평범한 특성들뿐이기 때문이다. 군중에게 축적되는 것은 어리석음이지 지성이 아니다. 흔히들 세상 어떤 지성도 볼테르*Voltaire*(1694~1778, 프랑스의 사상가. 본명은 프랑수아 마리 아루에*François-Marie Arouet*이다. 볼테르는 그의 필명이다)의 지성보다 뛰어날 수 없다고 말하는데, 만약 세상 모든 이들이 군중을 이루고 있다면 볼테르의 지성이 그들 모두의 지성보다 뛰어나다는 것만큼은 너무나 자명하다.

그렇기는 해도 군중을 이룬 개개인들이 저마다의 평범한 특성을 공유하는 데 그쳤다면, 그 특성들은 단순히 평균값의 수준에만 머무를 뿐 앞서 언급했듯 새로운 특성들로 재탄생하지는 않을 것이다. 그렇다면 새로운 특성들은 어떻게 만들어지는가? 그 답을 찾는 것이 이제부터 우리가 해야 할 일이다.

일반 개인에게서는 찾아볼 수 없는 군중만의 특수성이 나타나기 위해서는 다양한 원인들이 작용한다. 첫 번째 원인은, 군중을 이룬 개개인이 수적 우세라는 배경을 믿고 무적이라도 된 듯 도취하여 혼자라면 억눌렀을 본능을 마음껏 펼친다는 사실이다. 군중은 익명성에 힘입어 무책임해지기 마련인데, 개인을 옭아매던 책임감을 완전히 벗어버리는 날에는 본능을 억제하기가 더욱 어려워지는 법이다.

두 번째 원인은 전파다. 전파는 군중의 특수성이 발현되는 여부를 결정하고 그 방향성을 설정하는 데 개입하는데, 쉽게 확인할 수는 있지만 설명하기는 힘든 현상이다. 그래서 곧 살펴볼 최면 현상과 연관 지어 다루어야한다. 군중 안에서는 모든 감정과 행위가 전파력을 가지는데, 개인이 공공의 이익을 위해 곧잘 자신의 이익을 희생할 정도의 위력을 지닌다. 그러한 희생은 개인의 본성과 극도로 상반되는 능력이라 군중의 일원이 아니라면 거의 발휘되지 않는다.

세 번째 원인은 앞서 언급한 두 원인보다 훨씬 더 강력하게 작용한다. 군중을 이루는 개인들에게서 나타나는 특수성은 그들이 독립된 개인일 때 보이는 특성과 상반되는 경우가 간혹 있는데, 그 특수성을 발현시키는 것이 바로 이 세 번째 원인인 피암시성(타인이 넌지시 보내오는 암시에 빠져들어 그 암시를 자신의 의견이나 태도에 반영하는 것), 즉 암시에 걸리기 쉬운 특성이다. 앞에서 말한 전파는 이 피암시성의 결과에 불과하다.

이 현상을 이해하기 위해서는 최근 생리학 분야에서 보고된 몇 가지 발견들을 살펴보아야 한다. 다양한 과정을 거쳐 의식적 인격을 상실한 개인이 그 인격을 빼앗은 조종자의 모든 암시에 복종한 나머지 자신의 원래 성격이나 습관과는 전혀 다른 행위를 한다는 점은 잘 알려져 있는 사실이다. 그런데 이를 아주 면밀히 관찰해보니, 군중에 가담한 지 얼마 되지 않은 개인은 군중이 발산하는 활기에 취하거나 우리가 아직 파악하지 못한 다른 이유로 특별한 상태, 곧 최면에 걸린 사람이 경험하는 황홀경과 유사한 상태에 놓이게 된다는 사실을 알 수 있었다. 암시에 걸린 사람의 뇌는 마비 상태에 빠지기 때문에 그는 최면술사가 제멋대로 조종할 때 무의식적으로 반응하는 척수 활동(지적인 활동을 담당하는 두뇌에 비해 생물학적 신경 반응을 담당하는 열등한 기관으로서 저자는 척수를 내세운다. 그리고 인간의 열등한 행위에 대해 '척수 활동'이라고 지칭하고 있다)의 노예가 되고 마는 것이다. 그러면 결국 의식적 인격체는 완전히 소멸되고 의지력과 분별력이 사라져버려 모든 감정과 생각이 최면술사가 정한 방향으로 흐르게 된다.

심리적 군중에 속한 개인의 상태도 이와 별반 다르지 않다. 그들 개인은 더 이상 자신의 행동을 의식하지 못할 뿐더러 암시에 빠진 사람과 마찬가지로 어떤 능력들이 소멸되는 동시에 또 다른 능력들이 극도로 고양되기도 한다. 암시의 영향을 받는 개인은 억누를 수 없는 격렬한 충동에 휩싸인 채 특정한 행동을 실현하고자 돌진하게 되며, 그러한 충동은 군중을 이룬 구성원 각자가 받은 암시가 상호작용하면서 증폭되는 탓에 암시에 빠진 한 개인보다 군중에게서 더욱 격렬히 나타난다. 암시에 저항할 수 있을 만큼 개성이 강한 사람은 극소수이기 때문에 대부분의 사람은 그러한 충동의 흐름에 맞서기 힘들다. 암시에 빠진 군중이 폭력성을 띨 때 할 수 있는 일이라고는 고작 또 다른 암시를 던져 교란을 시도하는 것뿐이다. 실제로 그런 식으로 적당한 단어와 군중의 의식을 환기시킬 수 있는 이미지를 퍼뜨려 군중이 잔인한 행위를 하지 않도록 막은 사례도 있다.

독립된 개인으로서는 교양인이라 할 수 있는 이들이 군중에 속하는 순간 저급한 단계로 떨어져서 충동적이고 폭력적으로 변하며 타인의 생각에 쉽게 동화하는 모습을 보인다. 또 한편으로는 개인으로서는 절대로 할 수 없는 도덕을 실천하기도 한다. 충동에 사로잡히고 영광과 명예를 중시하는 이러한 군중의 속성은 어쩌면 인류 문명을 이끌어온 원동력이었는지도 모른다. 인류 역사의 업적 가운데 많은 것이 이성의 산물이 아니라 무의식의 산물이기 때문이다.

개인의 의식적 인격이 소멸하고 무의식적 인격이 우세해지는 현상, 암시와 전파로 인한 감정과 사상의 편향, 암시받은 생각을 곧장 행동으로 옮기는 경향 등은 군중 속 개인에게서 나타나는 주된 특징들이다. 그런 개인은 자아를 상실한 채 더 이상 자신의 의지대로 움직일 수 없는 꼭두각시가 되고 만다. 또 그런 개인은 조직된 군중에 속해 있다는 사실만으로도 저급한 단계로 떨어지게 된다. 독립된 개인으로서는 교양인일지 모르지만, 군중 속의 개인은 본능에 충실한 야만인이 되는 법이다. 군중 속의 개인은 충동성, 폭력성, 잔인함뿐만 아니라 원시적 본성에서 비롯한 열정과 용맹함을 띤다. 또한 원시적 본능에 가까운 만큼 독립된 개인에게는 아무런 작용도 하지 않을 단어나 이미지에 쉽게 감동하고, 자신의 이익이나 가장 익숙한 습관에 반하는 행위를 한다. 그러니 굳이 비유하자면 바람에 흩날리는 무수한 모래알 중 하나의 알갱이라고 할 수 있지 않을까.

배심원 개개인이었다면 반대했을 평결을 배심원단으로서 내리는 경우나, 의원 개별적으로는 배척했을 법과 정책을 의회 군중의 일원으로서는 채택하는 경우도 같은 맥락이다. 국민 공회 의원들도 개개인을 따로 놓고 보면 교양 있고 평화를 사랑하는 부르주아지이지만, 군중을 이루었을 때는 아무런 망설임 없이 아주 가혹한 법안을 승인하거나 누가 보아도 무고한 이들을 단두대로 보냈고, 한편으로는 자신들의 이익에 반하는 일, 예컨대 면책특권을 거부하거나 자신들의 목숨을 내놓는 일도 서슴지 않았다.

하지만 군중 속 개인이 본래의 자신과 본질적으로 다른 차이를 보이는 이유가 극단적인 행위를 되풀이한 결과만은 아니다. 군중 속 개인은 독자성을 상실하기 전에 이미 생각과 감정의 변화를 겪는데, 그 변화라는 것은 구두쇠를 탕아로, 회의주의자를 신봉자로, 정직한 사람을 범죄자로, 또 겁보를 영웅으로 바꿀 만큼 근본을 뒤흔들 정도로 강력하다. 그 유명한 1789년 8월 4일의 밤, 열광의 도가니 속에서 많은 의원들이 자신들의 특권을 내려놓았다. 하지만 그들이 군중에 속하지 않았다면 어느 누구도 특권을 포기하지 않았을 것이다.

지금까지 살펴본 내용의 결론을 내리자면 이렇다. 군중은 독립된 개인보다 지적으로 항상 열등한 상태에 놓인다. 하지만 어떤 감정에서 비롯된 행동을 보면 개인보다 더 나을 때도 있고 더 나쁠 때도 있다. 이는 전적으

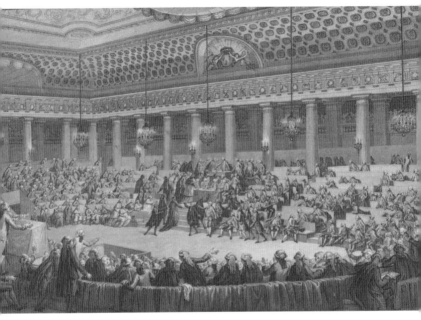

1789년 7월 14일 프랑스 대혁명이 시작되었다. 프랑스 대혁명이 일어나기 전이었던 같은 해 5월 루이 16세는 삼부회를 소집했으나, 귀족과 성직자로 구성된 특권 의원들의 횡포에 막혀 평민 의원들이 뜻을 관철하지 못하자 평민 의원들은 따로 의회를 구성하고 여기에 '국민 의회'라는 이름을 붙였다. 프랑스 대혁명이 일어난 뒤 의회를 장악한 국민 의회 의원들은 8월 4일의 야간 정례 회의에서 의원으로서 누릴 수 있는 특권을 포기하는 결정을 내렸다. 그림은 8월 4일 국민 의회의 야간 정례 회의의 모습을 묘사한 것이다.

로 군중이 어떤 종류의 암시를 받는가에 달려 있다. 군중을 오직 범죄적 측면에서 살펴보았던 작가들은 바로 그 점을 간과했다. 물론 범죄 집단으로 전락하는 군중도 있다. 하지만 영웅 집단이 되는 경우도 있다. 믿음과 사상의 승리를 위해 죽음을 불사하고, 영광과 명예에 열광하며, 이교도로부터 신의 무덤을 구해냈던 십자군 원정과 1793년 때처럼(국민 의회에 이어 들어선 국민 공회는 1793년 1월에 루이 16세를 처형했다. 이에 군주제를 채택하고 있던 영국, 스페인, 네덜란드 등의 주변 국가와 갈등을 빚을 수밖에 없었다) 조국의 영토를 수호하기 위해 빵과 무기도 거의 없이 싸움에 임했던 이들이 바로 군중이다. 분명 어느 정도는 무의식적으로 발현된 영웅심이 빚은 행위일 테지만, 바로 그 영웅심이 역사를 만드는 법이다. 만약 냉철한 이성에서 비롯된 위대한 업적만을 공적으로 삼는다면, 세계사에는 몇 안 되는 업적만이 기록될 뿐이리라.

Chapter 2

군중은 선인가, 악인가?

: 군중의 감정과 도덕성

1 군중과 민족은 어떻게 다른가?
  군중은 모든 외부 자극의 희생양이며 그 끊임없는 변주를 반영한다 — 군중의 충동은 개인의 이익을 억누를 만큼 강력하다 — 군중에게서는 어떤 것도 예측할 수 없다 — 민족이란 요인의 작용

2 군중의 지지를 얻으려는 정치인과 지도자가 취해야 할 전략
  암시를 따르는 군중 — 군중은 머릿속에 환기된 이미지를 현실로 여긴다 — 그 이미지가 군중의 모든 구성원에게 비슷한 이유 — 군중 속에서는 박식한 자나 어리석은 자나 균등해진다 — 군중 속 모든 개인을 지배하는 환상의 여러 사례들 — 군중의 증언은 결코 신뢰할 수 없다. 수많은 증인들의 통일된 증언은 사실 입증을 위해 원용되는 최악의 증거다 — 역사서는 별 가치가 없다

3 군중은 기꺼이 거짓에 속을 준비가 되어 있다
  군중은 의심과 불확실성을 인정하지 않으며 항상 극단으로 치닫는다 — 군중의 감정은 언제나 과장되어 있다

4 군중은 태생적으로 보수적이다
  편협성과 권위주의, 보수성 — 이러한 감정의 원인들 — 막강한 권력 앞에서 비굴해지는 군중 — 일시적으로 발현하는 군중의 혁명가적 본능도 그들의 보수성을 막지 못한다 — 군중은 변화와 진보에 본능적으로 적대적이다

5 왜 때때로 군중은 한 개인이 결코 발휘할 수 없는 높은 도덕성을 보이는가?
  군중은 어떤 암시를 받느냐에 따라 군중 속 개인보다 도덕성이 훨씬 높거나 낮다 — 설명과 예시들 — 자신의 이익은 독립된 개인에게 가장 중대한 동기로 작용하지만 군중의 행동 원리에는 거의 영향을 미치지 않는다 — 군중의 교화적 역할

앞서 군중의 주요 특징들을 개괄적으로 알아보았다. 이제는 각 특징을 더욱 심도 있게 살펴볼 차례다.

군중의 특성으로는 충동적이고, 쉽게 격분하며, 이성적으로 사유하는 일이 불가능하고, 판단력과 비판력이 결여되고, 감정이 과잉된다는 점을 들 수 있다. 그리고 여성과 미개인, 아동 등과 같이 진화론적 관점에서 열등한 존재들에게서 나타나는 특성이 있다. 열등한 존재의 특성은 이 책에서 다룰 만한 내용이 아니므로 군중의 특성과 유사한 점만 짧게 언급하고 지나가겠다. 사실 그 유사성이라는 것도 인간의 원시적 심리에 정통한 이들에게는 쓸모가 없을 것이고, 그 심리를 모르는 이들에게는 그다지 설득력이 없을 듯하다.

그럼 이제부터 대부분의 군중에게서 관찰되는 다양한 특성을 하나씩 다루겠다.

1. 군중과 민족은 어떻게 다른가?
: 군중의 충동성, 변덕 그리고 격분

군중은 그때그때 가해지는 자극에 즉각적으로 반응하기
때문에 대단히 변덕스럽다. 어떤 자극이 가해지느냐에 따
라 군중은 관대할 수도, 잔인할 수도 있다. 군중은 충동적
으로 반응하여 쉽게 변덕을 부리고 격분하지만, 이러한
군중의 특성은 민족의 고유한 기질에 따라 다르게 나타날
수 있다.

앞서 우리는 군중의 본질적 특성을 살펴보았다. 군중 ⁶⁴
은 대부분의 경우 무의식에 조종되며 뇌보다는 주로 척
수의 지배를 받아 행동한다. 그런 점에서 군중은 원시적
인 존재에 가깝다고 할 수 있다. 원시적 존재가 아무리
나무랄 데 없는 완벽한 행위를 한다 해도 그 행위는 뇌의
지시를 받은 게 아니라 그저 여러 가지 자극에 의한 우연
의 결과일 뿐이다. 군중은 모든 외부 자극의 희생양이자
끊임없이 변주하는 그 자극에 반응할 뿐이기에 한마디
로 자극의 노예인 셈이다. 군중 밖의 개인도 군중에 속한
개인이 받는 자극에 똑같이 노출될 수 있지만, 그 자극에

굴복할 경우에 겪게 될 어려움을 뇌가 일러주기 때문에 거기에 저항할 수 있다. 생리학적 관점으로 설명해보자면, 군중에 속하지 않은 독립된 개인은 어쩔 수 없이 나타나는 반사 작용을 억제할 수 있는 데 반해 군중(에 속한 개인)에게는 그런 능력이 없는 것이다.

군중은 어떤 자극이 가해지느냐에 따라 관대하거나 잔인할 수 있고, 용맹하거나 소심할 수도 있다. 하지만 군중에게 가해지는 자극은 어떤 식으로든 개인의 이익을 추구하려는 욕망을 억누를 만큼 언제나 강력한 힘을 발휘한다. 군중은 매우 다양한 자극에 영향을 받을 수 있는 데다 항상 어떤 자극을 좇기 때문에 몹시 변덕스럽다. 냉혹하고 잔인하던 군중이 눈 깜짝할 사이에 관대해지거나 용맹해지는 것도, 사형 집행인이던 군중이 곧잘 순교자로 돌변하는 것도 같은 이유다. 신념의 승리를 위해 피를 흘릴 수 있는 충동도 모두 군중의 가슴에서 비롯된 것이었다. 하지만 군중이 무엇을 할 수 있는지 확인하기 위해 굳이 영웅시대(인류가 남긴 영웅 서사시의 배경이 되었던 시대로, 원시 공동체 사회에서 국가가 나타나기까지의 과도기를 말한다)까지 거슬러 올라갈 필요는 없다. 봉기가 시작되면 군중은 아무런 조건 없이 목숨을 내놓는 법이어서 불과 몇 해 전만 해도 갑작스럽게 대중의 인기를 얻은 한 장군(프랑스의 군인이자 정치인이었던 조르주 불랑제 장군을 일컫는다)을 위해 목숨을 바칠 준비가 된 사람이 거뜬히 10만 명은 되었다. 이처럼 군중에게서는 어떤 것도 예측할 수 없는 것이다.

아무리 극과 극에 있는 일련의 자극과 감정에 노출된다 해도 군중은 언제나 그 순간에 주어지는 자극들에 영향을 받는다. 그들은 태풍이 휩쓸어 올린 나뭇잎과 같아서 사방으로 흩날리다가 다시 떨어져버린다. 혁명에 동참한 군중이 보인 불안정한 감정 상태에 관한 사례 연구는 다른 책에서 살펴볼 기회가 있을 것이다.

이렇듯 군중은 변덕스러운 탓에 다스리기가 매우 까다롭다. 특히 공권력의 일부분을 손에 쥔 군중이라면 더더욱 그렇다. 때문에 삶과 일상을 영위하는 데 필요한 것들이 보이지 않는 조절 장치로 역할하지 않는다면 민주주의는 지속되지 못했을 것이다. 하지만 무언가를 아무리 열렬히 원하다 한들 군중은 금세 시들해진다. 그들은 생각하는 힘이 없는 만큼이나 의지를 지속할 능력이 없다.

그렇다고 군중이 충동적이고 변덕스럽기만 한 것은 아니다. 그들은 미개인과 같아서 자신의 욕망과 그 욕망을

조르주 불랑제*Georges Ernest Jean-Marie Boulanger*(1837~1891)는 프랑스가 해외에서 벌인 여러 전쟁에서 관록을 쌓은 장군이다. 프로이센·프랑스 전쟁(보불 전쟁)에서 패전한 뒤 패배감에 젖어 있던 프랑스 국민은 독일을 향한 적대감을 과감하게 드러내며 복수를 다짐하는 그에게서 위안을 얻었고, 그는 나폴레옹 보나파르트가 그랬던 것처럼 순식간에 프랑스의 '구원자'로 떠오른다. 1886년 국방부 장관에 오른 뒤에는 군 복무 기간을 줄이는 등 군인의 복지를 개선하여 군인들의 강력한 지지를 얻었고, 독일과의 접경 지역에 병참 기지를 건설하고 병력을 배치하는 등 독일을 향한 공격성을 보였다. 이에 독일과 전쟁이 일어날 것을 염려한 프랑스 정부에 의해 해임되었다. 이후 왕당파를 중심으로 그를 지지하는 세력이 연합하여 '국가당*Parti National*'을 창당했으나, 1889년 선거에서 패배했다. 결핵으로 갑자기 사망한 내연녀의 무덤 앞에서 자살하며 생을 마감했다.

실현할 수 있는 통로 사이에 무언가가 개입하는 것을 용납하지 않으며, 수적 우세에서 비롯된 불가항력적인 권력에 취하면 그 무언가의 개입을 더욱더 이해하지 못하게 된다. 요컨대 군중 속 개인의 머릿속에서는 불가능이라는 개념이 사라져버리는 것이다. 독립된 개인은 자기 혼자 궁에 불을 지른다거나 상점을 약탈할 수 없음을 잘 알고 있으며, 혹여 그런 유혹을 받더라도 쉽게 물리칠 수 있다. 하지만 군중 속의 개인은 수적 우세가 부여한 권력에 도취되어 누군가가 살인이나 약탈에 대한 생각을 심어주기만 한다면 곧장 그 유혹에 넘어가고 만다. 그리고 예기치 못한 방해물쯤이야 맹렬히 부서뜨려버린다. 만약 인체가 분노한 상태를 영원히 유지할 수 있다면 분노야말로 욕망의 실현이 좌절된 군중의 정상 상태가 아닐까.

군중의 주요한 특성인 충동성과 변덕, 격분과 더불어 앞으로 우리가 살펴볼 또 다른 군중의 특성인 민족 감정에는 민족 고유의 기질이 작용한다. 요컨대 우리가 느끼는 모든 희로애락이 싹트는 흔들리지 않는 지반이 바로 민족성인 셈이다. 모든 군중이 쉽게 격분하고 충동적이지만, 그 정도의 차이는 매우 크다. 라틴계 군중(라틴계는 종족이나 인종을 말하는 것이 아니라 사용하는 언어에 따라 분류한 집단을 일컫는다. 남유럽과 라틴아메리카에 분포해 있으나, 저자가 말하는 라틴계란 주로 프랑스와 이탈리아, 스페인, 포르투갈 국민을 말한다)과 앵글로색슨계 군중을 예로 들 수 있다. 또 프랑스 역사에서 가장 최근 일어난 사건들도 그 점을 아주 생생하게 방증한다.

1870년에 공개된 짧은 전보 한 통이 프랑스 국민의 분노를 폭발하게 만든 시발점이 되었다. 전보에는 어느 프랑스 대사를 대상으로 한 것으로 보이는 모욕이 담겨 있었고, 이에 격분한 국민의 악감정은 곧바로 끔찍한 전쟁(프로이센을 중심으로 한 독일계 나라들과 프랑스가 1870년부터 이듬해까지 벌인 프로이센·프랑스 전쟁을 일컫는다. 이 전쟁의 결과로 독일 제국이 탄생했다. 보불 전쟁이라고도 한다)으로 이어졌다. 그로부터 몇 년 뒤에는 베트남 랑선에서 벌어진 소규모 전투(1882년 프랑스군과 베트남군 사이에 벌어진 랑선 전투)에서 프랑스군이 패배했다는 내용을 담은 전보가 새로운 분노를 촉발해 그 즉시 정부가 전복되기도 했다. 반면 영국은 수단 원정군이 하르툼(오늘날 수단 공화국의 수도)에서 훨씬 참담한 패배를 당했을 때도 민심이 약간 동요했을 뿐 단 한 명의 장관도 교체되지 않았다.

군중이 원래 여성적인 면모를 띠기는 하지만(이는 진화

통일 독일 제국을 선포하는 빌헬름 1세와 비스마르크. 프로이센의 재상이었던 비스마르크(가운데 흰 군복)는 통일 독일을 건설하려 했고, 프랑스의 나폴레옹 3세는 이를 저지하려 했다. 표면적으로는 스페인 국왕을 선출하는 문제로 프랑스와 독일의 갈등이 커지는 가운데 비스마르크가 프랑스 대사의 전보 내용을 조작하여 양국 국민의 감정을 격화시킴으로써 전쟁을 유발했다. 이 전쟁이 프로이센·프랑스 전쟁이다. 이 전쟁에서 독일이 압도적인 승리를 거두었고, 독일은 일부러 프랑스의 베르사유 궁전에서 통일 독일 제국의 건설을 선포했다. 이는 나폴레옹 1세가 일으킨 나폴레옹 전쟁에 대한 보복이기도 했다. 이때 탄생한 독일 제국을 '제2 제국'이라고 하는데, 제1 제국이었던 신성 로마 제국의 뒤를 잇는다는 의미가 담겨 있다.

론적 관점에서 여성을 열등한 존재로 인식하는 저자의 견해를 바탕으로 해석해야 한다), 그중에서도 라틴계 군중은 특히 더 여성적이다. 라틴계 군중에 기대어 뜻을 이루고자 한 다면 높은 곳까지 순식간에 올라갈 수 있겠지만, 타르페아 절벽(이탈리아 수도 로마의 카피톨리노 구릉에 위치한 수직 절벽으로, 로마 공화정 시기에 처형 장소로 이용되었다) 가장 자리를 줄곧 걸어가다가 언젠가는 그 아래로 내던져지리라는 사실을 각오해야 한다.

2. 군중의 지지를 얻으려는 정치인과 지도자가 취해야 할 전략
: 군중의 피암시성과 경신

부정확한 사실, 더 나아가 상식을 가진 사람이라면 거들 떠보지도 않을 풍문이 사실로 둔갑하는 것은 군중 사이에 서 아주 쉽게 일어나는 일이다. 군중은 어떤 암시에 쉽게 빠지고 그 암시가 제시하는 메시지와 이미지의 진실 여부 를 판단하는 능력이 거의 없기 때문이다. 소위 말하는 공 동 환각이라는 것도 작은 암시로 촉발된 군중의 기대가 전파와 확산을 통해 점점 공고해지는 과정의 결과물이다.

여러 실험들은 소수가 모인 지식인 모임조차 이러한 일에 매우 취약함을 보여준다.

앞서 군중의 특성을 알아보면서 과도한 피암시성이 군중의 일반적 특성 중 하나라고 규정하고, 한데 결집한 사람들 사이에서 암시의 전파력이 어느 정도인지 알아보았다. 군중에서 감정의 편향이 빠르게 이루어지는 이유도 그로써 설명할 수 있겠다.

군중은 중립을 표방한다 하더라도 대체로 어떤 것을 실현하고자 하는 기대에 부푼 긴장 상태에 있기 때문에 쉽게 암시에 빠지고는 한다. 돌연 생겨난 최초의 암시는 군중에 속한 개인들의 뇌에 전파되어 즉각 받아들여지고 곧장 그들의 사고 방향을 결정해버리며 군중의 뇌를 사로잡은 생각은 행동으로 표출되는 경향을 띤다. 궁에 불을 지르든, 어떤 헌신적인 행동을 하든 군중에게는 똑같이 쉬운 일이다. 어떤 자극을 받느냐에 따라 달라질 뿐이다. 암시가 유도하는 행동과 그 행동을 조절하고자 하는 이성 사이의 관계는 더 이상 중요하지 않다.

늘 무의식의 경계에서 방황하며 어떤 암시에든 쉽게 걸리는 군중은 이성의 작용을 막는 특유의 세찬 감정에 사로잡힌 데다 비판적 사고도 할 수 없는 탓에 과할 정도로 무언가를 쉽게 믿어버리는 경향을 띨 수밖에 없다. 그런 군중에게는 모든 일이 사실로 다가온다. 이 점을 명심해야만 거짓임이 분명한 전설과 터무니없는 이야기들이 얼마나 쉽게 만들어지고 확산되는지 이해할 수 있을 것이다.[3]

한편 군중 속에서 떠도는 전설이 단지 군중의 쉽게 추종하고 믿어버리는 속성, 즉 경신輕信에 의해서만 탄생하는 것은 아니다. 전설은 한데 모인 사람들의 상상 속 사건들이 엄청나게 왜곡되면서 만들어지기도 한다. 한낱 하잘것없는 사건이라도 군중의 눈에 띄면 의미 있는 사건으로 변형되는 이유는 이렇다. 군중은 사건을 이미지로 그려내는데, 그렇게 연상된 이미지는 최초에 떠올린 이미지와 논리적 연결 고리가 전혀 없는 또 다른 일련의 이미지를 소환한다. 이러한 상태는 우리가 이따금 어떤

---

3   파리 전투에 참전했던 사람들은 있을 법하지 않은 일들을 군중이 경신하는 경우를 무수히 목도했다. 예컨대 어느 건물의 높은 층에 촛불이 켜지는 것을 본 군중은 그 불빛이 자신들을 포위한 병력에게 보내는 신호라 생각했다. 수십 킬로미터 떨어진 곳에서 그 불빛이 보일 리 없다는 것쯤은 아주 조금만 생각해보아도 알 수 있었을 텐데 말이다.

사건을 떠올렸을 때 연달아 머릿속에 자리 잡는 이상하고 엉뚱한 상상들을 생각해보면 쉽게 이해할 수 있다. 이성은 그 이미지들에 아무런 논리적 일관성이 없다고 일러주지만 군중은 좀처럼 그 사실을 알아차리지 못한다. 게다가 왜곡된 상상은 실제 일어난 사건에 무언가를 보태어 그 두 가지를 뒤섞어버리기까지 한다. 군중은 주관과 객관을 가려내지 못할 뿐만 아니라, 머릿속에 떠오른 이미지, 하지만 대개는 관찰된 사실과 유사성이 거의 없는 그 이미지들을 실재하는 것으로 받아들인다.

군중을 구성하는 개개인의 기질이 매우 다양한 만큼 직접 목도한 사건에 대해 군중이 만들어내는 왜곡이나 해석도 셀 수 없이 많고 다양해 보일지 모른다. 하지만 실제로는 전혀 그렇지 않다. 군중에 속한 개개인이 만들어내는 각각의 왜곡된 이미지는 사실상 전파의 결과이기 때문에 그것들의 본질은 같다. 집단 구성원 중 어느 한 개인이 최초로 지각한 첫 번째 왜곡이 전파력을 가진 암시의 씨앗인 셈이다. 예를 들어 모든 십자군 병사들이 예루살렘 성벽 위에 현현한 성 게오르기우스를 목격했다고 하지만, 실제로 그 현신을 본 병사는 오직 단 한 사람뿐이었음이 분명하다. 단 한 명의 눈에 띈 기적이 암시와 전파

제1차 십자군 원정(1095~1099) 당시 수많은 병사가 예루살렘 부근 올리브산 정상에 나타난 성 게오르기우스*St. Georgius*를 목격했다고 증언했다. 성 게오르기우스는 초기 기독교의 순교 성인으로, 잉글랜드와 베네치아, 모스크바 공국, 조지아, 스페인 카탈루냐, 현대의 보이스카우트 등이 수호성인으로 여긴다. 제오로지오, 조지, 조르주 등으로 불린다. 이 책의 저자는 제1차 십자군 원정 당시 병사들이 한꺼번에 성 게오르기우스를 목격한 일은 암시와 전파에 의한 공동 환각이라고 규정한다.

를 통해 즉각 십자군 병사 모두에게 받아들여진 것이다.

역사에 자주 등장하는 공동 환각이 바로 이러한 원리에 의한 것이라 할 수 있다. 여러 사람이 동시에 환각을 겪는 일은 이미 수많은 사람이 목격한 현상인 만큼 진실임을 입증하는 전형적인 특성을 띠고 있는 것처럼 보이기도 한다. 하지만 공동 환각의 원리를 반박하려 군중을 이루는 개개인의 정신적 자질을 거론할 필요는 없다. 그것은 그리 중요한 변수가 아니다. 무지한 사람이든 박학다식한 사람이든 그들 모두는 군중의 일원이 되는 순간 고찰하는 능력을 상실해버리기 때문이다.

모순적으로 보일 수 있는 이 주장을 증명하기 위해서는 몇 권의 책으로는 어림도 없다. 무수한 역사적 사건을 다시 들여다보아야만 한다. 하지만 나는 독자에게 어떠한 근거도 없이 단언한다는 느낌을 주고 싶지 않다. 그래서 인용할 만한 수많은 예시 가운데 몇 가지를 임의로 골라 제시해보려 한다.

다음 사건은 무지한 사람들과 유식한 사람들을 비롯하여 천태만상의 개인으로 이루어진 군중을 휩쓴 공동환각의 전형적인 사례다. 이 사건은 쥘리앵 펠리스 대위가 해류에 대해 저술한 책에 실려 있으며, 과거에 과학

76

Psychologie des foules

잡지 《르뷔 시앙티피크*Revue Scientifique*》에 기사화된 적도 있다.

세찬 폭풍우로 인해 군함 르 베르쏘*le Berceau* 함대에서 떨어져 나갔던 프리깃함 라 벨풀*la Belle-Poule*호가 르 베르쏘를 찾으려 바다를 가로지르고 있었다. 햇볕이 쨍쨍 내리쬐는 날이었다. 바다를 살피던 감시병이 대파된 구명정을 발견했다고 신호를 보냈고, 배에 탑승한 병사 전원은 감시병이 가리키는 쪽을 응시했다. 장교와 선원 모두가 분명하게 뗏목을 발견했다. 조난 깃발을 나부끼는 구명정 여러 척이 사람들을 가득 태운 뗏목 한 척을 끌고 오고 있었다. 데포세 제독은 구명정 한 척을 준비해 조난자들을 구조하라고 명령했다. 뗏목이 점점 가까워지자 구명정에 탄 선원과 장교들은 불안해하며 손을 내미는 수많은 사람을 보았고, 둔탁하고 불명확하지만 수많은 이들의 목소리를 들었다. 하지만 그들이 다가갔을 때 뗏목 위에는 인근 연안에서 흘러와 쌓인 듯한 잎이 무성한 나뭇가지 몇 가닥이 전부였다. 그 순간, 그 명백한 증거 앞에서 그들의 환각은 스러졌다.

위의 사례에서 우리는 앞서 설명한 공동 환각이 작동하는 원리를 아주 분명하게 확인할 수 있다. 기대감에 부푼 채 신경을 곤두세운 군중이 있고, 바다에서 대파된 선박을 가리키는 감시병의 암시가 있다. 그리고 그 암시는 전파를 통해 장교와 선원 등 배에 탄 병사 전원에게 받아들여진다.

눈앞에서 벌어지는 일을 정확히 바라보는 능력이 소멸함으로써 실제 사건들이 아무런 유사성도 없는 환각으로 대체되는 일에 군중이 꼭 많아야 할 필요는 없다. 몇 명의 개인만으로도 군중은 형성되며, 아무리 뛰어난 학자들이 모인다 해도 그들의 전문 분야 이외의 문제에 대해서는 일반 군중이 보이는 모든 특성을 띠기 마련이다. 당연히 각 개인의 사고 능력과 비판 능력도 그 즉시 상실된다. 독창적인 연구로 유명했던 심리학자 데이비는 이와 관련해 아주 흥미로운 예시를 제시한 바 있다. 최근 《심리학 연보*Annales des Sciences psychiques*》에도 인용된 이 사례는 이 책에서 상세히 다룰 만한 사료라고 생각한다.

데이비는 영국의 저명한 학자 윌리스*Alfred Russel Wallace*(1823~1913, 영국의 박물학자이자 진화학자. 다윈에 앞서 자연 선택에 의한 진화론을 논문으로 발표했다)를 포함한 여러 뛰어난 학자들을 초빙해 여러 가지 물건을 살펴보게 한 뒤 각자 그것들을 봉인해 원하는 곳에 숨기게 했다.

그런 다음 그들 앞에서 그들이 숨겨둔 물건을 찾아내고 석판에 글씨가 나타나게 하는 등 고전적인 심령술을 시연해 보였다. 이 뛰어난 관찰자들은 자신들이 겪은 현상이 오직 초자연적인 힘에 의한 것이라는 보고서를 작성했고, 데이비는 해당 보고서들을 받고 나서야 그 일들이 사실은 단순한 속임수에 불과했다는 사실을 밝혔다.

데이비의 실험에서 가장 놀라운 점은, 속임수가 아주 훌륭했다기보다는 그 속임수에 당한 관찰자들의 보고서가 극도로 빈약했다는 사실이다. 목격자들이 하나의 현상에 대해 완전히 잘못된 수많은 이야기를 늘어놓으며 명백한 사실이라고 주장할 수는 있다. 하지만 설령 자신들이 경험한 일에 대해서 그들이 정확하게 설명했다 한들 그 일들이 속임수였다는 사실을 알아차리지는 못했을 것이다. 데이비가 고안한 방법은 너무나 단순해서 그런 방법을 택한 그의 대담함이 놀라울 정도다. 데이비는 군중으로 하여금 보지 못한 것을 보았다고 믿게 만들 수 있을 정도로 군중의 정신에 힘을 발휘했다.

최면술사들은 피암시자에게 늘 이런 식으로 힘을 발

휘한다. 평소 의심으로 가득한 지식인들에게도 힘을 발휘한 것을 보면, 보통의 군중을 현혹하는 게 얼마나 쉬운 일인지 알 수 있다.

위의 사례와 비슷한 예들은 셀 수 없이 많다. 내가 이 문장을 쓰고 있는 지금 이 순간에도 신문은 센강에서 익사체로 발견된 두 소녀에 관한 기사를 대서특필하고 있다. 이 두 소녀는 목격자 열두어 명에 의해 이미 신원이 명확히 밝혀졌다. 목격자들의 진술이 정확히 일치했기에 예심 판사는 일말의 의심 없이 사망 진단서를 발부했다. 하지만 시체를 매장하려는 순간, 공교롭게도 익사체로 추정되었던 그 소녀들이 분명히 살아 있으며 심지어 익사체로 발견된 소녀들과 전혀 닮지도 않았다는 사실이 밝혀졌다. 이 사건은 결국 앞서 예를 들었던 사례들처럼 환각의 희생양이 된 첫 번째 목격자의 확언이 다른 모든 이들을 암시에 빠뜨린 경우였다.

비슷한 여러 사례에서도 같은 일이 반복된다. 한 개인의 어렴풋한 무의식적 기억에서 비롯된 환각이 암시의 출발점이 되어 확언을 통해 전파되는 것이다. 두 소녀의 익사 사건에서는 오히려 최초의 관찰자가 예민한 감각의 소유자였다는 점이 독이 되었을지도 모른다. 그는 시신에서 누군가를 떠올릴 만한 흉터나 옷차림의 디테일 같은 몇 가지 특징을 발견한 순간 실제 생김새는 제쳐두고 그 특징만을 근거로 시신의 신원을 알아냈다고 착각했을 것이다.

그렇게 생겨난 착각은 확증을 위한 씨앗이 되어 오성悟性(지성과 사고력)의 영역에 침투하고 비판력과 판단력을 마비시킨다. 그러면 관찰자는 더 이상 대상 그 자체를 보지 못하고 자신의 머릿속에 떠오른 이미지만 보게 된다. 간혹 친모가 주검이 된 자식을 알아보지 못하는 이유도 바로 그 때문이다. 오래전 일이지만 최근 신문에 다시 실린 기사가 그 예다. 조금 전에 원리를 설명했던 두 종류의 암시가 명백히 드러나는 사건이다.

한 아이가 시신으로 발견된 아이의 신원을 알아보았다. 하지만 그것은 아이의 착각이었다. 그때부터 그 아이의 신원에 대해 부정확한 주장들이 나오기 시작했다. 그리고 아주 기이한 일이 벌어졌다. 초등학생 아이가 그 아이의 신원을 알아본 바로 다음 날 한 여성이 "오, 맙소사, 신이시여! 제 아이예요!"라고 소리를 지르는 것이었다. 여성을 시신 가까이 데려가자, 그 여성은 시신의 옷을 살피고 이

마에 난 상처를 확인했다.

"내 아들이 맞아요. 지난 7월에 실종된 내 아들이 맞다고요. 누군가 내 아들을 납치해서 죽인 거예요."

샤방드레라는 이름의 이 여성은 푸르_Four_ 거리의 관리인이었다. 호출을 받고 달려온 여성의 매부도 "필리베르가 맞아요."라며 주저하지 않고 말했다. 푸르 거리에 사는 여러 사람도 라 빌레트_la Villette_ 공원에서 발견된 아이가 필리베르 샤방드레가 맞다고 확인해주었다. 필리베르의 담임 교사도 시신이 차고 있는 목걸이가 증거라며 필리베르의 시신이 맞다고 주장했다.

그런데 웬걸! 이웃도, 삼촌도, 담임 교사도, 심지어 친모까지도 모두 잘못 짚은 것이었다. 그로부터 6주 후 아이의 신원이 밝혀졌다. 아이는 보르도_Bordeaux_ 출신으로, 보르도에서 살해된 뒤 객차 화물로 위장된 채 파리로 옮겨진 것이었다.[4]

위의 사례에서 시신으로 발견된 아이의 신원을 처음 확인한 주체가 대체로 여성과 아동들, 그러니까 이성보

82

---

[4]   《에클레르_Eclair_》, 1895년 4월 21일

다는 감각에 의존하는 이들이었다는 점은 주목할 만하다. 그리고 그런 증인들의 증언이 법정에서 얼마만큼 유효할 수 있을지도 짐작할 만하다. 특히 어린이의 주장이라면 결코 법정에서 원용해서는 안 될 것이다. 흔히 재판관들은 어린이가 거짓말을 하지 않는다고 말하지만, 심리학적 소양을 갖춘 재판관이라면 오히려 아동이 거의 항상 거짓말을 한다는 사실을 잘 알고 있을 것이다. 물론 어린이가 악의를 갖고 거짓말을 하는 것은 아니다. 하지만 거짓말은 거짓말일 뿐이다. 아동의 증언에 따라 피고의 유무죄를 판결하는 경우가 지금껏 수없이 많았지만, 사실 그런 식으로 판결을 하느니 동전 던지기로 유무죄를 가리는 편이 더 나을 것이다.

한 가지 사건을 목격한 수많은 사람의 공통된 증언이 과연 진실을 판가름하는 결정적 증거가 될 수 있을까? 어쩌면 그 군중의 증언은 한 개인으로부터 시작된 오류가 암시와 전파를 통해 힘을 얻은 것인지도 모른다. 가장 많은 사람이 목격한 사건일수록 가장 의심스러운 법이다.

다시 군중의 관찰이라는 주제로 돌아가자. 집단적 관

찰에는 오류가 많다. 대체로 한 개인의 단순한 착각과 환각이 전파를 통해 다른 이들을 암시에 빠뜨린 결과일 확률이 높기 때문이다. 실제로 군중의 증언에 의혹을 가져야 한다는 점은 무수한 사례로 증명할 수 있다. 스당 전투에는 수천 명의 병사가 기병대원으로 참전했지만, 아주 상반된 여러 목격담 때문에 누가 지휘를 했는지에 대해서는 아직도 밝혀지지 않고 있다. 영국의 가넷 울즐리 장군*Garnet Wolseley*(1833~1913, 아일랜드 출신의 영국군 장군)은 최근 출간한 책에서 수백 명이 증언한 워털루 전투의 주요 사실들에 대해서 중대한 오류가 있었음을 소명했다.[5]

---

5   과연 우리는 단 하나의 전투라도 그 경위를 정확히 알고 있는가? 그렇지 않을 것이다. 우리는 승자와 패자가 누구인지 알고 있지만, 아마도 아는 것이라고는 그게 전부일 것이다. 참전 당사자이자 증인이었던 다르쿠르는 솔페리노 전투에 대해 다음과 같이 말했는데, 이는 다른 모든 전투에도 적용할 수 있을 듯하다. "(수백 가지 증언을 보고받은) 장군들은 공식 보고서를 작성해 전달하고, 연락장교들은 그 문서를 수정해 최종 보고서를 작성한다. 그러면 참모총장은 최종 보고서에 이의를 제기하며 완전히 새로운 내용의 보고서를 작성한다. 그리고 이 보고서를 받은 총사령관은 '완전히 잘못 알고 있군!'이라고 소리치고는 보고서를 새로 작성한다. 결국 최초의 보고서는 거의 흔적도 찾아볼 수 없게 된다." 다르쿠르는 인상적인 사건일수록 매우 많은 이들이 목도한 사건에 대한 진실 규명은 불가하다는 증거로서 이 일을 언급하고 있다.

스당은 프랑스 북동부의 공업 도시다. 프로이센·프랑스 전쟁(1870~1871) 중이던 1870년 9월의 스당 전투에서 프랑스군은 프로이센군에 대패하고 프랑스 황제 나폴레옹 3세가 포로로 붙잡히는 굴욕을 당한다. 이 전투는 프로이센·프랑스 전쟁에서 프로이센이 승리하는 결정적 계기가 되었다. 그림은 포로 신세인 나폴레옹 3세(좌)와 프로이센의 재상 비스마르크(우)를 묘사한 것이다.

이러한 사건들은 군중의 증언이 사건을 밝히는 증거로서 어느 정도의 가치를 지니는지 보여준다. 논리학 개론서에서는 수많은 증인들의 일치된 증언이 어떠한 사건의 진실을 가리는 확고한 증거의 범주에 포함된다고 설명한다. 하지만 이는 군중 심리에 관한 우리의 지식에 비추어본다면 완전히 개정되어야 하는 내용이다. 가장 많은 사람이 관찰한 사건일수록 가장 의심스러운 사건인 법이다. 요컨대 수천 명의 사람이 어떤 일을 동시에 목격했다면, 실제로 일어난 일과 그들이 공유하는 이야기는 완전히 다를 가능이 매우 높다.

역사책을 공상 소설로 간주해야 한다는 주장도 그 때문이다. 역사라는 것이 결국에는 제대로 관찰되지 않은 사실들에 설명을 덧붙인 근거 없는 이야기일 뿐이니까. 역사서를 쓰며 시간을 낭비할 바에는 회반죽이나 개는 게 훨씬 유익할지도 모른다. 물론 과거로부터 전해져 내려온 문학과 예술 작품, 기념비적 유물 등이 없었다면 과거에 실재했던 것들에 대해 결코 알지 못했을 것이다. 하지만 과연 우리는 헤라클레스, 석가모니, 예수, 무함마드처럼 인류 역사에서 중대한 역할을 했던 위인들의 삶에 대해 단 하나의 진실이라도 아는 바가 있는가? 거의 없다고 봐도 무방하다. 하지만 그들의 실제 삶이 어떠했는지는 사실 우리에게 그다지 중요하지 않다. 우리는 그저 민간 전설이 만들어낸 위인들을 알고 싶을 뿐이다. 군중의 마음을 사로잡은 이들은 현실의 영웅이 아니라 그 전설 속의 영웅들이니.

안타깝지만 전설은 아무리 책으로 남겨졌다 해도 결코 일관성을 갖지 못한다. 시간이 흐르는 동안 군중의 상상력이 보태져 끊임없이 변형되는 탓이다. 민족도 변수로 작용한다. 살육을 서슴지 않던 구약 성경 속 여호와의 모습은 성녀 테레사가 섬겼던 사랑의 신과는 큰 차이가 있고, 중국인들이 경배하는 석가모니는 인도인들이 숭배하는 석가모니와 아무런 공통점도 없다.

군중의 상상력으로 영웅들의 전기가 가공되는 데에는 수백 년까지도 필요하지 않다. 아니, 수년만으로 충분할 때도 있다. 역사 속 위대한 영웅 중 한 명인 나폴레옹의 전기는 지난 50년 동안 몇 번이나 변형되었다. 부르봉 왕조 시대 때만 해도 나폴레옹이란 인물은 서정적이고 자유로운 박애주의자였다. 또 시인들의 말처럼 가난한 서민들의 마음에 오랫동안 남을 친구 같은 존재였다. 하지만 이 너그럽던 인물은 30년이 지나자 권력을 찬탈하고 자유를 유린하더니 마침내 자신의 야망을 실현하기 위해 300만 명의 목숨을 앗아간 잔혹한 폭군으로 변모해 있었다. 그의 전기는 오늘날에도 계속 새롭게 변형되고 있다. 그 모순적인 이야기들 탓에 수천 년 후 미래의 학자들은 오늘날 학자들이 간혹 석가모니의 존재를 의심하듯 나폴레옹의 존재에 의혹을 품을지도 모른다. 그래서 이 영웅을 태양 신화나 헤라클레스 전설의 변형쯤으로 여길지도 모를 일이다. 그래도 군중 심리를 더욱 깊이 이해할 미래의 학자들은 역사가 오직 신화만을 영속케 한다는 사실을 잘 알고 있을 것이므로 그런 불확실성에도 위안을 얻으리라 생각한다.

3. 군중은 기꺼이 거짓에 속을 준비가 되어 있다
: 감정의 과장과 단순화

군중의 감정은 쉽게 극단으로 치닫기 때문에 어떤 의혹을 접하면 그것을 사실로 받아들인다. 군중이 이처럼 감정적으로 행동하는 이유는 감정을 마음껏 발산해도 책임을 지지 않는다는 익명성에서 비롯된다. 한편으로는 군중의 이러한 감정 과잉은 수준 높은 도덕적 행위를 유도하기도 한다.

군중이 표출하는 감정은 좋든 나쁘든 아주 단순하면서도 과장된다는 이중성을 지닌다. 군중을 이루는 개인이 낮은 문명 단계의 인류와 닮은 데는 다른 많은 이유가 있지만, 그런 이중성도 작용한다. 군중 속 개인은 어떤 사안의 미묘한 차이를 분별하지 못하는 탓에 상황이나 문제를 하나로 통틀어 보고 그 중간 단계를 파악하지 못한다. 그래서 군중에게서는 감정이 더욱 과장된다. 일단 감정이 표출되고 나면 암시와 전파를 통해 빠르게 확산되고 군중의 동조에 힘입어 그 감정은 막강한 힘을 얻는 것이다.

군중 사이에서는 감정이 단순해지고 증폭되기 때문에 의심과 불확실성을 느끼지 못하며 덜 성숙한 사람처럼 순식간에 극단으로 치닫는다. 어떤 의혹이 제기되는 순간 그것은 어떠한 논의의 여지도 없는 자명한 사실이 되고, 독립된 개인이라면 그다지 깊어지지 않았을 혐오와 반감이 군중 속 개인에게서는 싹트자마자 맹렬한 증오감으로 변한다.

군중의 감정이 격렬해지는 이유는 감정을 마음껏 발

산해도 책임을 질 필요가 없다는 믿음이 작용하기 때문이다. 이러한 현상은 특히 비균질적 군중에게서 더욱 두드러진다. 군중은 수적으로 우세할수록 처벌을 받지 않는다는 확신을 갖게 되며, 수적 우위로 인해 일시적이나마 막강한 힘을 얻었다고 느끼게 된다. 그 때문에 그들은 독립된 개인으로서는 드러내기 힘든 감정을 표출하고 과감하게 행동한다. 군중이 되는 순간, 어리석은 이들과 무지한 이들, 시기심이 많은 이들은 자신이 무가치하고 무능한 존재라는 자괴감에서 자유로워지고 일시적이나마 원초적 힘에 도취된다.

불행히도 군중에게서 나타나는 감정 과잉은 주로 원시적이고 유전적인 인간 본능에서 비롯된 나쁜 감정들, 즉 책임감을 가진 개인이라면 징벌에 대한 두려움 때문에 억제하게 되는 그런 종류의 감정에서 주로 나타난다. 그래서 군중은 아주 쉽게 최악의 감정 과잉 상태에 빠지고는 한다.

그렇다고 곧잘 암시에 빠지는 군중이 영웅적 행위나 헌신, 고결한 덕행을 행할 수 없다는 뜻은 아니다. 오히려 그들이 군중 밖 독립된 개인보다 더 영웅적이고 헌신적이며 높은 도덕성을 보일 수도 있다. 그 점은 군중의 도덕성을 다루는 부분에서 다시 살펴보도록 하겠다.

> 쉽게 감정 과잉에 빠지는 군중은 그들이 따르고자 하는
> 대상을 드높이는 방식으로 충성심을 강화한다. 군중을 사
> 로잡으려는 사람은 군중의 입장에서 군중이 자신에게 무
> 엇을 요구하는지 파악할 수 있어야 한다.

감정이 과잉된 상태에 있는 군중은 극단적인 감정에
만 반응한다. 그러므로 그런 군중을 끌어당기려는 연설
가라면 아주 과격한 주장을 과하다 싶을 정도로 펼쳐야
한다. 과장하고 확언하고 반복하되 추론을 통해 증명하
려 해서는 안 된다는 것쯤 대중 집회 연설자들에게는 잘
알려진 사실이다. 더구나 군중은 자신이 지지하고 숭앙
하는 대상이 느끼는 감정에 과할 정도로 젖어들기 때문
에 표면적으로 드러나는 그들의 자질과 덕행을 늘 부풀
린다. 이는 극장을 찾는 관객이 현실에서는 결코 실현될
수 없는 용기나 도덕성, 미덕 등의 자질을 작품 속 영웅
에게 요구한다는 점을 보면 아주 분명히 알 수 있다. 게
다가 실현 불가능한 여러 자질을 작품 속 인물에게 요구
할 때는 대체로 상식이나 논리를 따지지 않는다.

히틀러와 괴벨스*Paul Joseph Goebbels*(1897~1945). 괴벨스는 원래 작가를 꿈꾸며 대학에서 문헌학을 전공했다. 나치당에 가입한 뒤 대중 선동에 집중했으며, 히틀러의 가장 가까운 측근으로서 대중계몽선전국가부*RMI P* 장관을 지냈다. 그는 각종 매체와 뉴스를 왜곡하고 날조하여 히틀러와 나치의 이미지를 강화하고 독일 국민이 증오심에 불타도록 만들었다. 그의 이러한 선동 전략은 "분노와 증오는 대중을 열광시키는 가장 강력한 힘이다."라는 그의 말에서도 잘 드러난다. 1945년 4월 30일 자살한 히틀러의 유언에 따라 독일 총리에 올랐으나, 바로 다음 날인 5월 1일 자녀들을 독살한 뒤 자살했다.

군중을 대상으로 말할 때에는 그다지 고급 기술이 필요하지 않지만, 그럼에도 그 기술을 발휘하기 위해서는 매우 특별한 능력이 있어야 한다. 연극 공연을 결정하는 극장장의 입장이 되어보자. 대본을 읽는 것만으로는 어떤 작품의 성공 여부를 판단하기 힘들다. 이럴 때는 극장장 스스로가 군중이 되어볼 수 있어야 한다.[6] 이러한 사실을 조금 더 깊이 파고들 기회가 있다면 민족이라는 변수가 얼마나 지대한 영향력을 행사하는지 보여줄 수 있을 테지만, 이 책에서는 다음의 짧은 설명으로 갈음하겠다.

한 국가의 군중을 열광케 한 연극 작품이 다른 나라에

---

6 대다수의 극장장이 퇴짜를 놓은 작품이 우연한 기회에 상연되어 굉장한 성공을 거두는 이유를 이해할 수 있는 대목이다. 이미 극작가로 명성이 높았던 프랑수아 코페*François Coppée*도 10년 동안이나 일류 극장의 경영자들에게 작품을 거절당하다가 마침내 큰 성공을 거둔 바 있다. 그의 작품 〈왕관을 위하여*Pour la couronne*〉에 관한 이야기다. 영국의 극작가 브랜든 토머스*Brandon Thomas*의 〈찰리의 이모*La Marraine de Charley*〉 역시 모든 극장에서 거절당했다. 그러다가 한 주식 중개인의 후원으로 작품을 무대에 올릴 수 있었고, 이후 프랑스에서 200회, 영국에서만 1,000회 이상 상연했다. 앞서 극장장들이 정신적으로 군중이 되어볼 수 없다는 설명을 하지 않았다면, 그처럼 중대한 실수를 범하지 않으려는 그 유능한 사람들의 판단 착오를 설명할 길이 없었을 것이다. 이 책에서 다루지는 않겠지만 분명 이 주제는 장기적으로 연구해볼 만한 가치가 있다.

서는 종종 흥행에 실패하거나 전문가들의 호평을 끌어내는 수준의 성공만 거두는 경우가 있는데, 그 이유는 이렇다. 새로운 관객을 자극할 만한 동력을 발휘하지 못한 것이다.

군중에게서 과장되는 것은 오직 감정뿐이며, 지성은 결코 그 대상이 되지 않는다. 군중의 일원이 된다는 사실 하나만으로도 개인의 지적 수준이 곧장 곤두박질친다는 점은 앞에서 이미 보여주었으며, 가브리엘 타르드*Jean Gabriel Tarde*(1843~1904, 프랑스의 사회학자이자 범죄학자)도 군중 범죄에 관한 연구에서 이를 증명한 바 있다. 따라서 결론은 이렇다. 군중에게서 극과 극을 오르내릴 수 있는 것은 오직 감정뿐이다.

4. 군중은 태생적으로 보수적이다
: 군중의 편협성과 권위주의, 보수성

극단적 감정에 따라 생각하고 행동하기에 군중은 편협하다. 그리고 수적 우위에 따른 힘을 믿기에 권위적이다. 때문에 군중은 자신들이 추종하는 신념에 대해 어떠한 반론도 허용하지 않는다. 편협하고 권위적인 군중은 자신들과 유사한 모습을 지닌 지도자를 선호한다. 그래서 군중은 강력한 권력을 휘두르는 폭군을 섬길지언정 어진 지도자에 충성하지 않는다.

군중은 오직 단순하고 극단적인 감정에 따라 행동한다. 암시된 의견이나 생각을 절대적 진실로 여겨서 모두가 받아들이거나, 절대적 오류로 치부해서 모두가 거부한다. 이성적 사유에서 비롯하지 않고 암시를 통해 확립된 신념에 대해서도 늘 같은 태도를 취한다. 종교적 신념이 얼마나 편협한지, 그 신념이 개인의 영혼에 얼마만큼이나 전제적인 영향력을 행사하는지는 모두가 잘 알고 있다.

군중은 진실이나 오류를 추호도 의심하지 않기에 편협하고, 또 자신들이 소유한 힘을 분명히 알고 있는 만큼 권위적이다. 그래서 개인으로서는 충분히 받아들일 수 있는 반론과 논쟁도 군중에게는 어림없다. 대중 집회에서 연설자가 군중이 믿고 있는 신념에 아주 사소한 반론이라도 제기하면 군중은 그 즉시 분노의 아우성을 내지르고 험악한 욕설을 퍼붓는다. 그래도 연설자가 굽히지 않으면 폭력을 휘두르며 연설자를 내쫓아버리기까지 한다. 그런 사태를 염려한 공권력이 개입하지 않는다면, 아마도 반론을 제기한 연설자는 죽음을 면치 못할지도 모른다.

권위주의와 편협성은 모든 범주의 군중에게서 일반적으로 나타나는 특성이지만, 그 정도는 군중에 따라 차이가 있다. 그리고 그 차이에 인간의 모든 감정과 생각을 지배하는 근본적인 토대, 즉 민족이라는 개념이 끼어든다. 가령 라틴계 군중은 권위주의와 편협성이 너무나 강해서 앵글로색슨계 민족에게서 나타나는 개인의 독립성이 그들에게서는 완전히 파괴될 정도다. 그들은 오직 자신들이 속한 집단의 독립성에만 민감하게 반응하는데, 그런 움직임에는 자신들을 반대하는 이들을 굴종시키려는 강한 욕구가 깃들어 있다. 그런 특성 탓에 라틴계 민족의 급진 세력은 종교 재판 이후의 어느 시대에도 자유로운 사상을 열지 못했다.

권위주의와 편협성은 군중이 쉽게 이해할 수 있는 아주 명확한 성향이며, 무언가가 그런 쪽으로 몰고 가면 군중은 감정적인 만큼 쉽게 수용한다. 또 강한 힘에는 순순히 존경을 표하지만, 그들이 나약함의 한 형태로 여기는 선의善意에는 그리 감명을 받지 않는다. 군중이 동조하는 대상이 그들을 가혹하게 탄압했던 폭군이었지 결코 어진 지도자였던 적이 없었던 것도, 언제나 그런 폭군들의 입상立像을 가장 높이 세웠던 것도 바로 그 때문이다. 만약 군중이 전복된 정권의 군주를 거침없이 유린한다면, 그 이유는 권력을 잃은 군주는 더 이상 두려움의 대상이 아니라 그들이 멸시하는 약자의 범주에 들어갔기 때문이다. 그러므로 율리우스 카이사르가 영웅의 전형이라는 그들의 생각은 결코 변하지 않을 것이다. 군중은 그의 위업에 매혹되고, 그의 권위에 압도되며, 그의 칼날에 두려움을 느낀다.

군중은 약한 권력에는 언제나 대항할 준비가 되어 있지만, 강한 권력에는 비굴하게 머리를 숙인다. 그러다 혹여 그 권력의 힘이 지속되지 않고 끊어졌다 이어졌다 하면, 군중은 무정부 상태와 굴종 상태를 번갈아 반복한다.

군중이 주도한 혁명의 역사를 보면서 군중이 진보적이라고 생각한다면 그것은 착각이다. 군중의 무의식에는 오랜 세월 유전적으로 이어져온 전통이 차지하는 비중이 크기 때문에 그들은 변화를 반기지 않는다.

군중이 원래 혁명가적 기질이 다분하다고 믿는다면, 그건 그들의 심리를 잘 모르기 때문이다. 그런 착각은 군중의 폭력성에서 기인한다. 사실 그들의 폭발적인 격분과 파괴 행위는 아주 일시적일 뿐이다. 군중은 무의식의 강력한 지배를 받기에, 그래서 수세기에 걸쳐 전해져온 유전적 특성들에 큰 영향을 받기에 극도로 보수적일 수밖에 없다. 새로운 자극이 없다면 군중은 곧 무질서에 염증을 느껴 본능적으로 예속 상태로 전향한다. 가장 오만하고 까다로웠던 급진주의자들은 정작 나폴레옹이 모든 자유를 억압하고 무자비하게 철권을 휘두를 때 가장 열렬히 환호했다.

　　그러므로 뼛속까지 보수적인 군중의 본능을 잘 알지 못한다면 역사를, 그중에서도 특히 민중 혁명의 역사를 이해하기란 어렵다. 군중은 자신들이 세운 체제에 새로운 이름을 부여하고자 하며 때로는 그 변화를 위해 폭력 혁명을 일으키기도 하지만, 그들이 세운 체제의 바탕에는 대대로 전해 내려온 민족의 욕구가 있기에 결국 원래의 체제로 되돌아갈 수밖에 없다. 그래서 군중은 매우 피상적인 것들에 대해서는 끊임없이 변덕을 부리면서도 사실 그들의 본능은 원시인의 본능만큼이나 고집스럽고 보

황제 대관식에서의 나폴레옹. 나폴레옹 보나파르트는 프랑스 대혁명 이후의 혼란 속에서 프랑스를 적으로 간주한 유럽 국가들과의 전쟁에서 공을 세우고 왕당파의 반란을 진압하는 등의 업적을 쌓으면서 차츰 프랑스 국민의 마음에 자리 잡았다. 이후 그는 공화 정부의 지도자로 추앙되었으나 거기에 머무르지 않고 황제의 자리에 올랐다. 하지만 나폴레옹은 강압적인 방식으로 황제에 오른 것이 아니라 투표를 통해 국민에게 뜻을 물었고, 프랑스 국민은 기꺼이 그를 황제로 받아들였다. 대혁명으로 왕정을 무너뜨리고 공화정을 택했던 프랑스는 불과 15년 만에 제정으로 돌아갔다.

수적이다. 군중은 아무런 조건이나 제약 없이 전통을 맹목적으로 중시하고, 그들의 실제 생활을 변화시키는 모든 새로운 것들에는 무의식적으로 완전한 두려움을 느낀다. 만약 방적기와 증기 기관, 철도 등이 발명된 시기의 민주주의가 군중이 득세하는 오늘날 민주주의의 힘을 가졌다면, 그 발명품들은 세상의 빛을 보지 못했을 것이다. 행여 실용화가 되었더라도 계속되는 혁명과 학살을 대가로 치러야 했을 것이다. 그러니 과학과 산업의 위대한 발견들이 먼저 이루어지고 난 후에 군중이 힘을 갖기 시작했다는 사실은 문명의 발달에 있어 천만다행한 일이다.

5. 왜 때때로 군중은 한 개인이 결코 발휘할 수 없는 높은 도덕성을 보이는가?
: 군중의 도덕성

군중은 대체로 무의식을 따르고 인간에 내재해 있는 잔혹한 본성의 지배를 받기 때문에 잔인한 모습을 보인다. 하지만 한 개인으로서는 발휘하기 힘든 높은 수준의 도덕성을 보이는 것 또한 사실이다. 때때로 자신의 이익을 희생하는 이러한 군중의 특성이 문명을 발전시킨 원동력이었는지도 모른다.

만약 특정한 사회적 습관을 변함없이 존중하고 이기적 충동을 끊임없이 억누르는 것을 도덕성이라고 한다면, 군중은 도덕성을 갖추었다고 하기에는 너무나도 충동적이고 변덕스럽다. 하지만 이타심과 헌신, 무욕, 자기희생, 공정성을 향한 욕구처럼 일시적으로 발현되는 몇 가지 특성을 포함시킨다면, 군중의 도덕성은 오히려 매우 높은 수준에 이를 수 있다.

소수에 불과했던 군중 심리학자들은 오로지 군중의 범죄에 관해서만 고찰했고, 군중의 범죄 행위가 얼마나 빈번하게 일어났는지 확인하자 군중의 도덕성이 매우 낮은 수준이라고 간주해버렸다.

군중의 도덕 수준이 대체로 낮다는 점은 분명한 사실이다. 왜 그럴까? 단순하게 말하자면, 동물로서의 인간이 대대로 물려받은 파괴적이고 잔혹한 본능이 우리 각자의 내면 깊이 잠재해 있기 때문이다. 독립된 개인이라면 살아가는 동안 그 본능을 충족시키는 일이 꽤 위험하다고 판단하지만, 무책임한 군중의 일원이 되어 처벌받지 않는다는 확신을 갖게 되면 그 개인은 아주 자유로이 본능을 따르기 마련이다. 하지만 대부분의 사람은 같은 인간에게는 파괴 본능을 행사할 수 없기에 동물에게 해소하는 데 그친다. 사냥에 대한 보편적인 열정과 군중의 잔혹한 행위는 결국 그 뿌리가 같은 셈이다. 군중은 무방비의 희생자를 서서히 죽이며 비열한 잔혹성을 드러내는데, 철학자들은 그들의 그런 잔혹함이 사냥꾼의 잔인함과 매우 유사하다고 말한다. 사냥개들이 불쌍한 사슴 한 마리를 추격해 배를 찢어발기는 장면을 즐기는 그런 종류의 잔혹성 말이다.

군중은 살인과 방화를 비롯하여 거의 모든 종류의 범죄를 저지를 수 있지만, 한편으로 매우 높은 수준의 헌신과 희생, 이타적 행위를 실천할 수도 있다. 심지어 혼자인 개인이 실현할 수 있는 정도보다 훨씬 높은 수준으로 말이다. 특히 영광과 명예, 신앙과 조국을 위한 일이라 말하며 군중에게 호소하면 군중 속 개인은 기꺼이 목숨까지도 바친다. 십자군과, 프랑스에서 혁명이 진행 중이던 1793년 때의 의용병들 같은 예는 역사에서 부지기수로 찾아볼 수 있다. 오직 집단만이 거룩한 이타 행위와 헌신을 할 수 있는 법이다.

무수히 많은 군중이 신앙과 사상 그리고 정작 자신들

은 거의 이해하지도 못한 구호를 위해 장렬히 목숨을 바쳤다. 또한 군중은 정작 박봉에 만족하면서도 자신들의 임금 인상을 위해서라기보다는 구호에 복종하기 위해 시위를 벌인다. 개인의 이익은 독립된 개인에게서만 발현되는 동기일 뿐 군중에게서 강력한 동기로 작용하는 경우는 매우 드물다. 군중이 그 무수한 전장으로 뛰어든 것은 결코 개인적 이익 때문이 아니었다. 전쟁은 그들의 지성으로도 이해할 수 없는 사건이었고, 전장은 꼭 사냥꾼이 거울로 건 최면에 목숨을 잃은 종달새처럼 너무나도 쉽게 죽어나가는 곳이었다.

심지어 지독한 악당들도 한데 모여 군중을 이루면 일시적으로나마 매우 엄격한 도덕적 원칙을 지키는 일이 빈번하다. 이폴리트 텐은 9월 학살의 학살자들이 희생자들의 몸에서 찾은 지갑과 패물을 쉽게 빼돌릴 수 있었음에도 혁명위원회 책상 위에 올려두었다는 사실을 지적한 바 있다. 또 1848년 프랑스 혁명(2월 혁명이라고도 한다. 나폴레옹 이후 이어지던 왕정이 무너지고 프랑스에 제2 공화국이 들어서는 계기가 되었다. 이때 프랑스의 초대 대통령을 선출하는 선거가 실시되었는데, 나폴레옹 보나파르트의 조카인 루이 나폴레옹이 당선되었다. 루이 나폴레옹은 나폴레옹 보나파르트

9월 학살은 1792년 9월 2일부터 6일까지 파리에서 수많은 죄수들이 살해된
사건이다. 혁명 세력을 형성한 파리의 군중 사이에는 교도소에 수용된 정치범
들이 반혁명 봉기를 준비하고 있다는 소문이 돌았고, 이로 인해 약 1,200명의
죄수가 재판도 받지 못하고 처형당했다. 당시 이성을 잃은 군중은 죄수뿐만
아니라 여러 공공 기관을 공격해 죄 없는 사람들을 살해하기도 했다. 그림은
살페트리에르 병원에서 35명의 여성이 살해된 현장을 묘사한 것이다.

가 그랬던 것처럼 1852년에 황제에 올라 나폴레옹 3세가 되었다) 당시 아우성을 질러대며 한데 들끓던 군중은 튈르리 궁을 점령했지만 궁에 있는 어떤 것도 탈취하지 않았다. 가난한 그들의 눈을 멀게 했던 그 물건들 중 하나만 손에 넣어도 여러 날은 먹고도 남을 빵과 바꿀 수 있었는데 말이다.

군중이 된 개인의 도덕성이 높아지는 현상은 영속적이진 않지만 꽤나 빈번하게 관찰되며, 앞서 제시한 사례보다 훨씬 더 가벼운 상황에서도 마찬가지다. 이미 살펴보았듯 극장을 찾은 군중은 작품 속 영웅에게서 과장된 미덕을 바란다. 실제로 상습적인 도박꾼이나 매춘업자, 빈정대기 좋아하는 불량배도 음탕한 장면을 보거나 경박한 이야기를 들을 때면 못마땅해서 구시렁대고는 한다. 그래보았자 그들이 평소 나누는 대화에 비하면 무해할 정도인데도 말이다.

따라서 군중은 대체로 저속한 본능을 따르기는 해도 이따금 고귀한 도덕적 행위를 한다는 결론을 내릴 수 있다. 만약 무욕無慾과 인종忍從 그리고 공상적인 이상을 위한 절대적 헌신을 도덕적 미덕으로 본다면 군중은 가장 현명한 철학자도 거의 실현하지 못할 수준의 미덕을 갖추고 있는 셈이다. 물론 무의식중에 실천하는 미덕이다. 하지만 아무렴 어떤가. 군중이 이성적 사유를 하지 않으며, 특히 무의식에 이끌려 행동한다는 사실에 너무 불평할 필요는 없다. 만약 군중이 이따금 생각이라는 걸 하며 제 눈앞의 이익을 따졌다면 아마도 이 지구상에는 어떠한 문명도 발달할 수 없었을 것이다. 그럼 인류에게는 역사도 없었을 것이다.

Chapter 3

군중은 머리를 따르지 않고
심장을 따른다
: 군중의 사상, 추론 그리고 상상력

1 군중은 사상과 감정을 동일시한다
   근본 사상과 부수적 사상 — 모순된 사상들이 동시에 존속하는 방법 — 고등 사상
   은 군중에게 받아들여지기 위해 변형 과정을 거쳐야 한다 — 사상의 사회적 역할
   은 사상에 담겨 있을 진리와 무관하다

2 비판 능력을 상실한 군중에게 논리적 근거는 무의미하다
   군중은 이성적 추론에 영향을 받지 않는다 — 군중의 추론은 언제나 열등하다 —
   군중이 연상하는 사상들은 표면적인 유사성과 연속성만 띤다

3 군중이 만들어낸 영웅의 실체
   군중의 상상력이 갖는 힘 — 군중은 이미지로 생각하며 이미지들은 아무런 연결
   고리 없이 이어진다 — 군중은 경이로운 데 감명한다 — 경이로운 것과 전설적인
   것이 문명의 진정한 지주다 — 대중의 상상력은 언제나 정치인들이 갖는 힘의 토
   대였다 — 군중의 상상력을 자극할 수 있는 사건은 어떻게 제시되는가?

1. 군중은 사상과 감정을 동일시한다
: 군중의 사상

군중에게 스며드는 사상에는 두 가지 유형이 있다. 우연한 사건과 인물의 영향으로 형성되는 일시적인 사상과 오래전부터 이어져왔거나 사회 여건의 변화로 인해 형성된 근본적인 사상이다. 오늘날 민족정신의 토대가 되는 근본 사상은 흔들리고 있고, 일시적인 사상이 명멸하며 짧은 시간 동안 사회를 뒤흔든다.

앞서 출간한 책(1894년에 펴낸 『민족 진화의 심리학적 법칙』을 말한다)에서는 민족의 진화 과정에서 사상이 어떤 역할을 하는지 연구했고, 소수의 사상에서 모든 문명이 파생한다는 사실을 확인했다. 그리고 그 사상이 군중의 정신에 확립되는 과정과 어려움, 또 그렇게 뿌리내린 사상이 군중의 정신에 발휘하는 힘에 대해서도 살펴보았다. 마지막으로 그 사상의 변화가 역사 속 대혼란들의 주요 원인이 되었다는 점도 알아보았다.

그 주제에 대해서는 이미 충분히 다루었으니, 이 책에서는 군중에게 받아들여질 수 있는 사상으로는 어떤 것이 있는지, 또 그 사상이 어떤 형태로 군중에게 수용되는지에 대해서 짧게 언급하려 한다.

우선 사상은 두 가지 유형으로 분류할 수 있다. 첫째는 어떤 개인이나 이데올로기에 심취하는 것처럼 당대의 사건과 인물에 영향을 받아 형성된 우연적이고 일시적인 사상이 있고, 둘째로는 과거의 종교적 신념이나 오늘날의 민주주의·사회주의 사상과 같이 사회 환경과 유산, 여론을 통해 매우 굳건해진 근본적인 사상이 있다. 비유하자면 근본 사상은 천천히 흐르는 강물이고, 일시적인 사상은 그 수면을 일렁이게 만드는 작은 물결이라 할 수 있다. 물결은 강이 흘러가는 데 실질적으로 중요한 역할을 하지는 않지만, 강의 흐름보다 더욱 가시적으로 드러난다.

하지만 우리 조상들 삶의 근간이었던 위대한 근본 사상은 오늘날 점차 힘을 잃어가고 있다. 확고부동했던 근본 사상이 힘을 잃자 동시에 그 사상에 바탕을 두었던 제도마저 뿌리째 흔들리고 있다. 반면 조금 전에 언급했던 사소하고 일시적인 사상들은 날마다 무수히 출현한다.

물론 그중에서 눈에 띌 만큼 확산력이 강하고 큰 영향력을 가진 사상은 극소수다.

> 어떤 사상이 군중에게 수용되기 위해서는 개념을 단순화하는 과정을 거쳐야 하는데, 대체로 텍스트가 아니라 이미지 형태를 취한다. 사상의 개념을 단순화하는 과정에서는 필연적으로 그 사상에 담긴 고차원적인 내용이 삭제될 수밖에 없다. 때문에 군중 사이에 통용되는 사상들을 두고 비교 우위를 따지는 것은 헛된 일이다.

군중에게 암시되어 군중을 지배하는 사상은 어떤 사상이든 아주 단순해야 하기에 이미지의 형태로 구현된다. 군중이 사상을 이해할 수 있는 유일한 형태인 탓이다. 하지만 그 사상과 이미지 사이에는 논리적인 유사성이나 연속성이 없기 때문에 사상을 구현한 이미지가 다른 이미지로 대체될 수도 있다. 마법의 등인 환등기를 다루는 사람이 상자에 켜켜이 쌓인 유리 슬라이드 마운트를 바꿔 끼울 수 있듯이 말이다. 극과 극에 있는 사상들이 군중에게 나란히 수용될 수 있는 것도 바로 그 때문이다. 당대에 발생하는 우연한 사건이 군중의 지성에 축적된 여러 사상 가운데 하나에 영향을 미치고, 또 군중은 어떤 사상에 영향을 받는지에 따라 이전과는 완전히 다르게 행동할 수 있다. 하지만 그들은 비판력을 완전히 상실한 탓에 그러한 모순을 인지하지 못한다.

이러한 현상이 비단 군중에게서만 나타나는 것은 아니다. 지적 수준이 낮은 사람이든, 광신도같이 정신적으로 취약한 사람이든 독립된 개인 역시 비슷한 행태를 보인다. 이러한 현상은 유럽에서 고등 교육을 받고 박사 학위를 취득한 교양 있는 힌두교 신자들에게서도 매우 독특한 형태로 관찰된 바 있다. 대대로 전해 내려온 종교적·사회적 사상의 토대 위에, 그 사상과 유사성이라는 전혀 없는 서구의 사상이 그들의 사상을 일절 해치지 않으면서도 중첩되는 것이다. 개인은 순간순간 닥쳐오는 우연한 상황에 임기응변하여 특유의 행동과 견해를 드러내기 때문에 말과 행동의 앞뒤가 맞지 않는 모습을 보이고는 한다. 물론 이러한 자가당착은 일시적이고 피상적이다. 대대로 전해 내려온 사상이 독립된 개인의 행동을 끌어내는 가장 강력한 동기로 작용하기 때문이다. 개인이 자가당착에 빠져 행동하는 것은 다른 민족의 이질적인 요소들이 결합하여 그 각각의 민족이 가진 다양한 충동들의 기로에 있을 때다. 이러한 현상은 심리학적 측면에서 매우 중요하다. 하지만 이 책에서 다루기에는 공연한 일일 듯하다. 이 현상을 제대로 이해하려면 적어도 10년의 여정 동안 관찰과 연구가 필요하다는 게 나의 생각이다.

사상은 극도로 단순한 형태로 구현되어야만 군중에게 받아들여지기 때문에 대중화를 위해서라면 철저히 변형되어야 한다. 특히 다소 어려운 철학 사상이나 과학 개념을 군중이 이해할 수 있는 수준까지 낮추기 위해서는 여러 단계에 걸쳐 변형 작업을 해야 한다는 건 이미 증명된 사실이다. 변형 작업은 군중의 범주나 그 군중이 속한 민족에 따라 달라지기는 하지만, 언제나 축소하고 단순화한다는 점에서는 똑같다. 그러므로 사회적 관점에서 볼 때 사상에는 계급과 지위고하가 거의 없다고 할 수 있다. 그 뿌리가 아무리 위대하고 참된 사상이라도 군중에게 닿아 영향력을 행사하려면 그 사상을 드높이고 숭고하게 만들었던 모든 것들을 잃어야 하는 법이다.

또한 사회적 관점에서 볼 때 사상에는 위계가 없다고 보아도 무방하다. 중요한 것은 그 사상이 초래하는 결과뿐이다. 중세 기독교 사상과 18세기 민주주의 사상 그리

113

처음 사회주의라는 용어는 개인주의를 보완하는 의미로 사용되었다. 산업 혁명으로 인해 생산 수단을 가진 자본가와 노동자 계급의 격차가 커지는 것을 우려한 사상가들은 자본주의에 내재해 있는 사적 이윤 추구를 제한하고 생산 수단의 일정 부분을 공유화하여 공동체의 이익을 확대하자는 논리로 사회주의를 표방했다. 이러한 개념을 직접 실천한 사람이 있었으니, 영국의 경영인인 로버트 오언*Robert Owen*(1771~1852)이었다. 그는 자신이 운영하는 방적 공장 노동자들의 삶의 질을 개선하기 위해 당시로서는 파격적인 복지를 실행했고, 노동자 교육에도 앞장섰다. 하지만 사유 재산과 결혼 제도를 비판한 행적이 사회적으로 공분을 사서 그는 영국을 떠나 미국으로 이주했다. 인디애나주에 정착한 그는 사회주의 이상을 실현할 수 있는 공간인 뉴 하모니*New Harmony*를 건설하려 했으나, 이 역시 당대의 사람들에게는 제대로 받아들여지지 않았다. 하지만 로버트 오언 사후 40년도 지나지 않아 사회주의는 전 세계에서 가장 강력한 이념이 되었다. 위의 그림은 로버트 오언이 꿈꾸었던 협동촌인 뉴하모니를 묘사한 것이다.

고 오늘날의 사회주의 사상은 분명 고도의 사상이 아니다. 더욱이 철학적으로 접근하면 오히려 오류투성이의 빈약한 사상 정도로 여겨질 수 있다. 하지만 그 사상들은 과거에 굉장한 역할을 했고, 앞으로도 그럴 것이며, 국가운영에 필수적인 핵심 요소로 길이 남을지도 모른다.

> 대부분의 사람은 확고한 신념을 갖고 있고, 그 신념이 공격을 받을 때는 감정적으로 반응한다. 이처럼 감정으로 자리 잡은 사상이야말로 인간의 행위를 결정하는 가장 강력한 동기가 된다. 일시적으로 다른 사상에 영향을 받을 수는 있지만, 곧 원래의 생각으로 되돌아간다. 사상이 감정으로 자리 잡기까지는 오랜 시간이 걸린다. 그러기에 그 사상을 뿌리 뽑는 데에도 오랜 시간을 필요로 한다.

어떤 사상이 변형을 거쳐 군중에게 받아들여진다 해도 여러 과정을 거쳐 군중의 무의식에 침투해 어떠한 감정을 일으키기 전까지는 영향력을 행사하지 못한다. 기나긴 시간을 요하는 그 다양한 과정에 대해서는 다음에 연구해볼 기회가 있을 것이다.

사실 단순히 어떤 사상의 정당성이 입증되었다고 해

서 그 사상이 교양인들에게 수용되리라고 생각해서는 안 된다. 이는 아무리 명료한 논증이라도 대다수의 사람에 게는 거의 영향을 미치지 못한다는 점을 통해 쉽게 알 수 있는 사실이다. 물론 근거가 명백하다면 교양 있는 청중 에게 받아들여질 수 있겠지만, 그 새로운 사상 전향자는 결국 무의식중에 자기 본래의 생각으로 금세 되돌아갈 것이다. 그리고 며칠 후 그를 다시 만나면 그는 분명 토 씨 하나 틀리지 않고 자신의 예전 논거를 또다시 내세울 것이다. 이미 감정으로 자리 잡은 이전의 사상에 지배를 받기 때문이다. 결국 감정으로 자리 잡은 본래의 사상만 이 우리가 하는 말과 행동의 근원적 동기에 영향을 미치 는 셈이다. 이는 군중에게서도 마찬가지다.

하지만 어떤 사상이 다양한 방식으로 마침내 군중의 정신에 침투하고 나면, 그 사상은 불가항력이 되어 일련 의 효과들을 연속적으로 일으키고, 군중은 그 연쇄 효과 를 고스란히 겪을 수밖에 없다. 프랑스 혁명으로 이어 졌던 철학 사상들은 군중의 정신에 뿌리내리는 데 거의 100년이라는 시간을 필요로 했는데, 그때 그 사상이 보 여준 무소불위의 힘은 모르는 사람이 없을 듯하다. 사회 적 평등을 쟁취하고 추상적 권리와 이상적 자유를 실현하기 위해 프랑스 전 국민이 봉기하자 서구의 모든 왕조가 동요하고 서방 세계가 뿌리째 흔들리지 않았던가. 그렇게 유럽은 골육상쟁의 20년을 보내며 칭기즈 칸과 티무르도 두렵게 만들 만큼 숱한 희생자를 낳았다. 맹위를 떨친 한 사상이 빚어낸 유례없는 결과였다.

사상이 군중의 정신에 뿌리내리는 데는 오랜 시간이 걸린다. 그런 만큼 그 사상을 뿌리 뽑는 데에도 오랜 시간이 걸린다. 때문에 사상적으로는 군중이 학자나 철학자보다 언제나 몇 세대 뒤처진다. 오늘날 정치인들이 앞서 언급한 근본 사상에 어떤 오류가 있는지 잘 알면서도 그 사상의 막강한 영향력을 의식한 탓에 정작 자신들은 더 이상 믿지도 않는 그 원칙에 따라 통치할 수밖에 없는 것도 같은 맥락이다.

2. 비판 능력을 상실한 군중에게 논리적 근거는 무의미하다
: 군중의 추론

군중은 어떤 근거를 통해 판단하지 않는다. 그들은 강요된 판단을 받아들인다. 서로 유사해 보이는 사례를 결합하고 특수한 상황을 일반화한다. 군중을 사로잡고 싶은 연설자라면 어떤 사안에 담긴 복잡하고 미세한 부분을 일일이 들먹여서는 안 된다. 단 몇 마디의 경구와 구호로 이미지를 환기시켜야 한다.

군중이 이성적으로 사유하지 않으며 추론하지도 않는다고 단정할 수는 없다. 하지만 그들이 펼치는 논법이나 그들에게 영향을 미치는 논법은 논리적으로 매우 수준이 낮기 때문에 그런 군중의 논법에 추론이라는 이름을 붙이려면 다소 억지를 부려야 한다.

군중의 열등한 추론은 차원이 높은 추론과 마찬가지로 연상에 근거한다. 그렇기는 하나 군중이 연상하는 사상들 간에는 표면적 유사성과 연속성만이 있을 뿐이다. 그들은 마치 투명체인 얼음이 입속에서 녹는다는 것을 경험으로 아는 에스키모들이 얼음과 똑같이 투명한 유리도 입속에서 녹으리라고 결론을 내는 식으로 연상한다. 아니면 용감한 적의 심장을 먹으면 자신도 용맹해질 수 있다고 믿는 야만인이나, 고용주에게 착취당한 일로 인해 모든 고용주가 착취를 일삼는다고 결론짓는 노동자처럼 연상하고는 한다.

118

표면적으로 유사해 보이는 서로 다른 사례들을 결합하고 특수한 사례를 곧장 일반화하는 것은 군중의 추론에서 볼 수 있는 특징이다. 그래서 군중을 잘 다룰 줄 아는 사람이라면 군중에게 항상 그런 식의 추론을 제시한다. 오직 그런 방식의 추론만이 군중에게 작용하기 때문이다. 군중은 논리적 추론 과정을 결코 이해하지 못한다. 그래서 그들이 추론하지 않는다거나 잘못된 방식으로 추론한다거나 또 명확한 추론에는 오히려 영향을 받지 않는다고 말하는 것이다. 실제로 군중에게 막대한 영향을 미친 연설문들을 읽어보면 막상 그 내용의 빈약함에 놀랄 때가 있다. 하지만 이는 그 연설문들이 군중이라는 집단을 설득하기 위해 쓴 것이지 철학자들이 탐독하기를 바라는 목적으로 쓴 것이 아니라는 사실을 망각해서다. 군중과 긴밀하게 소통할 수 있는 연사는 군중을 사로잡는 이미지를 환기할 줄 안다. 이미지 환기에 성공하면 연사는 목적을 달성한 것이다. 그렇게 군중의 뇌리에 꽂힌 몇몇 문장은 연설 이후 편찬한 연설집이 설령 스무 권이나 된다 하더라도 그보다 훨씬 더 큰 영향력을 발휘한다.

추론 능력이 서투른 탓에 군중이 비판력을 갖지 못한다고 부연할 필요는 없을 듯하다. 바로 그 때문에 군중이 오류에서 진실을 가려내지 못하고 어떤 것에 대해서든 정확한 판단을 내리지 못한다는 사실도 굳이 말할 필요는 없을 것이다. 군중은 오직 자신들에게 강요된 판단만을 받아들이지, 토론을 통해 도출한 판단은 결코 수용하지 않는다. 그런 점에서 본다면 딱히 군중보다 수준이 나은 사람이 그리 많지는 않은 것 같다. 어떠한 견해가 사회에서 쉽게 일반화되는 이유는 대다수의 사람들이 각자의 추론을 토대로 자신들의 견해를 세울 수 없기 때문이다.

3. 군중이 만들어낸 영웅의 실체
: 군중의 상상력

군중은 어떤 이미지를 불러일으키는 경구와 구호에 쉽게 매료된다. 이렇게 형성된 이미지는 군중의 상상력을 부추기는 훌륭한 도구가 된다. 군중은 어떤 메시지나 인물에 대한 평가가 비현실적이라는 사실을 알면서도 기꺼이 상상력을 동원하여 거기에 신화의 후광을 입힌다. 그래서 역사 속 위대한 군주들은 있는 그대로의 자신이 아니라 군중의 상상 속에 군림하는 영웅으로서 존재하기 위해 노력했다.

추론 능력이 없는 이들에게 그렇듯, 군중의 머릿속에 구체적인 형상으로 자리 잡은 상상은 매우 강력하고 능동적이며 강렬한 인상을 남긴다. 그래서 어떤 인물이나 사건, 사고가 군중의 정신에 환기한 이미지들은 실제로 존재하듯 생생하기까지 하다. 잠든 사람은 일시적으로 이성이 마비된 상태여서 극도로 강렬한 이미지도 그냥 떠오르게 내버려둔다. 그런 점에서 군중은 잠든 사람과 어느 정도 비슷한 상태다. 물론 그 이미지라는 것이 조금만 깊이 생각해보면 곧바로 사라져버릴 것이지만, 군중은 깊은 생각도, 추론도 할 수 없기 때문에 현실성이 없다는 사실조차 알아차리지 못한다. 그런데 사실 가장 사실 같지 않은 것들이 대개는 가장 인상적이지 않은가.

사건의 경이롭고 전설적인 측면이 군중에게 가장 강한 인상을 남기는 이유가 바로 여기에 있다. 어떤 문명을 분석해보아도 그렇다. 문명의 지주 역할을 하는 건 다름 아닌 경이롭고 전설적인 것들이다. 역사에서도 항상 실상보다는 표면에 드러난 것들이 훨씬 더 중요한 역할을 했고, 비현실적인 것들이 현실적인 것보다 중요하게 작용했다.

군중은 이미지를 통해서만 생각이라는 걸 할 수 있기

고고학적 발견은 피라미드가 노예의 노동력을 동원한 것이 아니라 자발적인 임금 노동자에 의해 지어졌음을 보여준다. 고대 이집트의 군중은 눈에 보이지 않는 종교적 이상을 실현하기 위해 결집했고, 오늘날에도 '불가사의'라고 불리는 거대한 건축물을 완성했다.

에 이미지에만 감명을 받는다. 즉 이미지만이 군중을 두렵게 하거나 사로잡을 수 있고 행동을 유발하는 동기가 될 수 있다.

이미지를 가장 가시적인 형태로 보여주는 연극 공연은 언제나 군중에게 막대한 영향을 미쳤다. 고대 로마 평민들은 빵과 공연을 가장 이상적인 행복을 이루는 요소로 여기며 그 이상은 바라지도 않았고, 그들이 생각했던 그 이상적 행복의 기준은 시대가 흘러도 거의 변하지 않았다. 연극 공연만큼 군중의 상상력을 자극하는 것도 없다. 실제로 공연장의 모든 관객은 똑같은 감정을 동시에 느낀다. 다만 그 감정이 즉시 행동으로 연결되지 않는 이유는 관객들이 무의식 상태에서도 스스로가 환영의 희생양이라는 사실을 인지하고, 그래서 자신들이 상상의 모험 속에서 울고 웃었다는 사실을 모르지 않기 때문이다. 하지만 이미지를 통해 암시된 감정이 이따금 세차게 끓어올라, 대부분의 암시가 그렇듯, 행동을 유도하는 경향을 보이기도 한다. 이와 관련해서는 대중의 인기를 끌었던 한 극장의 사례를 들 수 있다. 이 극장은 오직 암울한 비극만 상연했는데, 공연이 끝난 뒤에 배신자 역을 맡았던 배우가 극장 밖을 나설 때면 관객들로부터 그를 보호

해야만 했다. 배신자가 저질렀던 죄악, 그러나 상상에 불과했던 그 죄악에 관객들이 분개하여 그에게 폭력을 행사하려 했기 때문이다. 이는 군중의 정신 상태를 여실히 보여주는 사례이자, 특히 군중을 암시에 빠뜨리는 게 얼마나 쉬운 일인지를 명확하게 보여주는 방증이다. 군중에게는 비현실이 거의 현실과도 같은 영향력을 가진다. 게다가 군중은 현실과 비현실을 구분하지 않으려는 경향이 강하다.

실제로 정복자들의 권력과 국가의 힘은 군중의 상상력에 기초한다. 그 상상력을 이용해 군중을 이끌기 때문이다. 불교·기독교·이슬람교의 창시, 종교 개혁, 프랑스 대혁명 그리고 오늘날 사회주의의 위협적인 침투까지, 위대한 역사적 사실들은 군중의 상상력에 강렬한 인상이 더해져 만들어진 직간접적인 결과물인 셈이다.

절대 군주가 군림하던 모든 시대, 모든 국가의 위대한 군주들은 군중의 상상력이 권력의 토대라는 사실을 잘 알았다. 때문에 결코 그 상상력에 반하는 통치를 하지 않으려 애썼다. 나폴레옹이 국참사원(공공 행정에 관하여 판단하는 프랑스의 최고 재판소)에서 다음과 같이 말한 것도 같은 맥락이다. "나는 가톨릭교도가 되고 나서야 방데 전

프랑스 혁명에 반대하는 가톨릭교회와 왕당파 세력이 규합하여 가톨릭 왕당 군대를 창설했고, 이들은 혁명 세력에 대항하여 반란을 일으켰다. 1793년부터 1801년까지 이어지며 약 40만 명의 희생자를 낸 이 내전을 방데 전쟁이라고 한다. 한때 이 내전에 대하여 이야기하는 것을 금기시했을 정도로 프랑스 역사의 큰 오점으로 남아 있다.

쟁에 마침표를 찍을 수 있었다. 이슬람교로 개종해 이집트 진출을 위한 발판을 마련할 수 있었고, 교황절대권론을 지지해 이탈리아 사제들의 신임을 얻을 수 있었다. 만약 내가 유대인을 통치해야 한다면 나는 솔로몬 왕의 성전을 재건할 것이다." 아마도 알렉산드로스 대왕과 카이사르 이후의 그 어떤 위인도 군중의 상상력을 어떻게 자극해야 하는지 나폴레옹보다 더 잘 알지는 못했을 것이다. 나폴레옹은 자신을 군중의 상상력에 아로새기는 데 끊임없이 몰두했다. 승리를 거두었을 때도, 연설할 때도, 그 밖의 모든 행동을 할 때도 나폴레옹은 그 점을 생각했다. 아마도 숨을 거두는 순간까지도 그러지 않았을까.

군중의 상상력을 자극하기 위해서는 강렬한 인상을 심어주어야 한다. 우리는 거의 매일 비극적인 사건과 사고를 겪으면서도 그 일들에 별다른 관심을 기울이지 않지만, 강렬한 이미지로 다가오는 하나의 사건에 대해서는 비상할 정도로 집중하며 갖가지 이야기를 만들어낸다. 지도자가 군중의 상상력을 자극하고자 할 때도 같은 방식을 취해야 한다. 응축된 이미지를 통해 사건 전체를 일시에 제시해서 군중이 스스로 이미지를 재생산하도록 유도하는 것이다.

그렇다면 과연 군중의 상상력을 어떻게 자극할 수 있을까? 곧 알아볼 테지만, 일단은 그들의 지성과 이성에 호소하려 해서는 안 된다는 점만, 즉 무언가를 증명하려 하지 말아야 한다는 정도만 말해두겠다. 안토니우스가 카이사르의 암살자들에 맞서 민중을 선동할 수 있었던 것은 민중 앞에서 카이사르의 유언을 낭독하며 그의 시체를 보여주었기 때문이지 그의 웅변이 뛰어나서가 아니었다.

군중의 상상력을 자극하는 것들은 모두 강렬하고 명료한 이미지의 형태를 띤다. 그 이미지란 다른 부차적인 해석이 필요 없는, 위대한 승리, 엄청난 기적, 끔찍한 범죄, 원대한 희망과 같이 경이롭고 신비로운 요소들로 결합되어 있다. 한편 이런 이미지를 제시할 때는 모든 것을 한꺼번에 내보여야 하며 그 이미지들이 생성된 과정에 관해서는 결코 언급하지 말아야 한다. 백여 가지의 작은 범죄와 사고들은 군중의 상상력을 조금도 자극하지 못하지만, 단 하나의 중범죄나 대형 사고는 백여 건의 피해보다 훨씬 작은 피해를 낳았다 해도 군중에게 강렬한 인상을 남기는 법이다. 불과 몇 년 전에 유행성 인플루엔자로 파리에서만 수주 만에 5,000명이 사망했지만 대중의 상상력을 자극하지는 못했다. 진정 대학살과도 같았던 당시 상황이 사실상 가시적인 이미지라고는 없이 매주 통계로만 발표된 까닭이었다. 하지만 어느 하루의 대낮에 공공장소에서 많은 사람이 뚜렷이 목격한 사고가 있었다면, 가령 에펠탑이 붕괴했다면, 그 사고로 5,000명이 아니라 500명이 사망했더라도 군중의 상상력은 엄청난 자극을 받았을 것이다. 실제로 대서양을 횡단하던 여객선이 바다 한가운데서 연락이 두절되어 조난된 것으로 추정되었을 때 군중의 상상력은 여드레 동안 더할 수 없는 충격을 받았다. 그런데 공식 통계에 기록된 것만 해도 같은 해 실종된 대형 선박은 1,000여 척에 달했고 인명 피해와 화물 유실 등 그 피해 규모 역시 조난된 여객선의 피해 규모보다 훨씬 막대했다. 하지만 군중은 대형 선박들의 실종에는 단 한 순간도 관심을 보이지 않는다.

결국 대중의 상상력에 충격을 주는 것은 사건 그 자체가 아니라, 그 사건이 재구성되고 발표되는 방식인 셈이다. 굳이 표현하자면 사건의 '응축'을 통해 호소력 짙은 이미지, 즉 군중의 머릿속을 가득 채워 끊임없이 맴도는 이미지를 만들어내야 한다. 군중의 상상력에 아로새겨지는 기술을 아는 자가 군중을 지배하는 법이다.

128

Psychologie des foules

Chapter 4

종교가 없는 사람도 때때로 신을 따른다
: 종교적 형태로 구현되는 군중의 모든 확신

종교적 감정은 무엇으로 구성되는가 — 종교적 감정은 우상 숭배와 무관하다 — 종교적 감정의 특성들 — 종교적 형태를 띠는 확신의 위력 — 다양한 사례 — 대중의 인기를 얻은 신은 결코 사라지지 않았다 — 대중의 인기를 얻은 신은 새로운 형태로 부활한다 — 무신론의 종교적 형태 — 역사적 관점에서 종교적 감성의 중요성 — 프랑스 대혁명과 성 바르톨로메오 축일의 대학살, 공포 정치 그리고 그와 유사한 모든 사건은 군중에게서 발현하는 종교적 감정의 결과일 뿐, 독립된 개인의 의지에서 비롯된 결과가 아니다 군중은 자신들이 따르는 신념과 지도자에게 맹목적인 순종을 바치고, 자신들의 믿음에 동조하지 않는 이를 적으로 간주하는 경향을 보인다. 군중의 이러한 행위는 종교적 감성에서 비롯되기에 그들이 따르는 지도자는 신의 권위를 부여받는다.

우리는 군중이 이성적으로 추론하지 않으며, (사상을 이루는 일부 요소를 선별적으로 받아들이는 것이 아니라) 사상 일체를 수용하거나 거부하며, 토론과 반론을 용인하지 못한다는 사실을 알아보았다. 또 그런 군중에게 작용하는 암시가 그들의 오성悟性 영역에 침투해 곧바로 행동으로 옮기도록 만든다는 사실도 살펴보았다. 그리고 암시에 빠진 군중은 자신들에게 암시된 이상을 위해 희생할 준비가 되어 있고, 오직 과격하고 극단적인 감정만을 느끼며, 군중 사이에 형성된 동조의 감정은 아주 빠르게 숭배로 이어지지만 반감이 생겨난 바로 그 순간 숭배는 혐오로 변한다는 사실도 확인했다. 이처럼 개괄적인 정보만으로도 우리는 군중의 확신이 본질적으로 어떤 특성을 가지는지 짐작해볼 수 있다.

지난 18세기의 대혁명과 같은 정치적 대변혁 속에서 군중의 확신은 신앙의 시대 때만큼이나 특수한 형태로 발현되었다. 나는 그 정신의 형태를 '종교적 감정'이라는 표현보다 더 나은 이름으로 규정할 수 없을 듯하다.

이 종교적 감정의 특성은 매우 단순하다. 우월해 보이는 자를 향한 숭배, 그가 가졌을 불가사의한 힘에 대한 두려움, 그의 명령에 대한 맹목적 복종, 그의 가르침에 저항하지 않는 순종, 그의 가르침을 전파하고자 하는 욕망, 그 가르침을 수용하지 않는 이들 모두를 적으로 간주하려는 경향 등으로 나타난다. 그런 감정은 보이지 않는 신, 석상이나 목상, 영웅이나 정치사상 등 어디에 적용되든 앞서 제시한 특성들을 보이는 이상 본질적으로 종교적 성질을 띤다고 할 수 있다. 이러한 종교적 감성에는 초자연적이고 불가사의한 성질도 같은 정도로 녹아 있다. 군중이 자신을 열광케 하는 정치 공식이나 승리한 지도자에게 무의식중에 신비로운 힘을 부여하는 것도 그 때문이다.

우상 숭배만을 종교적 반응이라고 할 수는 없다. 모든

군중 앞에서 연설하는 히틀러(위)와 시가행진을 하는 나치 군대(아래). 제1차
세계 대전에서 패전한 뒤 패배감에 사로잡혀 있던 독일 군중에게 히틀러와
나치는 과거의 굴욕을 설욕하고 현실의 어려움을 타개할 구원자로 다가왔다.
나치 군대의 사열 의식은 종교 집회를 연상케 했고, 나치 장교의 제복과 근엄
한 표정은 신흥 종교의 사제를 떠올리게 했다. 당시의 독일 군중에게 나치는
종교였고, 히틀러는 신이었다.

정신적 역량을 쏟고 모든 의지를 아낌없이 불태우는 행위, 생각과 행동의 목표와 길잡이가 되는 동기나 존재를 광신하는 행위도 종교적이기는 매한가지다.

편협함과 광신은 종교적 감정에 반드시 수반되는 특성이며, 현세의 행복이나 영원불멸한 행복의 비밀을 안다고 믿는 이들에게서 필연적으로 나타난다. 또 집단을 이룬 모든 사람이 어떤 확신에 찰 때도 어김없이 발현된다. 공포 정치를 펼쳤던 자코뱅파는 종교 재판을 시행했던 가톨릭교도만큼이나 종교적이었고, 그들의 잔혹한 열망은 같은 바탕에서 싹텄다.

군중의 확신은 맹목적인 복종과 야만적인 편협함, 과격한 선전 활동을 향한 욕구 등 종교적 감정의 핵심적인 특성을 보이기 마련이어서 종교적 형태를 띤다고 말할 수 있다. 그래서 군중이 환호하는 영웅은 신과 다를 바 없다. 실제로 나폴레옹은 15년 동안이나 신으로 추앙받았다. 어떤 우상도 나폴레옹처럼 전적으로 숭배의 대상이 되지 못했고, 또 그만큼 사람들을 쉽게 죽음으로 내몰지도 않았다. 기독교나 다른 종교의 신들도 자신들이 장악한 영혼들에게 나폴레옹만큼이나 절대적인 영향력을 행사한 경우가 없었다.

그리스도교의 이단 심문은 4세기부터 시작되었으나 초기에는 비교적 관대한 입장을 취했다. 그러다가 12세기에 프랑스 남부에서 반기독교 운동이 일어나면서 이단에 대한 가혹한 처벌이 시작되었다. 특히 스페인의 종교 재판은 악랄하기 그지없었는데, 스페인이 위치한 이베리아반도가 오랜 기간 이슬람교의 지배 아래에 있었기에 스페인의 가톨릭 국왕들은 종교적 정화淨化를 목적으로 엄격한 기준을 적용하여 종교 재판소를 운영했다.

종교를 갖지 않은 사람이라도 군중이라는 울타리 안에서는 얼마든지 종교적 광신을 보인다. 그들에게 지도자는 신이나 다름없다. 과거에는 황제를 위해 제단을 세웠으나 오늘날에는 동상을 세운다. 군중은 종교적 이상을 행위의 원동력으로 삼고, 무신론이라는 신념으로 결집한 군중조차도 극단적인 종교적 감정에 사로잡힌다.

광신은 사람들로 하여금 숭배와 순종에서 의미를 찾고 우상을 위해 목숨도 바칠 각오를 하게 만든다. 종교를 창시하거나 정치사상을 확립한 이들은 모두 군중에게서 이 광신이라는 감정을 어떻게 일으키는지 잘 알고 있었기에 목적을 이룰 수 있었다. 이는 모든 시대에서 마찬가지였다. 퓌스텔 드 쿨랑주*Fustel de Coulanges*(1830~1889, 프랑스 역사학의 기초를 세운 역사학자. 고대 그리스와 로마의 사회 발달과 종교와의 관계를 연구했다)는 과거 로마령이었던 갈리아를 주제로 한 저서에서, 로마 제국이 유지될 수 있었던 이유는 국가의 위력 때문이 아니라 로마 제국이 불러일으킨 종교적 예찬 때문이라고 기술한 바 있다. '국민의 공분을 산 체제가 500년이나 지속된 경우는 세계사에서 유례를 찾아볼 수 없을 것이다. (…) 로마 제국이 단 30개 군단으로 국민 1억 명을 복종시킬 수 있었던 사실을 이해하기란 쉽지 않을 것이다.' 만약 1억 명이나 되는 사람이 로마에 복종한 게 사실이라면, 그것은 위대한 로마의 화신이었던 황제가 누구 하나의 이견도 없이 모두에게 우상으로 숭배되었기 때문이다. 로마 제국의 가장 작은 촌락에서도 황제를 위한 제단을 찾을 수 있을 정도였다. '당시 로마 제국 전역에서는 황제를 신성시하는 새로운 종교가 생겨났다. 기원전에는 갈리아가 50개 도시를 대표해 리옹 인근에 아우구스투스 황제를 위한 신전을 세웠다. (…) 갈리아 도시 연합에서 선출된 사제들은 갈리아의 최상위층이었다. (…) 하지만 그 모든 것이 두려움이나 사대주의 때문이라고 볼 수는 없다. 모든 민족이 사대적인 것도 아니었다. 300년 동안 늘 그랬다. 황제를 숭배한 건 추종자들이 아니라 로마였다. 로마뿐만 아니라 갈리아였고, 스페인이었고, 그리스였고 아시아였다.'

오늘날 군중은 자신들의 마음을 사로잡은 우상의 제단을 세우는 대신 동상이나 초상을 두고 숭배한다. 하지만 그러한 숭배 의식은 과거와 크게 다르지 않다. 역사 철학을 조금이나마 이해하고자 한다면 군중 심리의 이러한 핵심에 깊이 파고들어야 한다. 결국 군중에게 신이 되느냐, 아니면 그 무엇도 되지 않느냐의 문제이니 말이다.

이러한 숭배의 감정을 이성이 거세된 오랜 미신일 뿐이라고 생각해서는 안 된다. 감정은 이성과의 대립에서 단 한 번도 패배한 적이 없었다. 오늘날 군중은 우상과 종교라는 단어를 원하지 않지만, 과거에는 바로 그 우상과 종교에 매우 오랜 시간을 노예처럼 복종했다. 실제로 지난 100년 동안 그 어느 때보다 많은 물신物神을 숭배하며 오래된 우상들을 위해 무수한 동상과 제단을 세웠다. 불랑제주의(프로이센·프랑스 전쟁에서 패배한 후 불랑제 장군을 메시아로 추앙했던 일련의 사상적 흐름)라는 이름으로도 유명한 대중 운동을 수년간 연구한 사람이라면 군중에게서 종교적 본능이 얼마나 쉽게 되살아날 수 있는지 확인할 수 있었을 것이다. 마을 여인숙에도 불랑제 장군의 초상이 없는 곳이 없었다. 사람들은 이 영웅을 모든 불의와 해악을 바로잡을 수 있는 인물로 여겼고, 그를 위해서라면 목숨도 바쳤을 이가 수천 명은 되었다. 만약 그가 자신의 전설에 조금이라도 걸맞은 성정을 지녔더라면 아마도 그는 역사에 중대한 이름으로 남지 않았을까.

그러므로 군중에게 종교가 필요하다는 진부한 주장을 새삼 되풀이하는 건 무의미하다. 모든 정치적 신념과 신앙, 사회 이념은 언제나 종교적 형태로 구현되어야만 논쟁의 여지없이 군중에게 확립될 수 있는 것이다. 무신론 역시 군중에게 받아들여지면 종교적 감정의 극단적 편협성을 띨 것이며 표면적으로는 종교의 형태로 변모할 것이다. 실증주의를 표방한 한 소수파가 겪은 변화들은 이를 입증하는 매우 흥미로운 증거다.

이 실증주의 소수파는 대단한 통찰력을 지닌 도스토옙스키가 묘사한 어느 허무주의자의 행동을 금세 답습했다. 이성의 빛에 계몽된 이 허무주의자는 예배당 제단에 장식되어 있는 신과 성자들의 성상을 모조리 부수고 촛대의 불도 꺼버렸다. 그리고 그 직후 뷔히너*Georg Büchner*(1813~1837, 독일의 극작가)나 몰레스호트*Jacob Moleschott*(1822~1893, 네덜란드의 생리학자) 등 무신론을 표방한 철학자들의 작품들로 그 빈자리를 채우고는 경건하게 다시 촛대를 밝혔다. 신앙의 대상이 바뀐 것이다. 하지만 과연 그의 종교적 감정까지 달라진 것이라 확언할 수 있을까?

중대한 역사적 사건의 배후에는 항상 종교적 감정에 들뜬 군중의 정신이 자리 잡고 있었다. 표면적으로는 군주와 지도자의 결정으로 보이는 그 모든 사건을 실제로 움직인

이들은 군중이었고, 종교적 열망이 아니고는 군중의 그 과격한 행위를 설명할 방법이 없다.

다시 한 번 말하지만, 매우 중대한 역사적 사건들은 군중의 확신이 최종적으로는 종교적 형태를 띤다는 사실을 이해할 때에만 제대로 파악할 수 있다. 사회 현상 중에는 박물학적 관점보다 심리학적 시각으로 연구해야 하는 것들이 있다. 위대한 역사가 이폴리트 텐도 박물학적 측면에서만 프랑스 대혁명을 연구한 탓에 사건들의 실제 원인은 종종 놓치기 일쑤였다. 사건들을 완벽하게 관찰했음에도 군중 심리에 대해서 연구하지 않은 탓에 항상 사건이 발생한 원인을 규명하는 데까지는 도달하지 못했던 것이다. 텐은 그 사건들의 잔혹성과 무질서, 무자비성에 경악해서는 위대한 역사적 사건의 주역들을 그저 자유분방하게 본능을 따르는 광포한 미개인 무리로만 치부해버렸다. 프랑스 대혁명에 나타난 폭력성과 대학살, 선동 욕구, 모든 군주에 대한 선전 포고 등은 군중의 정신에 새로운 종교적 신념이 확립되는 과정이었다고 생각해야만 이해할 수 있다. 종교 개혁과 성 바르톨로메오 축일의 대학살, 종교 전쟁, 종교 재판, 공포 정치 역시 종교적 감정

성 바르톨로메오 축일의 학살은 1572년 8월 24일부터 10월까지 가톨릭교도
가 프랑스의 개신교도인 위그노들을 학살한 사건이다. 이 사건으로 3만 명에
서 7만 명이 희생된 것으로 추정된다. 가톨릭 국가의 군주들조차 이 소식에
경악을 금치 못했으나, 사건을 접한 당시의 교황 그레고리오 13세는 가톨릭
교의 승리를 축하하며 기념 메달을 제작했다. 이 학살 사건의 배후에 로마 가
톨릭교회가 있을 것이라는 혐의가 짙었으나 진실을 가리지는 못했다. 그러다
가 1997년 교황 요한 바오로 2세가 성 바르톨로메오 축일의 학살에 로마 가
톨릭교회가 개입했음을 인정하고 사과했다.

에 고무된 군중이 초래한 현상들이었다. 종교적 감정에 이끌린 군중이 자신들의 새로운 신념을 확립하는 데 이의를 제기하는 모든 것을 무력으로 무자비하게 발본색원했던 것이다. 그중에서도 종교 재판은 신념이 매우 확고한 사람들의 방식이었다. 어찌 보면 그 재판이라는 형태가 그들의 신념을 부추긴 셈이기도 했다.

앞서 언급한 예와 유사한 격변들은 사실 군중의 정신으로 인해 고무되지 않으면 결코 일어날 수 없는 일이며, 아무리 전제적인 폭군이라도 그러한 격변을 일으킬 수는 없을 것이다. 그러므로 역사가들이 성 바르톨로메오 축일의 대학살을 왕의 작품이라고 말하는 것은 곧 그들이 왕의 심리만큼이나 군중의 심리에도 무지하다는 사실을 스스로 증명하는 셈이다. 그러한 격변은 군중의 영혼에서만 발로할 수 있다. 가장 독재적인 군주의 절대 권력도 다만 그 격변의 시기를 조금 앞당기거나 늦출 수 있을 뿐이다. 성 바르톨로메오 대학살과 종교 전쟁을 일으켰던 당사자가 왕들이 아니었듯, 공포 정치를 실행한 이들 역시 로베스피에르*Maximilien François Marie Isidore de Robespierre*(1758~1794, 프랑스 대혁명을 주도한 자코뱅파의 수장으로, 왕정을 폐지하고 공포 정치를 행했으나, 1794년 단두대에

서 처형되었다)나 당통*Georges Jacques Danton*(1759~1794, 로베
스피에르와 함께 자코뱅파를 이끌었으나 로베스피에르의 독재
를 반대하다가 처형되었다), 생 쥐스트*Louis Antoine Léon de Saint-Just*(1767~1794, 로베스피에르와 함께 공포 정치를 이끌었으나
후에 반대파에 의해 처형되었다)가 아니었다. 그러한 사건들
의 뒤에는 언제나 군중의 정신이 있을 뿐 왕의 권력은 존
재하지도 않았다.

143

van Mallegem, wilt nu wel syn gesint,   Om v te ge
Hexe wil hier oock wel worden bemint.   Tinnen kinst

PART 2

군중은 스스로 생각하지 않고, 다만 누군가의 생각을 따를 뿐이다

군중의 견해와 신념

"제도와 법령을 개선함으로써
사회를 변화시킬 수 있다는 생각은 망상이다.
혁명조차도 세상을 바꾸지 못한다.
제도와 체제가 시대와 정신을 만드는 것이 아니라,
시대와 정신이 제도와 체제를 만들기 때문이다.
각 민족은 민족 고유의 기질에 어울리는 제도와
체제를 이미 누리고 있다. 때문에 급격한 체질 개선을 통해
일시적인 변화를 이룰 수는 있지만,
곧 그 변화는 제자리로 돌아가기 마련이다.
결과에 변화를 준다고 원인을 바꿀 수는 없는 법이다."

Chapter 1

각 나라의 국민과 민족이
저마다의 특성을 지닌 이유

: 군중의 신념과 견해를 결정하는 간접 요인들

군중이 신념을 형성하는 데 필요한 바탕 요인들 — 군중의 신념은 정교한 사전 작업의 결과물로서 탄생한다 — 군중의 신념을 형성하는 다양한 요인들에 관한 연구

1 유전자에 새겨진 강력한 암시
   민족의 막강한 영향력 — 민족은 선대(先代)의 암시를 구현한다

2 익숙한 것으로 새롭게 다가가라
   전통은 민족정신의 총체다 — 전통의 사회적 중요성 — 반드시 필요했던 전통이 해롭게 변하는 이유 — 군중은 전통 사상을 완강하게 고수하는 보수주의자들이다

3 견해와 신념의 진정한 지배자
   시간은 신념을 확립하게 한 후 그 신념을 파괴한다 — 시간은 혼란 속에서 질서를 탄생케 한다

4 법과 제도가 사회를 변화시킬 수 없는 이유
   제도에 대한 그릇된 생각 — 제도의 영향력은 극히 미미하다 — 제도는 결과이지 원인이 아니다 — 민족은 최적의 제도를 선택할 수 없다 — 제도는 가장 비균질적인 것들을 하나의 이름으로 묶는 이름표다 — 제도는 어떻게 만들어질 수 있는가 — 어떤 민족에게는 중앙 집권제처럼 이론적으로 나쁜 제도가 필요하다

5 가장 평균적인 것들의 잘못된 결합
   학습이 군중에 미치는 영향력에 대해 현재 사람들이 가지는 생각의 오류 — 통계적 지표 — 라틴식 교육의 부정적 역할 — 학습이 미칠 수 있는 영향 — 다양한 민족의 사례들

군중 사이에 어떤 신념과 견해가 확립되는 과정에는 간접 요인과 직접 요인이 개입한다. 역사적 사건은 우연한 계기에 의해 촉발되거나 특정 세력이 주도하여 일어난 것처럼 보이지만 사실상 그 사건이 일어나기 전에 이미 숱한 전조 현상이 나타나 바탕을 다지는데 이것이 간접 요인이다. 그리고 간접 요인이 어떤 조건을 형성하면 비로소 직접 요인이 방아쇠를 당기듯 작용하여 사건을 일으킨다.

앞서 군중의 정신 구조를 살펴보면서 우리는 군중이 어떻게 느끼고 생각하고 추론하는지 알게 되었다. 이번에는 군중의 견해와 신념이 탄생하고 확립되는 과정을 살펴볼 차례다.

군중의 견해와 신념을 결정하는 요인은 크게 간접 요인과 직접 요인, 두 가지를 들 수 있다.

간접 요인은 군중에게 어떤 확신을 심어주는 동시에 그 이외의 다른 확신들을 차단한다. 새로운 사상이 아주 빠르게 싹틀 수 있는 토양을 마련하는 셈이다. 실제로 그러한 사상은 군중 사이에 폭발적으로 퍼져서 이따금 무서울 정도로 급작스러운 동시에 막강한 위력으로 놀라운 결과를 낳는다. 그 사상은 자연 발생적으로 싹튼 것 같아 보여도 그런 현상은 표면적인 것일 뿐, 사상의 본질을 파악하기 위해서는 그 배후에서 오랫동안 진행되어온 작업을 확인해야 한다.

반면 직접 요인은 기나긴 사전 작업에 이어 군중을 적극적으로 설득한다. 다시 말해 오랜 사전 작업을 통해 구체화된 군중의 사상이 완전한 영향력을 떨칠 수 있게끔 만든다. 예컨대 집단을 갑자기 궐기하도록 하는 것도, 절대다수가 누군가를 권력자로 만들거나 정부를 전복케 하는 것도 모두 직접 요인이다.

역사적으로 중대한 모든 사건들을 살펴보면, 직접 요인과 간접 요인이 연쇄적으로 작용했음을 알 수 있다. 그중에서도 프랑스 대혁명은 가장 인상적인 사례다. 이 사건의 간접 요인이라 할 수 있는 철학자들의 저작, 귀족들의 권력 남용, 과학적 사고의 발달 등을 통해 바탕을 다진 군중의 정신은 이후 연사들의 연설과 왕당파의 무의미한 개혁안에 대한 반발이라는 직접 요인으로 인해 쉽게 고무되었다.

1789년 5월 5일 베르사유 궁전에서 열린 프랑스 삼부회의 개회식을 그린 그림이다. 절대 왕정이 프랑스를 지배하던 1614년에 폐쇄되었던 삼부회가 재개되었다. 잦은 전쟁과 왕족의 사치로 프랑스 정부의 재정이 극도로 악화되어 세금 문제를 논의하기 위해서였다. 귀족과 성직자, 평민을 대표하는 의원들이 회의장에 모였다. 하지만 국민의 절대다수(98%)를 차지하는 평민들의 표결권은 3분의 1이었고, 귀족과 성직자를 대표하는 의원들에 밀릴 수밖에 없었다. 정작 국가 세금의 많은 부분을 담당하는 평민 대표들의 권리가 제한되었던 것이다. 이에 분노한 평민 대표들은 삼부회를 박차고 나왔고, 오래지 않아 국민 의회를 결성하여 테니스코트에서 서약문을 발표했다. 그로부터 채 1개월이 지나지 않은 7월 14일에 성난 군중이 바스티유 감옥을 공격하면서 프랑스 대혁명이 시작되었다. 프랑스 대혁명은 표면적으로 삼부회의 부당한 처사가 원인인 것처럼 보이지만, 거기에는 오랜 시간 축적된 간접 요인이 배경에 깔려 있다. 16세기부터 유럽 전역에 퍼지기 시작한 계몽사상과 미국의 독립 전쟁(1775~1783) 등으로 인해 자유와 권리에 대한 군중의 시민의식이 성숙해 있었던 것이다.

한편 간접 요인에는 민족과 전통, 시간, 제도, 교육처럼 군중의 모든 신념과 견해의 바탕을 이루는 일반 요인들이 포함되어 있다. 이제부터 그 각각의 요인이 어떤 역할을 하는지 살펴보려 한다.

1. 유전자에 새겨진 강력한 암시
: 민족

> 민족이라는 요소는 군중이 신념을 형성하는 다른 어떤 요인보다 막강하다. 어떤 상황과 사건으로 인해 암시가 주어진다 해도 민족 대대로 이어져온 암시에 반한다면 그것은 일시적인 영향력을 가질 뿐이다. 각각의 민족이 고유한 특성을 가진 만큼 각 나라의 군중은 신념과 행동에 있어 차이를 보인다.

민족은 다른 모든 요인보다 그 중요성이 훨씬 크기 때문에 간접 요인 중에서도 최우선으로 고려해야 한다. 하지만 이미 다른 책(『민족 진화의 심리학적 법칙』)에서 충분히 다루었으니 다시 언급할 필요는 없을 듯하다. 역사적 민족이 무엇인지도 앞서 발표한 책에서 살펴보았다. 그리고 민족 고유의 기질이 유전 법칙에 의해 어떻게 막강한 힘을 갖게 되는지, 그로 인해 그들의 신념과 제도, 예술 등 문명의 모든 요소들이 민족정신의 외적 표현이라는 점도 살펴보았다. 또 민족의 힘은 매우 막강해서 근원적인 변화 없이는 어떠한 요소도 다른 민족에 전해질 수 없다는 사실도 확인한 바 있다.[7] 어떤 환경과 상황, 사건이 그 시대의 사회적 암시(군중 심리에 의해 아무런 비판 없이 받아들여지는 암시 또는 어떤 개인이 자신이 속한 집단의 구성원에게서 받는 암시)를 대변하며 아무리 막강한 영향력을 행사한다 할지라도 그 영향력이 대대로 이어져온 민족적 암시에 반하는 경우라면 언제나 일시적으로만 작용할 뿐이다.

민족이란 요인의 영향력에 관해서는 이 책의 다른 장에서 여러 번 언급할 것이다. 또한 그 영향력이 군중의 정신에게서 나타나는 고유한 특성들을 지배할 만큼 지대

---

7   이는 여전히 새로운 명제이지만, 이 명제를 따르지 않고는 역사를 명료하게 설명할 수 없기에 나는 나의 저서『민족 진화의 심리학적 법칙』에서 여러 장을 할애해 이 명제를 입증했다. 만약 그 책을 읽은 독자라면, 그럴듯한 책의 제목과는 달리, 언어나 종교, 예술 등 요컨대 문명을 이루는 모든 요소가 한 민족에서 다른 민족으로 온전히 전해질 수 없다는 사실을 알 수 있을 것이다.

하며, 그 때문에 다양한 국가의 군중들이 신념과 행동에 있어 상당한 차이를 보이고 각기 다른 방식으로 영향을 받을 수 있다는 사실을 보여주려 한다.

2. 익숙한 것으로 새롭게 다가가라
: 전통

> 민족은 과거가 쌓아온 유기체다. 이 유기체는 전통이라는 단단한 사상과 감정의 토양 위에 구축되었다. 전통이 있었기에 국가와 문명이 성립되었고, 전통이 파괴되면서 발전이 이루어졌다. 하지만 전통이 변화하기 위해서는 아주 오랜 시간을 필요로 한다. 당장 할 수 있는 일은 기껏 명칭을 바꾸는 것뿐이다. 군중은 대체로 보수적이며, 특히 특권층은 더더욱 변화를 완강히 거부한다.

전통은 과거의 사상과 욕구, 감정을 대변하는 요인이자 민족정신을 집대성한 총체로서 결정적인 영향력을 행사한다.

발생학(생물의 발생 과정과 발생 체계를 연구하는 학문 분야)에서 과거가 인간의 진화에 막대한 영향을 끼쳤다는 사실을 입증한 이후 생물학에는 변화가 일어났다. 만약 이 개념이 더욱 널리 퍼진다면 역사학에서도 그러한 변화를 목격하게 될 것이다. 하지만 이 개념이 아직 충분히 받아들여지지 않은 탓에 통치권자들은 오히려 지난 세기 이론가들의 사상, 즉 과거를 끊어내고 이성의 빛에 따라 사회를 완전히 새롭게 개조할 수 있다고 믿는 이론가들의 사상에 머물러 있다.

민족은 과거가 만들어낸 유기체이며, 다른 모든 유기체와 마찬가지로 조상 대대로 이어져온 여러 산물이 서서히 축적되어야만 변화할 수 있다.

사람들, 그중에서도 특히 군중을 이룬 사람들을 이끄는 것이 바로 전통이다. 따라서 그 사람들이 쉽게 바꿀 수 있는 것은 오직 전통의 이름과 표면적인 형태뿐이다.

그렇다고 유감스러워할 필요는 없다. 전통 없이는 국가의 정신과 문명도 확립될 수 없는 법이다. 더욱이 전통을 그물망처럼 조직하고, 이후 그 유익한 효과가 약해지면 최선을 다해 전통을 지우는 것, 이 두 가지는 인간이 존재한 순간부터 부여받은 중요한 과제였다. 전통 없이는 문명도 없지만, 그 전통이 서서히 사라지지 않는다면 발전도 없다. 영속성과 변화 사이에서 적절한 균형을 찾기란 실로 어려운 일이다. 만약 어떤 관습이 여러 세대에 걸쳐 한 민족에 단단히 고착되었다면, 그 민족은 더 이상 변화하지 못할뿐더러 중국처럼 그 어떤 개선의 여지도 갖기 못하게 될 것이다. 그런 경우라면 폭력 혁명으로도 해결할 수 없다. 폭력 혁명에 의해 끊어진 사슬의 파편들이 다시 결합한다면 과거는 아무런 변화 없이 제 영향력을 되찾을 것이고, 혹여 그 파편들이 그대로 흩어져버린다면 무질서에 이어 곧바로 쇠퇴가 찾아올 테니 말이다.

그러므로 가장 이상적인 방법은 과거의 제도를 유지하되 눈치 채지 못할 정도로 조금씩 바꾸는 것이다. 하지만 이 방법을 실현하기란 매우 어렵다. 아마도 이를 실현해낸 민족은 고대 로마인과 근대 영국인뿐일 듯하다.

군중, 특히 특권층에 속한 군중은 전통 사상을 고수하며 변화를 완강히 거부하는 보수주의자들이다. 나는 군중의 보수적 성향을 이미 역설한 바 있고, 아무리 과격한 반란이 일어나도 결국 명칭을 바꾸는 선에서 끝난다는 점을 지적하기도 했다. 지난 18세기 말 교회가 파괴되고 사제들이 추방되거나 단두대의 이슬로 사라지는 등 가톨릭교 전체가 박해를 당하자, 사람들은 이제 낡아빠진 종교 사상이 완전히 힘을 잃었다고 확신했다. 하지만 그렇

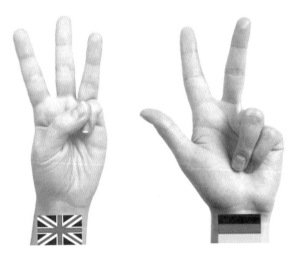

손가락으로 숫자를 표현하는 방식도 국가와 민족에 따라 차이를 보인다. 영국인은 엄지와 새끼손가락을 굽히고 검지와 중지, 약지를 펼쳐서 3을 표현하는 반면 독일을 비롯한 동유럽인은 새끼손가락과 약지를 굽히고 중지와 검지, 엄지를 펼쳐서 3을 표현한다. 볼리비아의 원주민인 치마네족은 우리가 OK를 하듯 엄지와 검지를 굽히고 중지와 약지, 새끼손가락을 펴서 3을 나타낸다. 각 민족의 구성원들이 아주 사소한 행위에서도 전통의 지배를 받고 있음을 보여주는 사례다.

게 파괴되었던 가톨릭교는 불과 몇 년 뒤 수많은 이들의 요구에 못 이겨 다시금 복고되었다.[8]

잠시간 사라졌던 과거의 낡은 전통은 그렇게 다시 영향력을 회복했다.

전통이 군중의 정신에 미치는 위력을 이보다 더 잘 보여주는 사례는 없다. 가장 두려운 우상과 가장 전제적인 폭군은 신전과 궁에 있는 것이 아니다. 신전과 궁은 어느 한 순간에 파괴될 수 있지만, 우리 정신에 군림하는 보이지 않는 지배자들은 자신들에게 저항하고자 하는 우리의 모든 노력을 가뿐히 넘어선 채 수세기에 걸쳐 아주 더디게 약해질 뿐이다.

158

---

8 이폴리트 텐이 인용한 앙투안 프랑수아 드 푸르크루아*Antoine François de Fourcroy* 전 국민 공회 의원의 이야기는 이러한 관점에서 매우 명료하다. "수많은 프랑스인이 주일을 찬양하고 수시로 교회를 드나드는 걸 보면 그들이 지난 관습을 얼마나 되돌리고 싶어 하는지 알 수 있다. 이제 더는 범국가적 추세를 거슬러서는 안 된다. (⋯) 프랑스 국민 대부분은 종교와 예배, 사제들을 필요로 한다. 교육이 널리 퍼져 종교적 편견을 불식할 수 있으리라 믿는 것은 곧 일부 현대 철학자들의 실수다. 나 역시도 그들의 말에 설득되었다. 그 종교적 편견이야말로 불행에 빠진 수많은 이들에게는 위안의 원천인 것을 (⋯) 그러므로 국민에게 사제와 제단과 의식을 허락해야 한다."

3. 견해와 신념의 진정한 지배자

: 시간

> 시간은 많은 것을 가능하게 만든다. 오늘날 우리가 접하
> 는 사상들은 한 순간에 탄생한 것이 아니라 과거로부터
> 이어져온 오랜 정신의 유물과 잔재가 축적된 결과물이다.
> 시간이야말로 시대사상이 탄생하고 모든 체제가 자리 잡
> 도록 만드는 가장 강력한 요인이다.

시간은 생물의 문제뿐 아니라 사회의 문제에서도 매우 강력한 요인 중 하나다. 유일무이한 진정한 창조주이자 위대한 파괴자가 곧 시간인 셈이다. 모래알로 산을 만들고 장막에 쌓여 있던 지질 시대의 세포들을 존엄한 인간으로 키워낸 것도 바로 시간이다. 어떤 현상의 변화를 원한다면 오랜 시간만 개입하면 될 일이다. 시간만 주어진다면 개미 한 마리가 몽블랑산을 평평히 깎을 수 있다는 말도 일리가 있다. 만약 시간을 제 뜻대로 변주할 수 있는 마력을 가진 존재가 있다면 그는 분명 신도들이 신에게 부여하는 만큼의 힘을 얻을 수 있을 것이다.

하지만 지금은 군중의 견해가 형성되는 데 시간이라

는 요인이 어떠한 영향을 미치는지에만 집중하려 한다. 시간의 영향력은 막대하다. 민족처럼 막강한 요인도 결국 시간의 지배를 받으며, 시간 없이는 형성될 수조차 없다. 모든 신념이 탄생하고 성장하고 죽음에 이르는 것이 바로 시간 때문이며, 시간에 의해서만 그 모든 신념이 힘을 얻고 또 잃는다.

더욱이 군중의 견해와 신념을 마련하는 것, 그러니까 그 견해와 신념이 싹틀 토양이 되는 것이 곧 시간이기도 하다. 그래서 어떤 시대에는 실현 가능한 특정 사상이 다른 시대에서는 불가능하다. 시간은 신념과 사유가 남긴 방대한 잔재를 축적해 시대사상을 탄생시키는 밑거름이 된다. 시대사상은 우연히 생겨나는 것이 아니라, 각각의 요소들이 오랜 과거에 깊이 뿌리내리고 있다가 시간이라는 요인이 개화의 요건을 마련해주면 비로소 꽃피는 법이다. 그러므로 시대사상의 기원을 이해하고자 한다면 반드시 시간을 거슬러 올라가야만 한다. 시대사상은 과거의 딸이자 미래의 어머니이지만 언제나 시간의 노예이기도 하다.

그러니 시간이 우리의 진정한 지배자다. 만물의 변화를 목도하고자 한다면 가만히 시간을 내버려두기만 하면 된다. 오늘날 우리는 군중의 위협적인 열망과, 그 열망에서 엿보이는 파괴와 동요의 전조에 불안해한다. 이때 균형을 바로잡아줄 수 있는 유일한 요인이 바로 시간이다. 에르네스트 라비스*Ernest Lavisse*(1842~1922, 프랑스의 역사학자)는 이 점을 매우 명료하게 서술한 바 있다. '어떠한 체제도 단 하루 만에 세워진 적은 없었다. 정치 기구와 사회 조직은 오랜 시간에 걸쳐 완성된 작품이며, 봉건제 역시 그 제도적 규범이 만들어지기까지 오랫동안 미완의 혼란스러운 상태로 존속했다. 절대 군주제도 일정한 정치 체제가 확립되는 데 오랜 시간이 걸렸고, 그 기다림의 시간 동안에 크나큰 혼란들이 있었다.'

4. 법과 제도가 사회를 변화시킬 수 없는 이유
: 정치 제도와 사회 제도

혁명은 체제를 변화시킴으로써 세상을 바꿀 수 있다는 믿음에서 출발한다. 하지만 우리가 속해 있는 체제는 민족의 오랜 정신이 빚어낸 결과물이기에 민족정신에 예속되어 있고, 결과물인 체제를 전복한다고 해서 민족의 체질을 변화시킬 수는 없다. 제도와 체제가 시대를 만든 것이 아니라, 시대와 정신이 제도와 체제를 만든 것이다. 그러니 어떻게 결과에 변화를 가한다고 해서 원인을 바꿀 수 있겠는가.

제도로 사회의 결함을 개선할 수 있고 체제와 정부를 강화함으로써 민족의 발전을 이룰 수 있으며 법령으로 사회의 변화를 꾀할 수 있다는 생각은 여전히 널리 퍼져 있다. 이 생각이 프랑스 대혁명의 시발점이었으며, 오늘날 사회 이론의 기반을 이루고 있다.

이 위험한 망상은 계속된 부정적 경험들에도 여전히 흔들리지 않았다. 철학자와 역사가들이 그 부조리를 증명하려 애썼지만 공연한 일이었다. 하지만 제도가 사상과 감정과 관습의 산물이며, 법전을 정비한다고 해서 그 사상, 감정, 관습 일체를 개조할 수 없음을 밝히는 것은 그들에게 그리 어려운 일이 아니었다. 태어나면서 눈동자나 머리카락 색깔을 고를 수 없듯이 제도도 민족의 뜻대로 택할 수 없는 법이다. 제도와 정치 체제는 민족의 산물이다. 제도는 한 시대의 창조주가 아니라 그 시대의 창조물인 셈이다. 민족의 정치 체제는 그들이 부리는 한순간의 변덕에 따라 결정되는 게 아니라 그들의 민족성이 요구하는 대로 정해지며, 형성되는 데 수백 년이 걸리고 또 변화하는 데 다시 수백 년이 걸린다. 더욱이 제도에는 내재된 미덕이라는 게 없기에 제도 그 자체를 좋고 나쁘다고 판단할 수도 없다. 그래서 어느 순간 어떤 민족에게 좋게 받아들여진 제도가 다른 민족에게는 지독히 나쁜 제도가 되기도 한다.

민족이 자신들의 제도를 바꾸는 것도 절대 불가능하다. 폭력 혁명의 대가로 제도의 명칭 정도는 바꿀 수 있겠지만 그 제도의 핵심은 바꿀 수 없다. 사건의 본질에 어느 정도 근접한 역사가라면 그저 무의미한 명패에 불과한 명칭에 관심을 둘 필요가 없다. 가령 전 세계에서 가장 민주적인 국가로 꼽히는 영국[9]은 입헌 군주제를 택하고 있는 반면, 가장 혹독한 독재 정치가 만연한 스페인계 중남미 공화국들은 공화제를 택하고 있는 것도 같은

---

9 이 점은 심지어 미국의 가장 진보적인 공화주의자들도 인정한 사실이다. 미국 저널 《포럼*Forum*》은 영국 월간지 《리뷰 오브 리뷰*Review of Reviews*》 1894년 12월호에서 인용한 다음과 같은 표현으로 명확한 견해를 피력한 바 있다. '영국이 오늘날 전 세계에서 가장 민주적인 국가, 개인의 권리가 가장 존중받는 국가, 개인이 가장 큰 자유를 누리는 국가임을 절대 잊어서는 안 된다. 아무리 귀족제를 극렬히 적대시하는 이들이라도 말이다.'

평양의 광장에서 체조를 하는 북한 주민들. 북한의 정식 명칭은 '조선 민주주의 인민 공화국'이다. 북한 외에 과거의 절대 군주제보다 더한 독재 체제를 구축하고도 '민주주의'라는 단어를 국가명에 사용하는 나라가 적지 않다. 반면에 민주주의를 실행하는 나라들은 굳이 민주주의라는 단어를 내세우지 않는다. 독재 체제 국가의 지도자들이 민주주의라는 단어를 채택한 이유는, 사회주의가 그러하듯 국가의 진정한 주인은 민중이라는 이론을 신봉하는 동시에 군중을 현혹하려는 의도에서다.

맥락이다. 결국 민족의 운명을 결정하는 것은 정치 체제가 아니라 민족성이다. 나는 앞서 저술한 책에서 명확한 예시들을 근거로 이러한 관점을 확립하고자 했다.

따라서 체제를 하나하나 구축하며 시간을 낭비하는 것은 아주 미숙한 일이며, 그저 미사여구나 늘어놓는 무지한 연설가의 쓸데없는 훈련과도 같다. 체제를 치밀하게 구축하기 위해서는 그 체제의 당위성과 시간이라는 두 가지 요인을 가만히 내버려두기만 하면 된다. 이는 앵글로색슨족이 목적을 달성하기 위해 취했던 행동 방식이었으며, 라틴계 국가의 정치인들이라면 누구나 외우고 있을 구절, 그러니까 영국의 위대한 역사가 토머스 매콜리*Thomas Macaulay*(1800~1859, 영국의 역사가이자 정치인)가 남긴 구절이기도 하다. 매콜리는 순수 이성의 관점에서 사실상 부조리와 모순의 혼돈 덩어리처럼 여겨지는 법에 어떤 이점이 있는지 제시한 후, 국가적 격동기를 거치며 이제는 사라져버린 과거 유럽과 중남미 라틴계 민족들의 체제와 영국의 체제를 비교했고, 그 결과 영국의 체제가 사변思辨적 논리가 아니라 현실적인 필요에 따라 서서히 부분적으로 변화해왔음을 보여준 바 있다. "균형은 전혀 신경 쓸 필요가 없다. 중요한 것은 유용성이다. 단지 그것이 변칙이라는 이유만으로 변칙을 배제해서는 안 된다. 불편할 정도가 아니라면 개혁해서도 안 되며, 개혁을 하더라도 불편을 없애는 정도로만 해야 한다. 개선해야 할 특정 사안을 아우르고도 남을 광범위한 법안을 수립해서는 안 된다. 이것이 존 왕(재위 1199~1216) 시대부터 빅토리아 여왕(재위 1837~1901) 시대까지 250대 국회 의결을 이끌어온 규칙들이다."

> 한 민족이 어떤 제도와 체제를 따르고 있다면 그것은 그 민족의 민족성에 그 제도와 체제가 부합하기 때문이다. 그래서 그 제도와 체제를 전복한다 하더라도 오래지 않아 그들은 원래의 제도와 체제로 복귀할 것이다. 문제는 제도가 아니라 민족성이다. 영국은 입헌 군주제를 택하고도 개인의 자유를 누리는 반면 중남미의 라틴계 국가의 국민들은 민주주의를 채택하고도 억압 속에 살고 있다.

법과 제도가 민족의 욕구를 얼마나 구현하고 있는지 확인하고자 한다면, 그래서 그 법과 제도가 급격히 변형될 수 없음을 입증하고자 한다면 그것들을 하나씩 살펴보아야 한다. 예컨대 중앙 집권제의 장단점을 철학적으로 논할 수는 있겠지만, 매우 다양한 인종으로 구성된 한 민족이 천년의 노력을 기울여 점진적으로 중앙 집권제를 이룩했다는 사실을 알게 된다면, 또 과거의 모든 제도를 철폐하고자 했던 대혁명이 결국에는 이 중앙 집권제를 따르는 것도 모자라 더욱 강화했다는 걸 확인한다면, 우리는 중앙 집권제가 그 민족에게는 절대적인 당위성의 소산이자 민족의 존재 조건이라고까지 말할 수 있을 것이고, 그 체제를 타파해야 한다는 정치인들의 알량한 이해력에 측은지심마저 느낄지도 모른다. 설령 그들이 중앙 집권제를 혁파하는 데 성공한다 하더라도, 그 성공은 곧바로 끔찍한 내전[10]의 신호탄이 되어 머지않아 과거보다 훨씬 더 강력한 중앙 집권제를 등장하게 만들 것이다.

---

10 프랑스에서 민족 문제로 야기되는 종교 갈등과 정치적 대립을, 대혁명 시대에 표면화되었다가 보불 전쟁 막바지 무렵 다시금 두드러지기 시작했던 분파적 경향과 비교해보면, 프랑스 내 다양한 민족들이 융화해서 살아가기란 요원한 일임을 알 수 있다. 대혁명 시대의 강력한 중앙 집권 체제는 오래된 관구를 통합하고자 시행한 인위적인 구역 설정과 더불어 가장 유용한 작업이었음에 틀림없다. 오늘날 선견지명이 없는 이들이 주장하는 지방 분권화가 실제로 이루어진다면 그 즉시 피비린내 나는 불협화음이 일어날지도 모른다. 그 점은 프랑스 역사 전체를 잊어버리지 않고서는 간과할 수 없는 부분이다.

로베스피에르(좌)와 올리버 크롬웰(우). 로베스피에르는 프랑스 혁명기의 급

진 세력인 자코뱅파의 수장으로, 루이 16세의 처형을 주도하고 권력을 장악
했다. 영국의 군인이자 정치인인 올리버 크롬웰은 찰스 1세의 처형을 주도하
고 군주제를 폐지했으며 잉글랜드 연방의 최고 지위인 호국경에 올랐다. 로
베스피에르(1758~1794)와 크롬웰(1599~1658)은 둘 다 왕정 시대에 일어난 혁
명을 통해 수립된 공화정 정부의 최고 실권자가 되었을 뿐 아니라 권력을 장
악한 뒤 공포 정치를 펼쳤다는 공통점이 있다. 그리고 두 사람이 권좌에서 물
러난 지 오래지 않아 프랑스와 영국 양국 모두 왕정으로 복귀했다는 사실 또
한 비슷하다. 로베스피에르와 크롬웰의 사례는 혁명을 통해 절대 권력을 타파
한다 하더라도 새로운 형태의 막강한 권력이 등장해 결국에는 중앙 집권제로
회귀할 수밖에 없다는 사실을 보여주었다.

그러니 이쯤에서 군중의 정신에 깊이 작용할 방법을 제도에서 구하려 해서는 안 된다는 결론을 내리는 게 좋겠다. 스페인계 중남미 공화국들이 미국처럼 고도로 번영한 국가들과 더불어 민주주의 제도를 택하고 있으면서도 매우 암흑한 무정부 상태에 있다는 사실은 제도라는 것이 어떤 국가들의 위대함이나 몰락과는 무관하다는 점을 잘 보여준다. 민족은 그 민족성에 지배된다. 민족성에 맞지 않는 제도는 모두 빌려 입은 옷이나 잠시의 눈속임을 위한 변장일 뿐이다. 물론 성인들의 유물처럼 행복을 불러온다는 초자연적 힘을 가진 제도를 강제하기 위한 유혈 전쟁과 폭력 혁명이 이미 일어났고, 또 앞으로도 일어날 것이다. 그러므로 어떤 의미에서는 제도가 그런 폭동을 유발하기 때문에 군중의 정신에 영향을 미친다고 할 수도 있다. 하지만 실제로 제도는 군중의 정신에 아무런 영향력을 행사하지 못한다. 성공한 제도이든 실패한 제도이든 제도 자체만으로는 아무런 가치가 없다. 군중의 정신에 작용하는 것은 환상과 말이다. 특히나 공상적이고 강렬한 말일수록 더욱 큰 영향을 끼친다. 그 어마어마한 영향력에 대해서는 곧 살펴보겠다.

5. 가장 평균적인 것들의 잘못된 결합
: 학습과 교육

> 교육을 통해 인간이 발전하고 평등해질 수 있다는 믿음이
> 만연해 있다. 하지만 학자들은 교육이 인간을 변화시킬
> 수 있다는 믿음은 허구라고 주장한다. 더구나 학생들에게
> 암기와 순종을 강요하는 오늘날의 교육은 오히려 범죄율
> 을 높일 뿐이다.

우리는 앞서 한 시대를 지배한 사상이 그리 많지 않고
또 때로는 순전한 환상일 뿐임에도 그 영향력이 실로 대
단하다는 사실을 확인했다. 그중에서도 인간이 학습을
통해 변화와 발전, 평등을 이룰 수 있다는 생각은 오늘날
가장 주요한 사상이라 할 수 있다. 이 주장은 계속해서
제기되다가 이후 민주주의의 가장 확고한 정론으로 자
리매김했고, 이제는 과거 기독교 교리만큼이나 건드리기
어려운 사상이 되어버렸다.

하지만 다른 많은 점에서 그렇듯 민주주의 사상은 이
부분에서도 심리학이나 경험적 사실과 극도로 대립했다.
예컨대 허버트 스펜서를 비롯한 여러 뛰어난 철학자들
은 인간이 학습을 통해 더욱 도덕적으로 변모하거나 행

복해지는 것은 아니고, 본능과 유전으로 이어온 감정적 사고를 바꿀 수 없으며, 또 방향성이 잘못된 학습은 오히려 유해하다는 사실을 어렵지 않게 밝혀냈다. 이에 통계학자들은 교육이 일반화되면서 범죄가 증가한다는 점과, 무정부주의자 가운데 학교 장학생의 비율이 높다는 사실을 근거로 제시했다. 뛰어난 사법관인 아돌프 기요_Adolphe Guillot_(1836~1906, 프랑스의 치안 판사)는 최근 자신의 연구에서 현재 문맹인 범죄자가 1,000명이라면 문맹이 아닌 범죄자는 3,000명에 달한다고 밝히며, 지난 50년 동안 인구 40만 명당 범죄 건수가 227건에서 552건으로 133퍼센트 증가했음을 지적했다. 또한 도제식 교육 기관을 대체한 무상 의무 교육 기관의 학생 범죄가 특히 증가한다는 사실을 동료 법관들과 함께 예의 주시했다.

한편 제대로 된 학습이 도덕 수준을 높이는 데는 도움이 못 될지 몰라도 최소한 전문적인 능력을 키우는 데는 유익하고 실리적인 결과를 가져다주는 것만은 분명하다. 하지만 지금껏 그 누구도 그렇게 주장한 적이 없다. 불행히도 지난 25년 동안 매우 잘못된 원칙에 입각해 학습 체계를 세웠던 라틴계 민족은 매우 뛰어난 지성인들의 비판에도 불구하고 여전히 안타까운 잘못을 답습하고 있다. 나 역시 현재 프랑스 교육이 학습자 대다수를 사회의 적으로 만들어 가장 나쁜 형태의 사회주의 신봉자를 대거 양산하고 있다고 여러 저서[11]에서 주장한 바 있다.

라틴식이라 불리는 이러한 교육 방식은 교과서를 암기하면 지능을 발달시킬 수 있다는 근본적인 심리학적 오류에 근거한다는 점에서 매우 우려스럽다. 이런 교육으로 인해 학생들은 교과서를 외우려 혈안이 되었고, 초등학교에 입학한 순간부터 박사 과정을 밟거나 교수 자격시험을 치를 때까지도 자신의 판단력과 자발성은 완전히 배제한 채 그저 책을 암기하는 데에만 열중하고 있다. 그들에게 학습이란 암기와 순종일 뿐이다. 전 교육부 장관인 쥘 시몽*Jules Simon*(1814~1896, 프랑스의 철학자이자 정치인)은 교육에 대해 다음과 같이 썼다. '수업을 듣고, 문법이나 개요를 암기하고, 성실히 복습하고, 제대로 모방하는 것. 그 모든 노력으로 교사에게 오류가 없음을 주장하며 결국 학생들에게 위축감과 무력감만을 남기는 이런 교육은 참으로 괴상하기 그지없다.'

---

[11]   『사회주의 심리학*Psychologie du socialisme*』(3판)과 『교육 심리학*Psychologie de l'éducation*』(5판) 참조.

그릇된 교육은 모든 젊은이의 이상을 공직에 묶어두고 있다. 노동자와 농민 집안도 자신의 자식만큼은 공직자가 되기를 바란다. 하지만 국가가 수용할 수 있는 자리에는 한계가 있기에 뜻을 이루지 못한 많은 젊은이가 불만 세력으로 자라고 있다. 직업 도제 교육을 대체한 오늘날 프랑스의 고전적 교육은 언제든 혁명에 임할 준비가 되어 있는 잠재적 폭도를 양성하는 셈이다.

교육이 그저 쓸모없기만 하다면 초등학교에서 반드시 배워야 할 수많은 것들 대신 클로타르 왕가의 족보, 네우스트리아(프랑크 왕국의 북서부 지역)와 아우스트라시아(프랑크 왕국의 북동부 지역) 전투, 동물학적 분류법이나 배우는 불쌍한 아이들을 가엾게 여기는 데 그칠 수 있다. 하지만 교육에는 훨씬 더 심각한 위험이 존재한다. 교육을 받은 학생이 자신의 출생 환경에 극심한 혐오를 느끼고 거기서 벗어나려는 강렬한 욕망을 갖게 되는 것이다. 결국 노동자는 더 이상 노동자로 남고 싶어 하지 않고 농민도 더는 농민이고 싶어 하지 않는다. 겨우 중산층의 끝자락에 있는 이도 제 자식은 오직 국가의 녹을 받는 일을 하리라 기대한다. 인생을 살아가는 방법을 가르쳐야 하는 학교도 그저 공직, 즉 학생이 제 삶의 방향을 정하거나 자주성의 빛을 발하지 않고서도 성공할 수 있는 그런 공직에 입문하도록 하는 교육만 제공한다. 교육을 받은 하층민은 제 운명이 못마땅해 언제든 봉기할 준비가 되어 있는 프롤레타리아 군단이 되고, 교육을 받은 상류층은 복지 국가를 향한 맹신을 외치고 정부에 끊임없이 야유를 보내는 등 모든 것에 회의적이면서도 쉽게 믿어버리는 경박한 부르주아지가 된다. 이런 부르주아지들은 제 잘못을 항상 정부의 탓으로 돌리지만 실제로 당국이 개입하지 않으면 어떤 일도 감행하지 못한다.

교과서로만 졸업생을 배출하는 국가는 소수의 인재만을 활용할 수 있고 나머지는 불가피하게 실업자로 남겨둘 수밖에 없다. 그래서 전자를 먹여 살리느라 어쩔 수 없이 후자를 사회의 적으로 치부해버린다. 실제로 오늘날 고등 교육을 받은 엄청난 숫자의 사람들이 피라미드 사회의 최상층부터 최하층까지, 말단 사무원에서부터 교수, 도지사까지, 일자리를 구하고자 몰려드는 실정이다. 도매상은 식민지로 보낼 대리인을 구하기가 하늘의 별 따기라고 하소연하지만, 말단 공직에만 해도 수천 명의 지원자가 몰리는 데다 발령받지 못한 상태에서도 농사나 공장일은 하찮게 여겨 국가에 기대어 사는 예비 교사가

174

Psychologie des foules

센*Seine*주(센주는 과거 프랑스의 행정 구역이었지만 지금은 폐지되었다)에만 2만 명에 달한다. 채용 인원이 한정적이기에 불만을 가진 이들도 부지기수일 수밖에 없다. 그런 사람들은 지도자가 누구이든, 목적이 무엇이든 간에 어떤 혁명에든 임할 준비가 되어 있다. 결국 취직으로 연결되지 않는 지식의 습득은 사람들을 폭도[12]로 만드는 확실한 수단인 셈이다.

하지만 이런 흐름을 거스르기에는 너무 늦었다. 오직 최후의 가르침인 경험에 의해서만 우리는 잘못을 깨우칠

---

12 이는 비단 라틴계 민족에게서만 나타나는 특수한 현상이 아니라 중국에서도 관찰된다. 중국은 라틴계 국가와 마찬가지로 강력한 계급 기반을 가진 특권 지식층이 이끄는 국가이며, 두꺼운 교과서를 완벽히 암송하여 단 하나의 경쟁시험을 통과한 이들이 그런 특권적 직위를 얻을 수 있다는 점도 프랑스와 다를 바 없다. 오늘날 중국에서는 실업 상태에 있는 지식인 집단을 사실상 국가적 재앙으로 간주한다. 인도에서도 사정은 비슷하다. 영국인들이 교육보다는 토착민을 계몽하기 위해 여러 학교를 세운 이후 인도에는 교육을 받은 계층, 일명 '바부'라 불리는 특수한 계층이 생겨났다. 하지만 이 바부들은 직장을 구할 수 없게 되자, 영국의 지배력에 저항하는 세력이 되었다. 취업 여부와 무관하게 모든 바부들에게 나타난 학습의 첫 번째 효과는 도덕성의 현저한 저하였다. 이 점은 나의 저서 『인도 문명*Les Civilisations de l'Inde*』을 통해 오랫동안 주장해왔던 사실이며, 인도를 방문했던 모든 작가들 역시 이를 확인한 바 있다.

수 있을 것이다. 젊은이들이 한사코 기피하는 농촌과 작업장, 식민지 기업 등으로 그들을 유도하기 위해서는, 저주스러운 교과서와 비참하기 짝이 없는 각종 시험들을 직업 교육으로 대체해야 한다는 필요성도 오직 경험만이 입증해줄 수 있을 것이다.

오늘날 지식인들이 입을 모아 요구하는 직업 교육은 사실 과거 프랑스 국민들이 받았던 교육이자, 의지와 자주성, 진취성으로 현대의 세계를 제패한 민족들이 고수해온 교육 제도이기도 하다. 위대한 사상가 이폴리트 텐은 자신의 저서에서 프랑스의 과거 교육 방식이 오늘날의 영국식 또는 미국식 교육과 유사했다는 사실을 지적했고, 라틴계 민족의 교육과 앵글로색슨계 민족의 교육을 비교하는 놀라운 연구를 통해 두 교육 방식의 결과를 극명하게 보여주었다. 텐이 서술한 그 훌륭한 내용은 가장 핵심적인 부분을 발췌해 뒤에서 인용해보려 한다.

　오늘날 학교는 학생으로 하여금 온갖 지식을 아로새긴 총람이 되기를 요구한다. 그런 교육을 통해 학생이 일시적으로 걸어 다니는 사전이 될 수는 있으나, 그렇게 쌓인 지식은 금세 휘발되어버리고 학생의 인생에 아무런 도움이

안 된다. 앞으로 자신들이 몸담을 사회와 세상에 대해서 알아나가야 할 학생들이 인생의 가장 중요한 시기를 낭비하는 것은 참으로 안타까운 일이다. 현행 교육 제도가 군중의 정신에 어떤 영향을 미칠지, 또 국가의 미래를 어떻게 만들어갈지 예측하는 것은 참으로 우울한 일이다.

고전적 교육이 낙오자와 불만분자들만 양산한다 할지라도, 그 많은 지식을 피상적으로 습득하고 무수한 교과서를 암송하는 것으로 지적 수준을 높일 수만 있다면 아마도 사람들은 그에 따른 모든 단점들을 고스란히 받아들이려 할 것이다. 하지만 그런 식으로 과연 지적 수준을 높일 수 있을까? 안타깝게도 그렇지 않다! 인생의 성공을 결정하는 조건은 판단력과 경험, 자주성, 과단성이지 책에서 배운 내용이 아니다. 책은 참조하기에 유용한 사전에 불과하므로 그 방대한 내용을 머릿속에 넣어두는 것은 정말 무용한 일이다.

그렇다면 고전적 교육으로는 도달할 수 없을 정도의 지적 발달을 과연 직업 교육을 통해서 이룰 수 있을까? 텐은 이에 대한 답을 명확히 알려준다.

사상은 사상의 주체를 둘러싼 환경이 자연스럽고 정상적

일 때에만 형성된다. 사상의 싹을 생장하게 하는 것은 젊은이들이 매일 느끼는 무수한 인상들, 이를테면 작업장이나 광산, 법원, 서재, 건설 현장, 병원 등에서 받는 인상, 도구나 자재, 작업을 보며 느끼는 인상, 고객과 노동자에게서 느끼는 인상, 큰돈이 드는 일이나 수익을 창출하는 일 또는 잘 만들어진 작품이나 엉망인 작품에서 받는 인상 등이다. 시각과 청각, 촉각 그리고 심지어 후각을 통해 무심결에 받아들인 개개의 미세한 지각들이 젊은이들의 내면에서 유기적으로 조직화되고 나면 곧 단순화나 경제성의 원칙, 개선, 발명과 같은 새로운 조합이 되어 암시의 방식으로 떠오르게 되는 것이다. 하지만 프랑스 젊은이들은 소중한 경험의 기회뿐 아니라, 그 경험을 자기 것으로 만드는 모든 필수적인 요소를 박탈당하고 있다. 그들은 모든 것이 비옥한 거름이 될 나이에 칠팔 년 동안이나 학교에 갇힌 채 만물과 인간의 정확하고 명료한 개념과 그것들을 다루는 다양한 방식을 직접적으로도, 개인적으로도 경험하지 못한다. (…) 적어도 학생들 열에 아홉은 그들 인생에서 가장 효과적이고 중요하며 결정적이기까지 한 그 수년의 시간과 그간의 노력을 헛되이 흘려보냈다. 수험생 중 절반 또는 3분의 2는 낙제하고, 시험에 합격하여 졸업하거나 자격증과 학위를 취득한 학생 중 절반이나 3분의 2는 과로 상태에 있다. 그들에게 너무나 많은 것을 요구한 탓이다. 가령 학생들은 두 시간 내내 의자에 앉아 있거나 칠판 앞에 선 채로 인간의 지식이 집대성된 살아 있는 총람이 되기를 요구받는 날이면, 실제로 그날 그 두 시간은 거의 살아 있는 총람이 된다. 하지만 한 달이 지나면 더 이상 총람이 아닐뿐더러 다시 한 번 시험을 치러낼 수도 없다. 머릿속에 집어넣었던 지식이 너무도 방대하고 무거워서 시험이 끝나면 곧장 빠져나가버리는 데다 그 빈자리가 새로운 지식으로 채워지는 것도 아닌 탓이다. 학생들은 이미 정신적 기운이 꺾여버린 데다 왕성하던 활기도 고갈되어 비록 겉으로는 성숙한 인간처럼 보인다 해도 속은 완전히 소진돼버린 경우가 많다. 그들은 건실하게 생활하며 결혼도 하지만 다람쥐 쳇바퀴 돌듯 끝없이 제자리만 빙빙 돌며 자신의 제한된 일터에 고립되어버린다. 일은 곧잘 하지만 그게 전부다. 이 정도가 프랑스 교육이 거두는 평균적인 수확이다. 들이는 노력 비용에 비해 거두어들이는 결과 수익이 그야말로 적다는 뜻이다. 반면 1789년 이전 프랑스 교육과는 일맥상통하지만 현행 프랑스 교육과는 정반대인 교육 방식을 채택한 영국과 미국은 투자한 만큼 또는 그 이상을 수확하고 있다.

이후 텐은 프랑스식 교육과 앵글로색슨식 교육의 차
이점을 제시한다. 텐에 따르면 앵글로색슨계 국가들에서
는 프랑스에 있는 무수한 특수 학교가 존재하지 않으며
교육도 책이 아닌 실습을 통해 이루어진다. 이를테면 기
술자를 양성하는 곳은 작업장이지 결코 학교가 아니다.
그래야 모든 학생이 자신의 지적 능력이 허용하는 만큼
성공할 수 있기 때문이다. 직공이나 작업반장에 머무를
수도 있고, 능력이 된다면 기술자가 될 수도 있다. 이러한
교육 방식은 한 개인의 진로를 열여덟이나 스무 살에 치
르는 몇 시간의 시험으로 결정짓는 것보다 훨씬 더 민주
적이며 사회적으로도 유익하다.

어린 나이에 병원, 광산, 공장, 건축 사무소, 법률 사무소
등에 취직한 학생들은 사무소 서기나 작업장의 도제처럼
수련과 실습 과정을 거친다. 물론 수련과 실습에 앞서 전
반적인 개괄 수업을 들으며 나중에 자신들이 하게 될 일
을 잘 관찰하고 토대를 쌓는다. 더욱이 자유 시간에 언제
든 따로 들을 수 있는 기술 수업이 있어서 매일 경험하는

실무와 연계할 수도 있다. 이러한 제도 덕분에 학생들은 자신들의 능력이 닿는 데까지 실무 능력을 향상시킬 수 있고, 이후에 그들이 맡을 업무와 또 지금 당장 그들이 적응하고자 하는 특정 작업에서 능력을 키울 수 있다. 영국과 미국에서는 바로 이러한 방식으로 젊은이들의 능력을 최대한 끌어낸다. 내실과 소질이 있는 학생이라면 스물다섯 또는 그보다 더 이른 나이에도 유능한 책임자가 되거나 스스로 만든 회사의 수장이 되기도 한다. 톱니바퀴로서만이 아니라 엔진으로서의 역할을 하는 것이다. 한편 이와 정반대의 방식을 앞세우는 프랑스에서는 세대를 거듭할수록 교육 방식이 더욱 난해해지고 있으며, 인적 자원의 낭비도 막대한 수준에 이른다.

텐은 프랑스의 라틴식 교육과 실생활 간의 부조화가 커지는 데 대해 다음과 같은 결론을 내린다.

유년기, 청소년기, 청년기 등 세 단계로 나눈 교과 과정은 오직 시험과 진급, 학위, 자격증만을 목표로 하여 교실에서 교과서 위주의 이론 수업으로 진행하기 때문에 학업 시간과 부담이 과중되고 있다. 최악의 방법과 비정상적이고도 반사회적인 제도를 적용하고 있을 뿐만 아니라, 실무 수련은 최대한 늦춘 채 기숙사 제도와 작위적인 훈련, 기계적인 주입식 교육으로 학생들을 혹사시키고 있는 게 현실이다. 학생들이 졸업한 이후와 장년기 그리고 성년으로서의 역할은 전혀 고려하지 않을뿐더러 머지않아 그들이 내던져질 실제 사회에 대해서도, 그들이 일찌감치 적응하든 순응하든 해야 할 주변 사회에 대해서도 가르치지 않는다. 또 타인과의 갈등 상황에서 스스로를 지키고 꿋꿋이 설 수 있게끔 대비하게 하거나 연습과 단련을 시키지도 않는다. 이렇듯 프랑스 학교는 반드시 필요한 시설이 미비할 뿐만 아니라 그 무엇보다 중요한 지식도 제공하지 않는다. 게다가 학생들에게 풍부한 상식이나 확고한 의지, 인생을 끌고 갈 원동력도 가르치지 않는다. 그들 장래를 결정짓는 그러한 능력을 배양하기는커녕 박탈해버린다. 그래서 학생들이 사회에 진입하여 실무 활동의 장에 첫발을 내딛을 때면 고통스러운 실패를 연이어 맛보는 경우가 대부분이다. 그리고 결국 상처투성이가 되어 오랜 시간 찌부러져 있거나 때로는 망가진 채로 집에 틀어박혀 있게 된다. 가혹하고도 고약한 시련이 따로 없다. 무너져버린 도덕과 정신의 균형은 다시 회복되지 않고, 설상가

상으로 매우 급작스럽게 환멸까지 밀려든다. 실망감이 큰 만큼 좌절감도 깊디깊다.[13]

　그런데 이러한 교육 문제가 군중 심리와 관계가 있을까? 물론 아니다. 하지만 오늘날 군중 심리에 싹을 틔워 오래지 않아 꽃피울 사상과 신념을 이해하고자 한다면 그 토양이 되는 군중이 어떻게 준비되었는지 알아야 한다. 한 국가의 젊은이들이 받는 교육이 어떤지 살펴보면 그 국가의 미래가 어떨지 알 수 있는 법이다. 그런데 프랑스 현세대가 받는 교육을 보면 가장 암울한 예측밖에 할 수 없다. 군중의 정신은 학습과 교육에 의해 일부 개선되거나 악화된다. 그래서 나는 이 책을 통해 현행 교육제도가 군중의 정신을 어떻게 형성해냈는지, 또 무관심

13　이폴리트 텐, 『현대의 제도*Le Régime moderne*』 2권, 1891. 텐이 거의 마지막으로 쓴 글로, 위대한 철학자로서 자신의 오랜 경험에 대한 결과물을 굉장히 잘 요약해놓았다. 하지만 안타깝게도 이 글은 해외 체류 경험이 없는 프랑스 대학 교수들에게는 결코 받아들여지지 않을 듯하다. 교육은 민족정신에 조금이나마 영향을 줄 수 있는 유일한 수단인데, 현행 교육 방식이 프랑스의 쇠퇴를 야기하는 무시무시한 요인이며 젊은이들을 고양시키기는커녕 끌어내리고 타락시킨다는 사실을 프랑스인 대부분이 이해하지 못한다고 생각하면 참으로 안타깝다.

하고 중립적인 그 수많은 이들을, 어떻게 미사여구나 늘어놓는 연설가들과 이상주의자들의 암시에 무작정 복종할 거대한 불만분자 군단으로 서서히 키워냈는지 보여줄 필요가 있었다. 오늘날 불만분자와 무정부주의자들이 양성되는 곳도, 라틴계 민족에게 다가올 쇠퇴기가 만들어지는 곳도 바로 학교다.

Chapter 2

이해시키지 말고 주입하라
: 군중의 견해를 결정하는 직접 요인들

[1] 명칭만 바꾸어도 모든 것이 새로워진다

단어와 경구의 마법 같은 힘 — 단어의 위력은 단어가 환기하는 이미지와 관계있을 뿐 단어의 실제 의미와는 무관하다 — 그 이미지는 시대와 민족에 따라 다양하다 — 단어의 마멸 — 빈번히 상용되는 단어가 매우 다양한 의미를 가지는 예 — 군중에 거북스런 인상을 유발하는 무언가에 새로운 명칭을 부여함으로써 얻는 정치적 이점 — 민족에 따라 단어의 의미는 다르다 — 유럽과 미국에서 다른 의미를 갖는 단어, 민주주의

[2] 군중은 언제나 진실보다 욕망을 중시한다

환상의 중요성 — 모든 문명의 바탕에서 발견되는 환상 — 환상의 사회적 필요성 — 군중은 언제나 진실보다 환상을 선호한다

[3] 아무리 혹독한 경험이라도 그것은 다음 세대에게 전해지지 않는다

경험만이 민족정신에 필수적인 진실을 심을 수 있고 또 그 정신에 해로운 환상을 파괴할 수 있다 — 경험은 자주 반복되는 조건에서만 작용한다

[4] 군중의 이성에 호소하지 말고 감정을 자극하라

군중에 아무런 영향력을 행사하지 못하는 이성 — 이성은 군중의 무의식적 감정에 영향을 미칠 때만 작용한다 — 역사에서 논리적 필연의 역할 — 있을 법하지 않은 사건들의 비밀스러운 원인

우리는 앞서 군중의 영혼에 특별한 감수성을 심어 어떤 감정과 사상을 일으키게 하는 간접 요인들을 살펴보았다. 이제는 군중의 영혼에 즉각 작용하는 직접 요인들을 알아볼 차례다. 그리고 그 요인들을 어떻게 다루어야 완벽한 효과를 일으킬 수 있는지 다음 장에서 살펴보려 한다.

이 책의 Part 1에서는 집단의 감정과 사상, 이성적 추론에 대해 알아보았다. 그리고 이제 이에 대한 이해를 바탕으로 그들의 정신에 깊은 감명을 줄 수 있는 방법들을 개괄적으로 도출해낼 수 있을 것이다. 우리는 군중의 상상력을 자극하는 것이 무엇인지, 그리고 특히 이미지의 형태로 제시되는 암시가 얼마나 막강한 힘과 전파력을 가지는지 이미 잘 알고 있다. 하지만 암시의 뿌리가 각양각색인 만큼 군중의 정신에 영향을 미칠 수 있는 요인도 무척 다양하기 때문에 그 요인들을 하나하나 살펴볼 필요가 있다. 이는 결코 무용한 연구가 아니다. 군중은 고대 신화의 스핑크스 같은 면이 있어서, 자신들의 심리가 야

기하는 문제들을 해결하든지, 그럴 수 없다면 그 문제들
에 잡아먹힐 수밖에 없다.

1. 명칭만 바꾸어도 모든 것이 새로워진다
: 이미지, 단어 그리고 경구

> 정치인이나 지도자가 슬로건을 내세우는 것은 어떤 단어
> 와 경구에는 특정한 이미지를 불러내는 힘이 있기 때문이
> 다. 그 단어와 경구가 가진 실제적인 의미는 중요하지 않
> 다. 이미 권위를 획득한 단어와 경구를 사용하는 것만으
> 로도 군중은 스스로 이미지를 불러내고 상상력을 자극해
> 그 앞에서 머리를 조아린다.

　군중의 상상력에 관해서는 앞에서 알아보았다. 그리고
그 상상력이 특히 이미지에 의해 자극된다는 사실도 확
인했다. 그런 이미지가 언제 어디서나 떠오르는 것은 아
니지만, 단어나 경구가 적절하게 사용되면 언제든지 환
기될 수 있다. 기술적으로 잘 다루기만 한다면 단어나 경
구는 신비로운 힘, 그러니까 과거 연금술사들이 주문에
부여했던 힘처럼 매우 신비한 힘을 가질 수 있다. 그로써

군중의 정신에 무시무시한 돌풍을 일으키고 또 잠재울 수도 있다. 지금까지 단어와 경구에 압도된 희생자들의 해골만으로도 파라오 쿠푸의 대피라미드보다 더 높은 피라미드를 세워 올릴 수 있을 것이다.

단어가 지니는 힘은 그 단어가 연상케 하는 이미지와 관계있을 뿐 단어의 실제 의미와는 아무런 상관이 없다. 때로는 뜻이 명확하지 않은 단어가 가장 큰 영향력을 발휘하기도 한다. 대표적으로 민주주의, 사회주의, 평등, 자유와 같은 단어들이 그렇다. 이 단어들은 의미가 너무나 모호해서 엄밀히 규정하려면 두꺼운 책 여러 권으로도 부족하지만, 그 짧은 음절에는 마치 세상 모든 문제의 해결책을 담고 있는 것 같은 마법의 힘이 더해져 있다. 각각의 무의식적 열망들과, 그 열망들을 실현하고자 하는 바람의 총체가 바로 단어인 셈이다.

그러므로 이성과 논증은 단어와 경구에 대적할 수 없다. 군중에게 특정 단어나 경구를 공표하면 군중은 존경심 가득한 얼굴로 머리를 조아린다. 그러한 단어와 경구를 자연의 섭리나 초자연적인 힘으로 여기는 까닭이다. 군중은 단어와 경구를 듣고서 웅장하고도 막연한 이미지를 떠올린다. 바로 그 막연함 때문에 더욱 신비한 힘을 갖게 되는 이미지는 천막 뒤에 가려진 무시무시한 신들, 신봉자들마저도 다가가기 두려워하는 그런 신들에 필적할 만큼 권위를 갖는다.

한편 단어에서 연상된 이미지는 그 단어의 실제 의미와 무관하기에 동일한 경구에 사용되었다 하더라도 시대나 민족에 따라 다양하게 해석된다. 하지만 어떤 단어에는 특정한 이미지가 일시적으로 고정되기도 한다. 그러면 그 단어는 특정한 이미지를 떠올리게 하는 누름단추가 되는 것이다.

그렇다고 모든 단어와 경구가 이미지를 연상케 할 수 있는 것은 아니다. 혹여 이미지를 불러일으켰다 하더라도 얼마 지나지 않아 힘을 잃고 더는 군중의 머릿속에 그 무엇도 환기할 수 없게 되어버리기도 한다. 그러면 그 단어와 경구는 공허한 소리로 전락하고, 그것을 사용하는 사람으로서는 더 이상 깊이 생각할 필요가 없다는 효용 정도만 얻을 수 있을 뿐이다. 젊은 시절에 익힌 약간의 경구와 상투적인 표현들은 인생을 살아가기 위해 필요한 모든 것, 그러니까 무엇이든 깊이 생각하는 수고를 할 필요 없이 인생을 살아가는 데 필요한 모든 것의 밑천인 셈이다.

190

하나의 단어가 갖는 의미는 오랜 시간에 걸쳐 아주 천천히 변할 수 있지만, 단어가 떠오르게 하는 이미지는 시시각각 변화하며 시대와 민족에 따라 다양하게 해석될 수 있다. 하지만 통치자는 군중이 거북해하는 단어의 명칭을 바꾸는 것만으로도 군중에게 새로운 이미지를 심을 수 있기에 그때그때 새로운 명칭을 부여하는 것만으로도 군중의 지지를 얻을 수 있다. 하지만 어떤 단어는 사회의 계층에 따라 의미를 달리 해석하므로 이는 결코 쉬운 일이 아니다.

한 언어를 관찰해보면, 그 언어를 구성하는 단어들은 시간이 흐름에 따라 아주 천천히 변한다는 사실을 알 수 있다. 반면 그 단어들이 떠오르게 하는 이미지나 그 단어들에 부여되는 의미는 시시각각 끊임없이 변화한다. 내가 다른 책에서 한 언어를 다른 언어로, 그중에서도 특히 지금은 사라지고 없는 민족의 언어는 결코 완벽하게 번역할 수 없다고 결론을 내린 것이 바로 그 때문이다. 프랑스어 단어를 라틴어나 그리스어, 산스크리트어로 치환할 때, 또는 이삼백 년 전에 프랑스어로 쓰인 책을 이해하고자 할 때 우리가 어떻게 하는가를 생각해보자. 현재의 우리와 생활 여건이 완전히 달랐던 과거 민족들이 머릿속에 담고 있던 개념과 이미지를 현대 사회가 우리의 지성에 심어놓은 이미지와 사상으로 단순히 대체하고 있지는 않은가? 프랑스 대혁명에 참여했던 이들은 자신들이 그리스인과 로마인을 모방한다고 믿었지만, 사실은 고대의 단어들에 전에 없던 의미를 부여한 것 말고 무엇인가를 했다고 할 수 있을까? 그리스인들의 제도와 오늘날 그에 상응하는 단어로 지칭되는 제도 사이에 어떠한 유사성이 존재하기는 할까? 공화제라는 것이 사실은 압제에 의해 수많은 노예를 유지하고 지배하던 군소 독재자들이 만든 제도, 그러니까 본질적으로 귀족제가 아니라면 달리 무엇이겠는가? 이 지방 분권 형태의 귀족제는 노예 제도를 기반으로 하지 않았다면 단 한순간도 존재하지 못했을 것이다.

생각의 자유가 가능하리라는 의심조차 할 수 없었고 도시 국가의 신과 법, 관습에 이의를 제기하는 것보다 더욱 심각한 중죄는 없었던 시대에 자유라는 단어의 개념은 오늘날 우리가 이해하는 의미와 비슷하기라도 했을까? 아테네인과 스파르타인의 정신에 새겨진 조국이라는 단어의 대상은 아테네와 스파르타를 향한 숭배를 의미했을지언정 결코 도시 간 경쟁으로 내전이 끊이지 않던 국가 그리스를 뜻하지는 않았을 것이다. 그렇다면 인종과 언어, 종교에 따라 여러 부족으로 나뉘어 있었고, 그랬기에 카이사르가 그 경쟁 관계에 있던 부족들과 쉽게 동맹을 맺어 마침내 제패할 수 있었던 갈리아에서는 조국이 과연 어떤 의미였을까? 정치적·종교적 단일화를 통해 갈리아를 하나의 조국으로 만든 유일한 존재는 로마였다. 역사를 멀리 거슬러 올라갈 필요도 없이 200년 전 콩데 대공*Louis de Bourbon*(부르봉 왕가 출신의 뛰어난 무장이었다. 왕실과의 갈등으로 반란을 일으켜 스페인으로 망명했다가 스페인 군대를 이끌고 프랑스를 공격하기도 했다. 이후 사면되어 프랑스와 네덜란드의 전쟁에서 공을 세웠다)을 비롯한 친왕들이 자신들의 군주에 저항해 다른 국가와 동맹을 맺었던 때를 생각해보자. 과연 그때 그들이 이해했던 조국의 개념은 오늘날 우리가 생각하는 조국과 같았을까? 프랑스에 저항하는 것이 곧 명예로운 일이라고 믿었던 망명자들에게도 조국은 지금과는 다른 의미이지 않았을까? 봉신封臣은 봉건법에 따라 영토가 아닌 영주에 예속되었기에, 그들에게는 영주가 있는 곳이 곧 조국이었을 것이다.

시대가 지날수록 의미가 크게 변한 탓에 예전의 의미

프랑스 왕위 계승 문제를 놓고 잉글랜드와 프랑스가 격돌했던 백 년 전쟁 (1337~1453)을 묘사한 그림이다. 위기에 빠진 프랑스를 구한 잔 다르크의 신화가 탄생한 바로 그 전쟁이다. 이 전쟁은 역사적으로 여러 의미를 갖는데, 대포라는 신무기의 등장으로 기사 계급이 몰락하고 전쟁에 힘을 소진한 영주들의 권력이 약해지면서 봉건제가 무너지는 동시에 중앙 집권 체제가 탄생하는 계기가 되었다. 또 한 가지 중요한 역사적 의미는 각각의 영주에 속해 있던 평민들이 장기간의 국가 대항전을 치르는 사이 '조국'이라는 개념을 갖게 되었다는 점이다. 따라서 이 백 년 전쟁을 두고 '애국심'이 탄생한 계기가 되었다고 보는 견해도 있다.

를 이해하려면 기나긴 노력을 필요로 하는 단어가 부지기수다. 우리 조상들이 왕이나 왕가라는 단어를 어떻게 사용했는지 이해하기 위해서라도 다독을 해야 한다는 건 틀린 말이 아니다. 그러니 더욱 복잡한 단어라면 어떻겠는가?

단어는 시대와 민족에 따라 다르게 받아들여지므로 그 의미가 가변적이고 일시적일 수밖에 없다. 그러므로 단어를 활용해 군중에게 영향력을 행사하고자 한다면 그 단어가 그 순간 그 군중에게 어떤 의미로 받아들여지는지 알아야 한다. 그 단어가 과거에 무슨 뜻이었는지, 다른 정신 구조를 가진 개인들에게 어떤 의미일 수 있는지는 중요하지 않다.

그러므로 정치적 격변이나 신념의 변화를 겪은 군중이 특정한 단어가 떠오르게 하는 이미지들에 극심한 반감을 느낀다면, 국가 원수는 그 단어를 다른 단어로 바꾸는 일부터 해야 한다. 물론 단어에 고정된 의미 자체를 건드려서는 안 된다. 그 의미는 대대로 이어져온 정신 구조와 떼려야 뗄 수 없는 관계에 있기 때문에 변화될 수도 없다. 높은 식견을 가졌던 알렉시스 드 토크빌*Alexis de Tocqueville*(1805~1859, 프랑스의 법관, 철학자, 정치인. 『미국의 민주주의』를 발표하며 민주주의가 나아갈 방향을 제시했고, 영국의 존 스튜어트 밀이『자유론』을 집필하는 데 큰 영향을 미쳤다)은 집정 정부(프랑스 혁명기에 나폴레옹의 쿠데타를 통해 1799년부터 1804년까지 존립한 정부. 3명의 집정관이 국가 지도자 역할을 맡았는데, 제1 집정관이었던 나폴레옹이 황제에 오르면서 해산되었다. '통령 정부'라고도 한다)와 프랑스 제1 제국(1804년 나폴레옹이 황제에 오르면서 시작된 제국. 러시아 원정에 실패함으로써 힘이 약해진 나폴레옹이 엘바섬에 유배되면서 1814년에 막을 내렸다)이 대부분의 과거 제도들을 새로운 단어로 포장하는 데 주력했다는 점을 이미 오래전에 지적한 바 있다. 즉 군중을 거북하게 만드는 이미지를 떠올리게 하는 단어들을 다른 단어들로 대체해 그러한 연상을 막으려 했다는 것이다. '타이유'_taille_(프랑스 북부의 인두세와 토지세를 아우르는 직접세)를 '토지세'로, '가벨'_gabelle_(8세 미만의 아동을 제외한 모든 국민이 매주 의무적으로 사야 했던 소금에 부과한 세금)을 '소금세'로, '에드'_aides_(주세)를 '간접 조세' 및 '통합세'로, '장인세' 및 '동업 조합세'를 '면허세'로 바꾼 것도 그러한 맥락에서다.

그러므로 군중이 과거의 이름으로는 용인하려 하지 않는 것을 대중적이거나 중립적인 뉘앙스를 가진 단어로

196

부르는 일은 국가수반이 해야 하는 가장 중요한 과제 중 하나다. 단어가 가진 힘은 매우 강력해서 군중이 불쾌하게 여기는 것들에 적절한 이름만 붙여준다면 군중은 그것들을 쉬이 받아들이는 법이다. 텐은 자코뱅파가 자유와 박해라는 매우 인기 있는 단어를 표방하는 것으로 '다호메이 왕국(현재의 아프리카 북서부에 위치한 국가 베냉의 남부 해안 지대에 있던 왕국이다. 17세기 초부터 19세기 말까지 존속했으며, 서아프리카에서 아메리카 대륙으로 공급되는 노예의 주요 시장이었다)에 비견할 만한 전제 군주제를 확립할 수 있었고 종교 재판소 같은 재판소를 설립할 수 있었을 뿐 아니라 고대의 멕시코 대학살에 비견할 만한 학살을 저지를 수 있었다'고 정확히 지적한 바 있다. 변호사처럼 단어를 다룰 줄 아는 것이 곧 통치자의 기술인 셈이다. 하지만 이 기술에는 큰 난관이 있다. 같은 단어라도 한 사회의 다양한 계층에 매우 다른 의미로 받아들여지는 경우가 종종 있다는 사실이다. 사회의 다양한 계층이 동일한 단어를 사용하고 있는 것처럼 보일지라도 실제로 그들은 같은 언어를 사용하지 않는 것이다.

특히 민주주의라는 단어는 민족에 따라 완전히 상반된 의미를 갖는다. 라틴계 민족에게 민주주의는 국가 권력을 위해 개인의 자유와 권리를 희생하는 것인 반면 앵글로색슨계 민족에게는 국가 권력을 최소화하고 개인의 자유와 권리를 확대하는 체제라는 의미를 갖는 것이다.

앞선 사례에서 우리는 단어의 의미를 변화시키는 주요인으로 특히 시간을 꼽은 바 있다. 또 다른 요인으로 민족을 고려해본다면, 한 시대를 살아가며 거의 똑같은 문명 수준에 이른 다양한 민족들에게 특정 단어들은 판이한 의미를 갖는 경우가 허다하다는 사실을 알 수 있을 것이다. 그러한 차이는 수많은 여행 경험 없이는 이해할 수 없는 것이어서 나는 그 차이들에 대해서 역설하는 대신 군중이 가장 많이 사용하는 단어들이 민족에 따라 큰 의미의 차이를 보인다는 사실만 짚고 넘어가려 한다. 오늘날 매우 빈번히 오르내리는 민주주의와 사회주의 같은 단어가 그 예다.

실제로 민주주의와 사회주의라는 단어는 라틴계 민족과 앵글로색슨계 사람들의 머릿속에서 완전히 상반된 사상과 이미지로 떠오른다. 라틴계 민족에게 민주주의란 국가가 추구하는 공동체의 의지와 자주성 앞에서 개인의 의지와 자주성은 상실될 수 있음을 뜻한다. 국가가 모든 것을 좌우하고 독점하는 것은 물론이고 중앙 집권화를 통해 모든 것을 독식하는 것이다. 이러한 국가에서는 급진 정당이나 사회당, 왕당 할 것 없이 모든 정당이 끊임없이 국가에 호소하며 손을 내민다. 반면 앵글로색슨계 민족, 그중에서도 특히 아메리카 대륙의 앵글로색슨계 민족에게 민주주의는 개인과 개인의 의지를 최대한 발현하는 것을 의미한다. 이때 국가는 경찰력과 군사력, 외교력만 행사할 수 있을 뿐 다른 모든 분야, 심지어 교육에 관해서도 가능한 한 역할이 배제된다. 즉 어떤 민족에게는 국가의 지배 아래에서 개인의 의지와 자주성이 상실됨을 뜻하는 단어가 또 다른 민족에게는 국가가 완전히 배제된 상태에서 개인의 의지와 자주성이 극도로 발달함을 뜻하기도 한다[14]는 말이다. 한 단어가 완전히 상반된 의미를 지니는 것이다.

---

[14] 나는 나의 저서 『민족 진화의 심리학적 법칙』에서 라틴계 민족과 앵글로색슨계 민족이 추구하는 민주주의 이상이 어떻게 다른지 상세히 역설한 바 있다.

2. 군중은 언제나 진실보다 욕망을 중시한다
: 환상

> 많은 철학자들이 과학과 자연의 힘을 드러내 보이며 군중
> 의 케케묵은 환상을 깨뜨리려 하지만, 군중은 진실보다는
> 거짓과 오류로 점철된 환상을 좇는다. 환상 속에서만이
> 꿈꿀 수 있고 희망을 품을 수 있기 때문이다. 때문에 군중
> 을 각성시키려는 자는 실패하고 군중을 현혹하는 자는 성
> 공을 거두는 법이다.

군중은 문명의 여명기부터 언제나 환상의 영향 아래
에 있었다. 그리고 그 환상을 만들어낸 창시자들을 위해
수많은 신전과 조각상, 제단을 세웠다. 그러므로 과거의
종교적 환상과 오늘날의 철학적·사회적 환상은 지구상
에 연달아 꽃핀 모든 문명을 이끈 경이로운 군주인 셈이
다. 칼데아(메소포타미아 문명의 젖줄인 티그리스강과 유프라
테스강 하류에 위치한 도시 우르 부근을 이른다)와 이집트에
있는 신전들 그리고 중세의 종교 건축물들은 바로 이 환
상에 복무하기 위해 건설되었고, 100년 전 유럽 전역이
혼란에 빠진 것도 환상 때문이었다. 게다가 우리의 예술
관과 정치관, 사회관 가운데 환상이라는 막강한 각인이

찍히지 않은 것이 단 하나도 없다. 간혹 엄청난 혼란을 겪으며 환상이 깨지는 경우도 있지만 결국에는 그 환상을 되살려내는 것이 인간의 숙명인 듯하다. 환상이 없었다면 인간은 원시적이고 미개한 상태에서 벗어나지 못했을 것이고, 환상이 없다면 머지않아 현대의 문명은 미개한 세계로 되돌아갈 것이다. 환상은 아무런 물리적 힘이 없는 환영에 불과하지만 우리의 꿈이 낳은 산물인 환상으로 인해 우리 인간은 황홀한 예술과 위대한 문명을 만들어낼 수 있었다.

한 작가가 이러한 주장을 다음과 같이 요약한 바 있다.

'만약 우리가 박물관과 도서관에 있는 종교 작품과 예술적 기념물들을 파괴해버린 뒤 광장 바닥에 내던져버린다면 과연 우리 인간의 원대한 꿈에는 무엇이 남겠는가? 환상이 없다면 인간은 살아갈 수 없기에 인간에게 조금의 희망과 더불어 약간의 환상을 심어주는 것이 곧 신과 영웅과 시인이 존재하는 이유다. 지난 50년 동안 과학이 그런 역할을 맡은 듯했다. 하지만 과학은 어떠한 약속도, 어떠한 거짓말도 감히 하지 못한 탓에 이상을 갈망하는 이들의 마음속에서 위태로워졌다.'

지난 세기의 철학자들은 우리 조상들이 오랜 세월 동

안 의지하며 살아왔던 종교적·정치적·사회적 환상들을 파괴하는 데 열과 성을 다했다. 그들은 환상들을 파괴하는 동시에 희망을 품거나 체념할 수 있게 하는 원천까지도 고갈시켜버렸다. 그렇게 공상이 되어버린 환상들 대신, 보지도 듣지도 못하는 자연의 힘, 약자에게 가혹하고 연민이라고는 없는 그런 힘을 찾아냈다.

이처럼 철학은 많은 진전을 이루었지만 아직 군중을 매혹할 만한 어떠한 이상도 제시하지 못했다. 하지만 군중은 어떤 대가를 치르더라도 환상을 얻고자 하기에 마치 불빛을 찾아가는 곤충처럼, 미사여구를 늘어놓으며 환상을 제시하는 연설가들에게 본능적으로 끌리기 마련이다. 민족 진화의 가장 주요한 요인은 오류였지, 결코 진실인 적이 없었다. 오늘날 사회주의가 막강한 영향력을 발휘하는 것은 그것이 지금껏 생생히 살아남은 유일한 환상이기 때문이다. 모든 것이 과학적으로 증명되고 있음에도 사회주의는 끊임없이 세력을 확장하고 있다. 과감하게 약속하는 행복을 믿어버릴 만큼 현실과 동떨어진 사람들의 지지가 사회주의의 주된 힘이다. 오늘날 사회주의라는 환상은 켜켜이 쌓인 과거의 모든 잔재 위에 군림하며 미래마저 품으려 한다. 군중은 진실을 갈구한 적이 단 한 번도 없었다. 자신들을 불편하게 만드는 온갖 증거 앞에서 그들은 진실을 외면하고 마음을 사로잡는 오류를 숭배하는 편을 택한다. 그래서 군중을 현혹할 줄 아는 자는 쉽게 지배자가 되지만, 그들을 각성시키려 하는 자는 언제나 제물이 되는 법이다.

3. 아무리 혹독한 경험이라도 그것은 다음 세대에게 전해지지 않는다
: 경험

> 역사 속에서 비극적인 일이 반복되는 것은 한 세대의 경험이 그다음 세대에게는 전해지지 않기 때문이다. 대부분의 국가와 민족은 뼈아픈 실책으로 고통을 당하지만, 오래지 않아 같은 일을 되풀이한다.

군중의 정신에 확고한 신념을 심어줌으로써 지나치게 위험해진 환상을 무너뜨릴 방법으로는 경험이 거의 유일하다. 그렇지만 경험은 아주 광범위하게, 그리고 아주 빈번하게 반복되어야 효과를 거둘 수 있다. 한 세대의 경험은 대체로 그다음 세대에게는 무용하기 때문에 증거 자료로 활용되는 역사적 사실들도 사실상 무의미하기는 마찬가지다. 역사적 사실들이 갖는 단 하나의 유용성을 들자면, 경험이 군중의 정신에 단단히 뿌리박힌 오류를 뒤흔들고 영향력을 행사하기 위해서는 시대를 거듭하며 얼마나 많이 반복되어야 하는지를 증명하는 것이다.

미래의 역사가들은 분명 지금 우리가 살아가는 이 세기와 이전 세기를 흥미로운 경험의 시대라고 부를 것이다. 그 어느 시대에도 이토록 많은 일을 경험한 적이 없었으니 말이다.

그중에서도 가장 엄청난 경험은 단연 프랑스 대혁명이었다. 순수 이성에만 의존해서는 사회를 철저히 개조할 수 없음을 밝히기까지 수백만 명의 사람이 학살되었고 유럽 전역은 20년 동안이나 격변기를 겪어야 했다. 그리고 국민들은 자신들이 지지한 독재자로 인해 숱한 대가를 치러야 한다는 사실을 50년에 걸쳐 두 번의 치명적인 경험을 한 후에야 증명해냈다. 하지만 그처럼 명확한 경험을 했음에도 국민은 쉽사리 납득하지 못한 듯하다. 첫 번째 경험으로 300만 명이 희생되었고 외세의 침략까지 당했지만 같은 경험을 또 한 번 되풀이하여 영토 일

Psychologie des foules

프랑스의 초대 대통령이자 마지막 황제인 나폴레옹 3세. 정치적 입지가 보잘
것없고 딱히 내세울 업적도 없었던 그는 나폴레옹 보나파르트의 조카라는 후
광 덕분에 프랑스 제2 공화정의 대통령으로 선출되었다. 하지만 그는 나폴레
옹 보나파르트가 그랬던 것처럼 황제에 올랐고, 제국주의를 표방하다가 프로
이센·프랑스 전쟁에 말려들었다. 스당 전투의 전장에 나타난 그는 아무런 하
릴없이 그냥 돌아다니기만 했는데, 그를 지켜본 한 군의관은 "자살하러 온 것
이 아니라면 대체 뭘 하러 온 것인지 알 수가 없다. 오전 내내 그는 어떤 명령
도 내리지 않았다"라는 진술을 남겼다. 결국 이 스당 전투 전장에서 그는 프로
이센의 포로로 붙잡힌다.

부를 빼앗기고 나서야 상비군의 필요성을 깨달았던 것이
다. 얼마 전 또다시 경험할 뻔했던 세 번째 파국도 언젠
가는 반드시 겪게 될 것이 분명하다. 1870년 이전까지만
해도 프랑스는 독일군을 규모는 크지만 대수롭지 않은
국민군이라 여겼지만[15] 끔찍한 전쟁을 겪으며 엄청난 대
가를 치르고 나서야 실제로는 그렇지 않다는 사실을 국
민 모두가 받아들일 수 있었다. 또한 보호주의를 채택한
국가는 적어도 20년 동안 재앙과도 같은 경험을 겪고 난

---

15 이 경우 군중은 서로 다른 것들을 대충 연결하여 의견을 형성했
는데, 그 원리에 대해서는 앞서 설명해두었다. 당시 프랑스 국민
군은 전혀 훈련되지 않은 유순한 상점 주인들로 구성되었던 터라
진정한 군대라 말할 수 없었다. 그래서 그와 유사한 이름을 가진
다른 나라의 군대도 같은 이미지를 환기한 탓에 위험하지 않다고
여겼다. 군중의 이 잘못된 생각은 여느 일반적인 견해들이 종종
그렇듯 지도자들에게도 퍼졌다. 군중의 의견을 곧잘 따랐지만 결
코 앞장서 주도한 적은 없었던 티에르*Louis Adolphe Thiers*(1797~1877,
프랑스의 공화주의 정치가. 제3 공화정의 초대 대통령을 역임했다)는
1867년 12월 31일 의회 연설에서 프로이센 국민군이 프랑스 국민
군과 규모가 거의 같고 상비군도 프랑스 상비군과 유사하므로 경
계할 필요가 없다는 군중의 주장을 그대로 반복했다. 에밀 올리비
에*Émile Ollivier*(1825~1913, 프랑스의 공화주의 정치인. 나폴레옹 3세 황
제를 반대했으나 후에 그의 내각에 들어가 총리를 지냈다)는 최근 자신
의 저서에서 이 연설을 인용했는데, 사실 연설에서 주장한 바는
철도의 미래가 그리 밝지 않을 것이라던 티에르의 예측만큼이나
정확하지 못했다.

뒤에야 정작 그 사상 탓에 파멸할 수도 있다는 사실을 걱정할 것이다. 이러한 예는 헤아릴 수 없이 많다.

4. 군중의 이성에 호소하지 말고 감정을 자극하라
: 이성

> 논리적으로 군중을 설득할 수 있다는 생각은 아예 버려야 한다. 이성적으로 추론하지 않는 존재에게 논리가 무슨 소용인가? 군중을 설득하는 방식은 그들의 감정에 호소하는 것이 유일하다.

군중의 정신을 자극할 수 있는 요인들을 열거할 때 이성이라는 요소는 완전히 배제해도 무방할 것이다. 그 미미한 영향력을 굳이 지적할 필요가 없다면 말이다.

군중이 이성적 추론에는 영향을 받지 않고 그저 얼기설기 연결된 관념 덩어리, 즉 연상 작용으로만 사안을 이해한다는 점은 앞에서 이미 증명한 바 있다. 그런 군중을 감명시킬 줄 아는 연설가는 군중의 감정에 호소할 뿐 결코 그들의 이성에 기대려 하지 않는다. 논리적 법칙들이 군중에게서는 아무런 작용도 하지 못하기 때문이다.[16] 군중을 설득하고자 한다면 먼저 그들이 어떤 감정에 사로잡혀 있는지 잘 간파해 그 감정에 공감하는 척해야 한다. 그런 다음 기초적인 연상 작용을 이용해 잘 암시된 특정 이미지를 환기하며 그들의 감정 변화를 꾀해야 한다. 그

---

[16] 나는 파리가 점령되었던 당시 프랑스 총사령관 V가 프랑스 정부가 설치되어 있던 루브르 궁전으로 호송되는 모습을 목격하면서 군중을 감명시키는 기술이 어떤 것인지 보았고, 논리적 법칙의 무력함을 처음으로 관찰할 수 있었다. 분노한 군중은 그가 요새의 설계도를 프로이센군에게 넘기려던 걸 적발했다고 주장했다. 그때 정부 관료이자 웅변가로 명성을 떨쳤던 G. P.가 군중 앞에 나와 연설을 시작했다. 나는 총사령관 V가 요새 설계에 참여한 것이 사실이지만, 그 설계도는 이미 모든 서점에서 판매되고 있다며 G. P.가 V를 기소하는 일의 불합리함을 증명할 거라고 기대했지만, 그는 V를 즉각 처형해야 한다고 주장했다. 나는 그의 연설이 정반대로 흘러가는 데 경악을 금치 못했다. 그도 그럴 것이 그때의 나는 아무것도 모르는 애송이였다. G. P.는 V에게 다가가며 소리쳤다. "정의가 실현될 것이다. 그리고 그 정의에 자비란 없을 것이다. 국방부가 여러분 대신 수사하도록 하라. 우리는 결과를 기다리는 동안 저자를 가두어두면 될 일이다." 군중은 G. P.의 연설에 만족하여 금세 진정하더니 하나둘 흩어졌고, 15분 뒤 V는 집으로 돌아갈 수 있었다. 나는 당시 매우 젊었기에 논리적인 추론만이 설득력을 가진다고 생각했다. 하지만 그때 G. P.가 분노한 군중을 상대로 정연한 논리를 펼쳤다면 V는 분명 군중의 처단을 면치 못했을 것이다.

208

러다가 경우에 따라서는 뒤로 물러설 줄도 알아야 하고, 특히 군중에게서 순간순간 싹트는 감정을 놓치지 말아야 한다. 그렇게 자신의 말이 군중에게서 어떤 효과를 일으키는지 살피며 지속적으로 말을 바꾸어야 하기에 애당초 연설을 암기하고 준비할 필요도 없다. 만약 연설가가 군중의 생각에는 아랑곳없이 연설문에 써놓은 제 생각만을 읊는다면, 그 사실만으로도 그는 영향력을 완전히 상실하고 말 것이다.

짜임새 있는 논증에 익숙한 논리적인 사람들은 군중에게 호소할 때도 같은 설득 방식을 취하려고 하지만, 자신의 논법이 군중에게 전혀 먹히지 않는다는 데 놀라고는 한다. 한 논리학자가 다음과 같이 말했다. "삼단 논법에 기초한, 그러니까 항등식의 조합에 근거한 통상의 수학적 결론에는 필연성이 있다. (…) 만약 항등식의 조합을 이해할 수 있다면, 무생물 덩어리도 그 필연성에 동의할 것이다." 분명 그럴 것이다. 하지만 군중은 무생물 덩어리가 그렇듯 항등식의 조합을 이해할 수도, 그것에 능통할 수도 없다. 미개인이나 어린아이처럼 원시적 사고를 가진 이들을 추론으로 설득하려 한다면, 그러한 논법의 효능이 얼마나 미미한지 알게 될 것이다.

그렇다고 이성적 추론이 감정에 맞설 때 완전히 무능해진다는 사실을 확인하려고 굳이 원시에 가까운 존재들을 관찰할 필요는 없다. 가장 단순한 논리에도 부합하지 않는 종교적 미신이 얼마나 오랜 세월 동안 인간의 의식 깊숙이 박혀 있었는지 떠올려보는 것만으로도 충분할 것이다. 당대 최고의 인재들도 거의 2,000년 동안 종교적 가르침에 굴복했고, 근대에 들어서야 그 가르침의 진위 여부에 이의를 제기할 수 있었다. 중세와 르네상스 시대의 그 많은 계몽 지식인 중에도 이성적 추론에 따라 미신의 유치한 면을 보여준다든가, 악마의 소행이라며 마녀를 화형에 처해야 한다는 주장에 조금이라도 의심을 표한 이는 아무도 없었다.

> 문명을 일으킨 것은 이성이 아니라 공상이었다. 역사 속에서 수많은 신전을 짓게 하고 광활한 제국을 건설하며 신의 권능을 지닌 위대한 지도자를 탄생케 한 것은 감정과 공상이었다. 만약 군중이 하나하나 이성적으로 따졌다면, 역사 속의 그 모든 일들은 결코 일어나지 않았을 것이다.

그렇다면 이성으로는 군중을 계도할 수 없다는 사실

을 안타까워해야 할까? 반드시 그렇다고 말할 수는 없을 듯하다. 인간이 이성의 힘을 빌렸다면, 공상과도 같은 환상에 이끌려 열정적이고도 대담하게 문명을 일으킬 수는 없었을 것이다. 그러므로 우리를 이끄는 무의식의 산물인 공상은 반드시 필요하다. 모든 민족의 정신 구조에는 그들의 운명을 결정짓는 법칙들이 있기 마련인데, 아마도 각 민족은 불가항력적인 본능이나 가장 불합리해 보이는 충동에 이끌려 그 법칙들을 따르고 있는 것처럼 보인다. 어떨 때는 어떤 비밀스러운 힘, 예컨대 도토리를 참나무로 만들어내거나 혜성이 궤도를 따라 움직이게 만드는 것 같은 힘에 모든 민족이 굴복하고 있는 것처럼 보이기도 한다.

그런 힘은 민족이 진화하는 전반적인 흐름을 관찰할 때 조금이나마 짐작할 수 있는 것이지, 이따금 나타나는 특수한 사건에서 힌트를 얻어 막연히 예측할 수 있는 게 아니다. 만약 그 힘을 가늠하기 위해 몇 가지 특수한 사건들만 고려한다면, 역사는 있을 법하지 않은 우연들에 지배된다고 생각하게 될지도 모른다. 갈릴리의 한 무지한 목수가 2,000년 동안이나 전지전능한 신이 되어 가장 위대한 문명을 이끌었다는 사실도, 몇몇 아랍 부족이 사막을 벗어나 고대 그리스-로마의 영토 대부분을 정복한 후 알렉산드로스 대왕의 대제국보다 더 광대한 제국을 건설했다는 것도, 또 무명의 한 포병대 중위가 수많은 민족과 군주들 위에 군림했다는 사실도 모두 있을 법한 일이 아니었다. 그러니 이성은 철학자들에게 맡기고, 사람들을 다스리는 데 그 이성이 지나치게 개입하도록 내버려두지 말라. 명예와 희생, 신앙과 야망, 공명심과 조국애 같은 감정들, 그러니까 지금껏 모든 문명의 커다란 원동력이었던 그 감정들은 이성과 함께 생겨난 것이 아니라 오히려 이성에 반해 생겨난 것이었다.

Chapter 3

우리는 왜
비인격적인 지도자를 선택하고 마는가?
: 군중의 지도자들 그리고 그들이 군중을
설득하는 수단

1 군중은 항상 지도자를 필요로 한다
군중의 모든 개개인은 지도자를 따르려는 본능적 욕구를 가진다 — 지도자의 심리 — 오직 지도자만이 군중의 신념을 만들고 군중을 조직할 수 있다 — 지도자 유형의 분류 — 의지의 역할

2 정치판에서 거짓이 난무하는 이유
확언, 반복, 전파 — 각 요인의 역할 — 전파는 어떻게 사회적 하위 계층에서 상위 계층으로 거슬러 올라가는가 — 군중의 견해는 금세 일반 여론이 된다

3 지도자의 가장 강력한 요건은 매력이다
위신의 정의와 분류 — 획득된 위신과 타고난 위신 — 다양한 사례 — 위신은 어떻게 소멸하는가

이제 우리는 군중의 정신 구조에 대해 잘 알게 되었다. 그래서 그들의 정신에 깊은 인상을 새길 수 있는 동기들이 무엇인지도 확실히 이해했다. 그러니 이제는 그 동기들을 어떤 방식으로 적용해야 하는지, 또 누가 효과적으로 활용할 수 있는지를 연구할 차례.

1. 군중은 항상 지도자를 필요로 한다
: 군중의 지도자들

군중은 항상 지도자를 원한다. 하지만 군중을 등에 업은 지도자는 대개 온전한 정신 상태가 아닌 경우가 많다. 그런데도 그런 지도자에 군중이 환호하는 이유는 지도자가 가진 이상과 의지, 신념, 실천력에 매료되기 때문이다. 조직된 군중은 막강한 영향력을 갖지만, 지도자가 사라지는 순간 오합지졸이 되고 만다.

동물이든 사람이든 살아 움직이는 존재는 무리를 이

루는 순간 본능적으로 우두머리의 권력에 귀속된다.

사람 무리인 군중의 실제적인 우두머리는 대체로 그저 지도자에 불과하지만, 지도자라는 이름에 걸맞게 막중한 역할을 맡는다. 어떤 의견이든 지도자의 의지를 중심으로 형성되고 통일된다. 지도자는 비균질적 군중을 조직하는 첫 번째 요인으로, 군중이 여러 분파로 나뉘는 여건이 마련될 때까지 군중을 이끈다. 군중은 지도자 없이는 살아갈 수 없는 노예 무리인 셈이다.

사실 지도자 대부분이 그전에는 군중의 구성원으로 지도를 받는 입장에서 시작한다. 그리고 그는 어떤 사상에 도취되어 그 사상을 퍼뜨리는 열렬한 전파자가 된다. 사상에 사로잡힌 그는 자신이 신봉하는 사상이 아닌 다른 모든 것을 무시해버리고, 그 사상에 반하는 모든 의견을 오류와 미신으로 치부해버린다. 루소*Jean-Jacques Rousseau*(1712~1778, 스위스 출신의 프랑스 철학자. 사회계약론과 직접 민주주의를 주장했다)의 철학 사상에 경도된 나머지 그의 사상을 전파하려 종교 재판과도 같은 방식을 강행했던 로베스피에르가 그런 지도자의 예라 할 수 있다.

군중의 지도자는 대부분 사유하는 자가 아니라 행동하는 자다. 선견지명이 거의 없을뿐더러 그런 혜안을 갖기도 어렵다. 혜안이란 대개 의심과 신중함으로 이어지는 법이니까. 실제로 지도자 중에는 유독 신경 쇠약증 환자나 조증 환자, 반쯤 미쳐서 광기의 경계선상에 있는 정신병자들이 많다. 그들은 설령 자신이 수호하는 사상이나 추구하는 목표가 부조리하다 해도 그것이 옳다고 여기면 어떤 이성적 사고도 그 확신에 침범하지 못한다. 멸시와 핍박을 받아도 아랑곳하지 않는다. 오히려 더욱 흥분한다. 개인의 사적 이익은 물론 가족까지도 희생해버린다. 더 나아가 자신을 지키려는 본능조차 말살해버리고 순교자가 되는 것만을 유일한 보상으로 바라게 된다. 그처럼 강한 신념 때문에 그들이 하는 말은 암시성을 띤 막강한 힘을 얻는다. 군중은 자신들에게 감명을 주는, 강력한 의지를 지닌 인물이 던지는 메시지에 언제든 귀 기울일 준비가 되어 있다. 사람은 군중을 이루면 의지를 완전히 상실해버리는데, 자신들에게 없는 그런 의지를 지닌 사람이 나타나면 본능적으로 그에게 기대는 법이다.

지금껏 지도자가 없는 민족은 없었다. 하지만 모든 지도자가 추종자들이 따를 만큼 강력한 확신에 차 있는 건 아니었다. 오히려 능란한 말솜씨로 군중의 저속한 본능에 맞추어 그들을 설득하고 사리사욕만을 챙기는 달변가인 경우가 많다. 물론 지도자는 그런 식으로도 군중에게 매우 큰 영향력을 행사할 수 있다. 하지만 그렇게 획득한 영향력이란 언제나 극히 일시적일 뿐이다. 실제로 피에르 레르미트*Pierre l'Ermite*(?~1098 또는 1115)의 추종자들이나 루터파, 사보나롤라파, 프랑스 대혁명의 주역들 등 군중의 정신을 고양시켰던 이들은 스스로 먼저 확신에 찬 뒤에야 군중을 사로잡을 수 있었고, 그 결과 군중의 영혼에 신념이라는 이름의 엄청난 힘을 심을 수 있었다. 인간을 그 자신이 꿈꾸는 원대한 이상의 완전한 노예로 만들어버리는 그런 신념 말이다.

신앙이나 정치적 신념 또는 사회적 신조든, 작품이나 인물, 사상을 향한 신봉이든 신념을 형성하는 일은 위대한 지도자들에게 주어진 역할이다. 그들의 영향력이 막강한 것은 바로 그 때문이다. 신념은 인류가 가진 모든 힘 중에서 가장 강력하다. 그러니 성경의 복음에서 신념을 가리켜 산을 옮길 수 있는 힘이라고 한 것도 일리가 있다. 신념을 가진 사람의 힘은 열 배로 커지는 법이다. 역사상 위대한 사건을 실현했던 이들은 자신에 대한 확신으로 가득 차 있던 무명의 신념가들이었다. 세상을 지배한 거대 종교를 창시하거나 지구 반대편까지 뻗은 광

218

피에르 레르미트는 이슬람과 전쟁을 해야 한다고 외치고 다닌 광신도였다. 실제로 십자군 원정이 무르익자, 정식 십자군에 앞서 그의 광기에 매료된 어중이떠중이들을 모아 원정에 나섰다. 이들을 군중 십자군이라고 부른다. 군중 십자군은 원정길에 갖가지 약탈을 일삼다가 궤멸되었으나, 그는 살아남아 제1차 십자군 원정에도 참전했다.

대한 제국을 건설한 사람은 학자나 철학자가 아니었으며, 회의주의자는 더더욱 아니었다.

하지만 이런 역사적 사례들은 위대한 지도자들에 관한 것이다. 역사상 그런 지도자는 수를 쉽게 헤아릴 수 있을 정도로 매우 드물다. 그런 인물들은 타인을 마음대로 조종하는 강력한 지도자들부터, 정작 자신도 거의 이해하지 못하는 경구를 끊임없이 되씹으며 그 경구가 실현되기만 한다면 모든 이들의 꿈과 희망이 실현되리라고 동료들을 서서히 현혹하는 노동자에 이르기까지, 모든 유형의 집단에서 정점에 있었다.

사회의 최상층부터 최하층까지 어떤 계층에서든 인간은 고립되고 독립된 상태에서 벗어나는 순간 곧바로 지도자의 지배 아래에 놓이게 된다. 그리고 대부분의 사람, 특히 대중에 속한 대다수는 자신들의 전문 분야를 제외하면 어떠한 일에서도 명확하고 논리적인 생각을 갖지 못한다. 그들은 스스로 나아갈 수 없기에 지도자가 대신 그들을 인도한다. 하지만 부득이한 경우에는 여론을 조성하고 독자가 이성적 사고를 하지 못하게끔 상투적인 문장을 남발하는 정기 간행물이 부족하게나마 지도자 역할을 대신하기도 한다.

지도자는 매우 전제적인 권한을 행사하는데, 바로 그 전횡이 그에게 권위를 가져다주기도 한다. 이미 여러 번 지적했다시피 그런 지도자들은 자신들의 권위에 힘을 실어줄 만한 수단이 없더라도 아주 난폭한 노동자 계층까지 매우 쉽게 자신에게 복종하게끔 만든다. 노동 시간과 목표 임금을 정하고 파업을 결정하되 정해진 시각에 시작하고 끝내게끔 하는 식으로 말이다.

오늘날의 지도자들은 공권력에 관한 사회적 논의가 이루어지고 그 힘이 약화되자, 스스로 공권력을 대신하려는 모습을 보인다. 이 새로운 수장들의 횡포로 인해 군중은 그 어느 정권 때보다 고분고분하게 그들에게 복종한다. 하지만 만에 하나 어떤 사건으로 지도자가 사라지고 그 자리가 곧장 채워지지 않으면, 군중은 응집력도, 저항력도 없는 집단으로 돌아가버린다. 그 예로 파리의 승합 마차 마부들이 시위를 벌였을 때 그들을 이끌던 지도자 2명을 체포하는 것만으로 시위자들을 곧장 해산시킬 수 있었던 일을 들 수 있다. 결국 군중의 영혼을 지배하는 것은 예속되고자 하는 욕구이지, 자유를 향한 욕망이 아닌 것이다. 그만큼 군중은 복종하고자 하는 갈증이 크기에 군주라고 자처하는 이를 본능적으로 따른다.

지도자는 크게 두 부류로 나뉜다. 일시적인 정열을 내뿜지만 강력한 의지를 오랫동안 유지하지 못하는 지도자가 있고, 지속적으로 의지를 유지하는 지도자가 있다. 첫 번째는 강렬한 업적을 이루지만, 오래지 않아 무기력한 모습을 보이는 반면 두 번째는 그다지 화려해 보이지 않으면서도 집요하게 일을 완성한다.

한편 지도자들은 꽤 뚜렷하게 그 부류가 나뉜다. 첫 번째는 정력적인 지도자 부류다. 이들은 의지력이 강하지만 그 의지가 그리 오래가지는 않는 편이다. 반면 두 번째는 첫 번째 유형의 지도자보다 드물게 나타나는 부류로, 강한 의지를 오래 유지할 수 있다. 첫 번째 부류의 지도자는 폭력적인 동시에 용감하고 대담해서 습격을 진두지휘하거나 위험을 불사하고 대중을 이끌 때, 이제 막 신병이 된 이들을 영웅으로 만들 때 능력을 발휘한다. 프랑스 제1 제정 시대의 네*Michel Ney*(1769~1815, 프랑스의 군인, 나폴레옹과 함께 많은 전장에서 공을 세웠으나 나폴레옹이 몰락하면서 처형되었다)와 뮈라*Joachim Murat*(1767~1815, 프랑스의 군인, 나폴레옹의 오른팔 격으로 전장에서 많은 공을 세웠다. 역시 나폴레옹이 몰락하면서 처형되었다) 그리고 오늘날의 가리발디*Giuseppe Garibaldi*(1807~1882, 이탈리아 통일에 결

222

정적인 기여를 한 군인이자 정치가)가 그런 지도자의 예다. 가리발디는 재능은 없지만 모험심이 큰 정력적인 지도자로, 잘 훈련된 군대가 지키고 있던 나폴리 왕국을 소수 병력으로 점령하는 데 성공한 바 있다.

하지만 이 지도자들은 아무리 정력적이라 한들 그 힘은 일시적이며, 처음 그 힘을 일으킬 때보다 군중에게 더 큰 자극을 주지 못한다. 바로 위에서 언급했던 지도자들처럼 활기 넘치던 영웅들도 일상으로 돌아가는 순간 놀라울 만큼 약한 모습을 보이기 일쑤다. 혼란 속에서 다른 사람들을 능숙하게 이끌 수는 있지만 정작 일상적인 상황에서는 제대로 고찰하지도, 처신하지도 못하는 것이다. 이 부류의 지도자들은 스스로 어떤 대상에 이끌리며 끊임없이 흥분 상태에 있거나, 그들보다 우월한 사람 또는 사상 아래에서 잘 설계된 지침을 따른다는 조건에서만 제 역할을 수행할 수 있다.

반면 강한 의지력을 오랫동안 유지할 수 있는 두 번째 부류의 지도자들은 비록 화려해 보이지 않을지라도 그 영향력은 훨씬 막강하다. 사도 바울, 무함마드, 크리스토퍼 콜럼버스, 레셉스*Ferdinand Marie de Lesseps*(1805~1894, 프랑스의 외교관)와 같이 종교를 창시하거나 위대한 업적을 남긴 이들이 바로 이러한 부류의 지도자라 할 수 있다. 이 지도자들은 현명하든 편협하든 상관없다. 세상이 언제나 그들의 편이기 때문이다. 그들의 집요한 의지는 모든 것을 복종하게 만들 만큼 드물고 강력하다. 우리는 그처럼 강하고 지속적인 의지가 무엇을 해낼 수 있을지 아직 충분히 알지 못한다. 다만 그 무엇도 이러한 의지에 맞설 수 없다는 사실만 알 뿐이다. 자연이나 신, 인간 어느 무엇도 말이다.

강하고 지속적인 의지로 무엇을 할 수 있는지 보여준 최근의 인물은 세계를 둘로 갈라놓은 레셉스다. 그는 지난 3,000년 동안 위대한 군주들이 공연히 시도만 해보았던 과업을 성공해냈다. 하지만 수에즈 운하를 건설하는 데 성공한 레셉스는 이후 파나마 운하 건설 사업에서는 실패하고 말았다. 그런 데다 노년에 이르자 모든 것이 꺾여버렸다. 그 강인했던 의지조차 말이다.

강하고 끈질긴 의지가 무엇을 해낼 수 있는지 알고자 한다면, 수에즈 운하를 파기 위해 극복해야 했던 난관의 역사를 세세히 들여다보는 것으로 충분할 듯하다. 당시의 상황을 목격한 의사 카잘리스는 불멸의 창건자 레셉스가 써내려간 그 위대한 업적의 전말을 다음과 같은 강

페르디낭 마리 레셉스*Ferdinand Marie de Lesseps*는 이집트 파라오 시대 때부터 수많은 군주들이 시도했으나 실패했던 수에즈 운하를 건설하여 국민 영웅으로 떠올랐다. 하지만 중앙아메리카의 파나마 운하 건설에 실패함으로써 숱한 지탄을 받아야 했다.

렬한 문장으로 요약한 바 있다. '레셉스는 운하라는 서사시의 에피소드를 날마다 몇 가지씩 들려주었다. 그가 극복해야 했던 모든 난관과 그가 가능케 만든 모든 불가능들, 그 모든 반대와 그에게 동의하지 않는 이들의 결탁, 역경과 역전, 실패. 하지만 그 어느 것도 자신의 의지를 꺾거나 무너뜨리지 못했다는 사실까지 말이다. 영국이 쉴 새 없이 그에 맞서고 공격했음에도 이집트와 프랑스는 그저 우유부단한 태도로 일관했고, 프랑스 영사는 건설 초기에 그 누구보다 강력히 반대하며 식수 공급마자 차단해 인부들이 갈증에 시달려야 했다는 일을 회상하기도 했다. 해군성과 기술자 등 풍부한 경험과 지식을 가진 신중한 이들은 당연히 운하 건설에 적대적이었으며, 마치 어느 날 어느 시각에 일식이나 월식이 일어난다고 예고하듯 과학적인 계산을 통해 재앙의 날이 오리라 장담했다고도 했다.'

위대한 지도자들의 생을 다룬 책을 쓰고자 한다면 그리 많은 이름이 머릿속에 떠오르지 않을 것이다. 하지만 문명과 역사에서 중대한 사건들의 첫머리를 장식했던 것은 그 이름들이었다.

2. 정치판에 거짓이 난무하는 이유
: 확언, 반복, 전파

누구나 따를 수밖에 없을 만큼 위엄을 가진 지도자가 있다. 이런 지도자는 군중이 어떤 특정한 상황에 놓여 있을 때 군중으로 하여금 그 상황을 타개할 행동을 하도록 이끌 수 있다. 하지만 군중에게 어떤 신념과 사상을 심으려는 지도자는 확언과 반복, 전파라는 3가지 방식을 취해야 한다. 확언은 조금도 주저하지 않고 간결한 메시지로 전달해야 한다. 그리고 확언이 힘을 얻기 위해서는 군중이 그것을 사실로 받아들여야 하는데, 이를 위한 가장 좋은 방법은 반복이다. 메시지가 반복되면 여론이 형성되고, 이후에는 군중 사이에 빠르게 전파된다. 대부분의 사람은 하나의 주장을 반복하는 매체에 길들여지고 나면 다른 매체의 다른 주장에 대해서는 반감을 가질 수밖에 없다.

잠시나마 군중을 이끌어 그들로 하여금 궁을 약탈하게 하거나 요새, 방벽 등을 지키기 위해 죽음을 무릅쓰게 만들려면 그들에게 빠르게 암시를 걸어야 한다. 그중 가장 강력한 암시는 단연 예시를 드는 것이다. 단, 이러한 암시가 먹히기 위해서는 먼저 군중이 특정한 상황에 놓여 있어야 하고, 그들을 이끌려 하는 이는 내가 뒤에서 '위신'

이라는 이름으로 살펴볼 자질을 갖추고 있어야 한다.

하지만 군중의 정신에 근대 사회주의 이론 같은 사상이나 신념을 심으려 하는 지도자라면 다른 방식, 즉 확언과 반복, 전파라는 3가지 방식을 주로 취한다. 이 3가지 방식은 군중에게 스며들기까지 시간이 꽤 걸리지만, 일단 한 번 효과가 나타나면 그 효과는 꽤 오래 지속된다.

이성적 추론과 근거를 배제한 간결한 확언은 군중의 정신에 사상을 심는 가장 확실한 방법이다. 확언은 간결할수록 더 강력한 힘을 발휘하며 근거나 예증을 들 필요성을 줄인다. 모든 시대의 경전과 법전은 언제나 간결하게 확언하는 형식으로 작성되었다. 또 정치적 명분을 획득해야 하는 정치인과 광고를 통해 상품을 선전해야 하는 기업도 모두 확언이 갖는 가치를 잘 알고 있다.

하지만 확언은 끊임없이 반복해야 하고, 가급적 같은 표현으로 반복할수록 실질적인 영향력을 가질 수 있다. 내 기억이 맞는다면 나폴레옹은 유일하게 신뢰할 만한 수사법으로 반복을 꼽았다. 반복된 확언이 군중의 정신에 자리 잡으면 군중은 이를 입증된 사실로 받아들이는 것이다.

반복이라는 행위가 군중에게 얼마나 크게 작용하는지

는 지식인들에게 미치는 막대한 영향력만 보아도 알 수 있다. 반복을 통해 학습된 것은 우리 행동의 동기를 만들어내는 무의식 깊은 영역에 뿌리내리게 된다. 반복의 힘은 바로 여기에서 기인한다. 요컨대 어느 정도 시간이 흐르고 나면 군중의 뇌리에는 확언을 반복했던 이는 사라지고 오직 그 확언만이 남게 된다. 광고가 영향력을 발휘하는 것도 같은 이치다. 가령 초콜릿 X가 최고의 초콜릿이라는 문구를 백 번, 천 번 접하고 나면, 사방에서 그런 말을 들었다고 믿게 되어 결국 그 말을 진실로 받아들이게 된다. 또 고질병에 걸린 수많은 환자들이 밀가루 Y를 먹고 나았다는 글을 천 번쯤 읽고 나면 언젠가 자신이 그런 병에 걸렸을 때 그 밀가루를 치료제로 써보고 싶다는 생각이 들기 마련이다. A는 지독한 악당이고 B는 아주 정직한 사람이라고 적은 글을 매일 똑같은 신문에서 읽는다면, 두 인물을 정반대의 수식어로 표현한 다른 신문을 자주 읽지 않는 이상 늘 읽는 신문의 의견에 설득되는 것 역시 같은 맥락이다. 이처럼 확언과 반복은 우열을 가리기 힘들 만큼 막강한 영향력을 발휘한다.

확언이 충분히 반복되고 그를 통해 군중 사이에 의견이 일치되면 소위 여론이라는 것이 형성되고 전파라는 강력한 장치가 개입한다. 모든 경쟁 업체를 무릎 꿇릴 만큼 자금력이 엄청났던 유명 금융 업체들이 그랬던 것처럼 말이다. 사상과 감정, 정서, 신념은 군중 속에서 전파력을 가지는데, 그 전파력은 세균만큼이나 번식력이 강하다. 이는 이제 막 무리를 이룬 동물에게서도 관찰될 정도로 매우 자연스러운 현상이다. 마구간에 있는 말 한 마리가 나쁜 버릇을 보이면 곧 같은 마구간의 다른 말들도 그 행동을 모방한다. 양 몇 마리가 갑작스레 당황하거나 불규칙한 움직임을 보이면 이는 곧 양 떼 전체로 퍼진다. 인간의 모든 감정도 군중을 이룬 사람들 사이에서 삽시간에 전파된다. 그래서 돌연 공포에 휩싸이기도 하는 것이다. 광증 같은 정신적 혼란도 전파력을 가진다. 정신의학 전문의들이 정신 이상에 걸릴 확률이 높다는 것은 이미 잘 알려진 사실이며, 최근에는 광장 공포증을 비롯한 여러 형태의 정신 질환이 사람에게서 동물에게로 전염된다는 주장이 제기되기도 했다.

그리고 여러 개인이 같은 시간, 같은 장소에 함께 있어야만 전파가 이루어지는 것은 아니다. 서로 멀리 떨어져 있다 해도 어떤 사건들의 영향을 받아 모두가 같은 방향을 바라보며 군중의 특수성을 띤다면, 그들 사이에 전파가 이루어질 수 있다. 특히 앞서 살펴보았던 간접 요인(민족, 전통, 시간, 제도, 교육)들이 갖추어진 상황이라면 전파는 더욱 쉽게 이루어진다. 1848년 파리에서 시작된 폭발적인 혁명(2월 혁명)이 삽시간에 유럽 대부분의 국가로 퍼져 여러 왕정을 흔들어놓은 것이 대표적인 사례다.

> 대개의 사상은 국가의 상위 지식인층에서 출발하지만 그 것이 확산되는 지점은 평민 계층이다. 선술집을 떠돌던 사상은 군중 사이에서 왜곡되고 편집된 뒤 다시 국가의 상위층에게 영향을 미친다. 그러면 지도자는 그 사상을 다시 왜곡해 파벌을 형성하고, 파벌은 다시 사상을 군중 에 퍼뜨린다. 이러한 순환 구조 속에서 사상은 간결하고 도 확고한 형태를 갖추게 된다.

사회 현상에 지대한 영향을 끼친다고 여겨지는 모방은 사실 전파의 결과일 뿐이다. 모방의 영향력에 대해서는 이미 다른 책에서 다루었으므로, 내가 20여 년 전에 이야기한 뒤로 다른 작가들이 자신들의 최근 저서에서 재삼 부연했던 내용을 재인용하는 데 그치도록 하겠다.

인간은 동물과 마찬가지로 본래 모방성을 타고났다. 모방은 인간의 욕구다. 단, 따라 하기 쉬운 모방에 한해서다. 이른바 유행이라는 것도 바로 이 모방 욕구 때문에 지대한 영향력을 가진다. 견해든 사상이든 문학적 표명이든, 아니면 단순히 의복이든 모방의 영향을 얼마나 피해갈 수 있을까? 군중을 인도할 때는 논거가 아니라 본보기를 제시해야 하는 법이다. 어느 시대에든 자신의 행동을 각인시킴으로써 군중의 무의식에 모방 대상으로 자리 잡는 인물이 있기 마련이다. 하지만 그러기 위해서는 사회 통념에서 너무 벗어나 있어서는 안 된다. 그런 경우에는 군중이 흉내 내기 매우 어려워지고, 따라서 군중에게 아무런 영향을 미치지 못하게 될 테니 말이다. 시대를 지나치게 앞서가는 사람들이 대개 군중에게 아무런 영향을 미치지 못하는 것도 바로 그 때문이다. 그들 사이에 격차가 너무나 큰 탓이다. 문명의 우월성에도 불구하고 유럽인들이 동방 민족들에게 큰 영향력을 발휘할 수 없었던 것도 같은 이유다.

232

동시대를 살아가는 한 국가의 모든 국민은 과거를 공유하고 서로 닮으려는 상호 모방성으로 인해 서로 엇비슷해진다. 철학자나 학자, 문인들처럼 전혀 그렇지 않을 것 같은 이들조차도 생각과 문체가 많이 닮아 있어서 그들이 속한 시대를 즉각 알아차릴 수 있을 정도다. 그래서 굳이 누군가와 오래 이야기를 나누지 않아도 그가 무슨 책을 읽었는지, 으레 무슨 일을 하는지, 또 어디에 사는지 알 수 있다.[17]

전파는 특정한 견해를 심을 뿐 아니라 감정을 느끼는 방식까지 강제할 만큼 매우 강력하다. 어떤 작품이 혹평을 받게 만드는 것도, 그러다 몇 년 뒤 그 작품을 비방했던 이들의 찬사를 끌어내는 것도 전파다. 리하르트 바그너*Wilhelm Richard Wagner*(1813~1883, 독일의 작곡가이자 연출가)의 「탄호이저*Tannhäuser*」처럼 말이다.

군중 사이에 견해와 신념이 확산되는 것은 전파라는 기제에 의한 것이지, 이성적 추론이 작용해서가 아니다. 노동자들의 사고방식은 선술집에서의 확언과 반복, 전파를 통해 확립되는 것이며, 시대를 막론한 군중의 신념도 그와 별반 다르지 않다. 에르네스트 르낭*Joseph Ernest*

---

17 귀스타브 르 봉, 『인간과 사회*L'Homme et les Sociétés*』 2권, 116쪽, 1881년

Renan(1823~1892, 프랑스의 문학가이자 역사가)은 기독교를 창시한 이들을 '선술집을 전전하며 자기 사상을 퍼뜨리는 사회주의 노동자들'에 비유했고, 볼테르는 이미 기독교에 대해 '100년이 넘는 시간 동안 가장 미천한 천민들만이 유일하게 신봉했던 종교'라고 지적한 바 있다.

전파가 평민층에서 먼저 이루어진 뒤 사회의 상류층으로 뻗어간다는 사실은 앞서 인용한 여러 예와 유사한 사례들을 보면 알 수 있을 것이다. 이는 오늘날 사회주의 이데올로기에서도 나타나는 현상으로, 벌써 그 첫 번째 희생자가 될지도 모를 이들이 눈에 띄기 시작했다. 전파의 메커니즘은 진정 개인의 사리사욕마저도 사그라지게 할 만큼 강력한 것이다.

일단 여론이 된 견해는 설령 거기에 부조리한 면이 있다 해도 언제나 사회 최상류층을 강하게 사로잡는다. 대체로 상위층에서 출발한 고급 사상에 바탕을 둔 군중의 신념이 오히려 상류층에 영향을 미친다는 사실은 매우 흥미로운 현상이다. 그런 사상에 사로잡힌 지도자들은 그 사상을 지배하고 왜곡해 새로운 파벌을 만들어내고, 그 파벌은 다시 사상을 왜곡해 군중에 퍼뜨린다. 그러면 군중은 또 계속해서 그 사상을 왜곡해나간다.

리벳공 로지*Rosie the Riveter*는 1942년 J. 하워드 밀러가 제작한 포스터에 실린 가상의 인물이다. 이 포스터는 제2차 세계 대전으로 군대에 징집된 남성들을 대신하여 여성들이 노동 현장에서 일할 것을 독려하기 위해 만들어졌다. 이후이 포스터를 패러디한 여러 종류의 포스터와 홍보물이 제작되었고, 리벳공 로지는 여성의 사회 활동과 권익을 대변하는 상징으로 의미가 확대되었다.

그렇게 군중에게 진리로 받아들여진 사상은 그 출발점으로 거슬러 올라가 국가의 상류층에 영향을 미친다. 결국 지성이 세상을 이끄는 셈이다. 하지만 지성은 세상을 이끌기 위해 먼 길을 돌아온다. 사상을 창시한 철학자들이 오랜 시간이 흐른 뒤 먼지로 돌아가고 나면, 그제야 그들의 생각이 앞서 언급한 메커니즘을 거쳐 확립될 수 있는 것이다.

3. 지도자의 가장 강력한 요건은 매력이다
: 위신

위신은 상대로 하여금 경이와 존경 같은 특별한 감정을 불러일으키는 동시에 모든 비판 능력을 상실하게 만든다. 위신에는 후천적인 '획득된 위신'과 선천적인 '타고난 위신'이 있다. 획득된 위신은 어떤 존재가 가진 사회적 지위와 재산, 직함 등에 나도 모르게 짓눌리게 되는 그런 것이다. 위신은 사람뿐만 아니라 어떤 의견이나 작품에도 주어지는데, 위신을 가진 의견이나 작품은 다만 경탄의 대상이 될 뿐이지 옳고 그름의 판단 대상이 되지는 않는다.

확언과 반복, 전파를 통해 확산된 사상은 소위 '위신威信'이라는 신비한 힘을 얻어 매우 막강한 위력을 발휘한다.

세상을 지배했던 모든 사상과 인간은 대체로 위신이라는 단어로 표현되는 불가항력의 힘으로 세상을 압도했다. 위신이라는 단어는 모든 사람이 그 의미를 알고 있지만 너무나 다양한 방식으로 적용되기 때문에 정의를 내리기 쉽지 않다. 어떤 대상에 위신을 느낄 때면 감탄이나 두려움 같은 특정한 감정이 동반되고, 때로는 그런 종류의 감정이 바탕을 이룬 가운데 위신이 형성된다. 하지만 그런 감정이 일어나지 않는다 해도 위신은 완벽하게 존재할 수 있다. 알렉산드로스 대왕이나 카이사르, 무함마드, 석가모니처럼 이미 죽은 지 오래되어서 두려움의 대상이 될 수 없으면서도 크게 위신을 떨치는 이들이 있는가 하면, 인도 지하 사원의 기괴한 신상들처럼 감탄을 자아내지는 못하지만 대단한 위신을 지닌 존재나 허구적 이야기들이 있을 수 있다.

위신은 특정 개인이나 작품, 사상이 인간의 정신에 미치는 일종의 지배력으로, 우리의 영혼을 경이와 존경으로 고양시키는 한편 우리의 모든 비판 능력을 마비시킨다. 다른 모든 감정에 대해서 그렇듯 위신에 동반되는 감정들에 대해서도 제대로 설명할 수는 없지만, 분명 최면에 걸린 사람이 겪는 황홀경 같은 종류일 듯하다. 그러므로 위신은 무언가를 지배하는 가장 강력한 원동력이라 할 수 있다. 위신이 없었다면 신도, 왕도, 여성도 군림하지 못했을 것이다.

위신은 다양한 형태로 발현되지만, 크게 '획득된 위신'과 '타고난 위신', 두 가지로 나눌 수 있다. 획득된 위신은 명성과 재산, 평판에 근거하며, 타고난 위신과는 무관할 수 있다. 반면 타고난 위신은 평판, 명예, 재산과 공존하거나 그 덕에 강화될 수 있지만, 그런 것들 없이도 완벽하게 존재할 수 있는 개별적인 것이다.

타고난 위신보다는 획득된 위신, 즉 인위적이고 후천적인 위신이 훨씬 널리 퍼져 있다. 어떤 지위에 오르거나 얼마간의 재산을 보유한다는 이유로, 또는 특정 직함을 가지고 있다는 이유만으로도 개인은 실제 가치가 아무리 미약할지언정 위신을 얻는 것이다. 제복을 입은 군인이나 붉은 법의를 입은 법관이 위신을 누리는 것도 같은 맥락이다. 파스칼*Blaise Pascal*(1623~1662, 프랑스의 수학자이자 철학자. '인간은 흔들리는 갈대'라는 말로 유명하다)은 판사에게 법의와 가발이 필요하다는 사실을 아주 정확하게 지적했다. 가장 완강한 사회주의자도 왕자나 후작을 볼 때면 얼마간은 동요하는 법이니, 그런 작위만 있다면 상인을 속여 원하는 것을 갈취하는 일도 어렵지 않다.[18]

지금까지 이야기한 위신은 사람이 누리는 위신이다. 하지만 위신 중에는 의견이나 문학·예술 작품 등이 행사

---

18 작위, 약장略章, 제복 등이 군중에 미치는 이러한 영향은 모든 국가에서 나타나며, 심지어 개인의 자율성에 관한 자각이 매우 발달한 나라들에서도 마찬가지다. 그 점에 대해서는 한 여행가가 영국의 특정 인물들의 위신에 대하여 최근 저술한 책의 흥미로운 구절을 인용해보려 한다. '나는 여러 사람을 만나면서 한 가지 사실을 깨달았다. 가장 이성적인 영국인들도 자국의 귀족을 만나거나 목격한 순간 특수한 도취 상태에 빠진다는 점을 말이다.' '그 귀족이 자신의 신분을 유지할 만한 상태인 영국인들은 그를 만나기도 전에 그를 사랑하다가 나중에 대면하고 나서는 환희에 찬 채 그의 모든 것을 감당해낸다. 그와 가까워진다는 기쁨에 그들의 얼굴은 붉어지고, 그가 말이라도 걸면 그들의 눈은 평소와는 다른 섬광을 띤다. 스페인인의 몸속에 춤의 피가 흐르고, 독일인의 몸속에 음악의 피가 흐르듯, 또 프랑스인의 몸속에 혁명의 피가 흐르듯, 그들 영국인의 몸속에는 귀족의 피가 흐른다. 그들이 아무리 말[馬]과 셰익스피어에 열광한다 한들 귀족을 향한 열정보다는 격렬하지 않으며, 말과 셰익스피어를 향한 만족감과 자부심이 아무리 높다 한들 귀족을 향한 감정만큼 본질적이지는 않다. 귀족에 관한 책은 엄청난 판매량을 기록하고 있고, 어딜 가더라도 마치 성경처럼 모든 이들의 손에 들려 있다.'

하는 위신도 있다. 다만 그러한 위신은 대체로 지속적인 반복을 통해서 형성된다. 예컨대 역사, 그중에서도 문학사와 예술사는 아무도 확인하지 못한 똑같은 판단을 반복해서 들려준다. 사람들은 학교에서 배운 것을 반복해서 읊어대고 어떤 이름과 사건에 대해서는 어느 누구도 감히 건드릴 수 없을 정도로 권위를 확보하고 있다. 현대 독자들이 호메로스의 저작을 지극히 지루한 작품이라 여긴다 한들 과연 누가 감히 그렇다고 말할 수 있겠는가? 지금의 상태로만 본다면 흥미로운 구석이라고는 없는 폐허일 뿐인 파르테논 신전에도 그 모든 역사적 기억이 관통한 덕분에 어마어마한 위신이 서려 있다. 사물을 있는 그대로 보지 못하게 하고 우리의 판단을 마비시키는 것이 위신이 갖는 고유한 속성이다. 대부분의 개인과 모든 군중은 어떤 주제에 대해서 사고할 때 이미 형성되어 있는 의견을 필요로 하는데, 그 의견이 일종의 모범으로 자리 잡는 여부는 그 의견이 가진 위신에 따른 것이지, 그것이 맞느냐, 틀리느냐 하는 문제와는 무관하다.

선천적으로 위신을 타고난 사람은 어떤 사회적 후광이 없어도 많은 사람을 굴복하게 만든다. 그들은 강력한 위신으로 타인을 두려움에 떨게 만들지만, 어떤 이는 지극히 평범한 가운데에도 위신을 떨쳐 군중을 사로잡는다.

이제 타고난 위신에 대해서 알아볼 차례다. 타고난 위신은 앞서 다룬 인위적인 위신 또는 획득된 위신과는 전혀 다른 속성을 띤다. 위신을 타고나는 능력은 극소수만이 갖는데, 어떤 직함이나 권한과는 무관하고, 그들은 주위 사람들과 사회적으로 동등한 데다 타인을 지배할 수단이 없는데도 사람들을 자석처럼 끌어당기는 마력을 행사할 수 있다. 그래서 타고난 위신을 지닌 이들이 자신의 사상과 감정을 강요하면 군중은 그 소수에게 복종하고 만다. 마치 맹수가 한 입 거리도 안 되는 조련사에게 복종하듯이 말이다.

석가모니와 예수, 무함마드, 잔 다르크, 나폴레옹처럼 군중을 이끈 위대한 지도자들은 바로 이러한 유형의 위신을 드날렸다. 그들이 인정을 받았던 이유는 그들이 지닌 타고난 위신 덕분이었다. 신과 영웅, 교리는 받아들여지는 것이지 논의의 대상이 아니기에, 그에 관한 논쟁이 시작되기라도 하면 이내 논쟁 자체가 자취를 감추고 만다.

앞서 언급한 위인들은 유명세를 얻기 훨씬 전부터 마력에 가까운 힘을 갖고 있었다. 만약 그런 힘이 없었다면 유명해지지도 않았을 것이다. 영광의 절정에 올랐던 나폴레옹도 오직 그 마력적인 힘 덕분에 엄청난 위신을 행사할 수 있었던 게 분명하다. 어떠한 권력도 없이 완전한 무명이었을 때에도 그에게는 이미 어느 정도 타고난 위신이 있었다. 후견인의 도움으로 이탈리아 방면군方面軍(전략적으로 중요한 지역이나 일정한 방향을 수비할 목적으로 조직되어 독립적으로 활동하는 부대) 총사령관으로 파견되었던 이 무명의 장군은, 프랑스 총재 정부가 파견한 이 젊은 불청객을 모질게 대하리라 작정한 거친 장군들 틈에서도 위신을 얻을 수 있었다. 나폴레옹은 상대를 위협하는 말과 행동을 보이지 않았음에도 장군들은 장차 위대한 인물이 될 그를 처음 마주한 지 채 1분도 지나지 않아 따르기 시작했던 것이다. 이폴리트 텐은 나폴레옹과 동시대를 살았던 이들의 회고록을 바탕으로, 나폴레옹과 그 장군들의 만남에 관한 흥미로운 이야기를 전한 바 있다.

큰 키와 용맹함을 뽐내는 대담하고 거친 용병 오주로*Charles Pierre François Augereau*(1757~1816, 프랑스군 사령관. 나폴레옹 휘하에서 많은 공을 세웠다. 나폴레옹이 엘바섬을 탈출하여 복귀했을 때 당시 프랑스 왕이었던 루이 18세를 등지고 나폴레옹의 편에 섰다) 장군을 위시한 사단장들이 파리의 후광을 입어 벼락출세한 애송이에게 반감을 가득 품은 채 사령부에 도착했다. 더욱이 오주로 장군은 나폴레옹을 만나기에 앞서 그의 이력을 보고 모욕을 느꼈고, 반감은 더욱 커졌다. 나폴레옹은 총재 정부의 수장 폴 바라스*Paul François Jean Nicolas, vicomte de Barras*(1755~1829, 프랑스의 정치인. 프랑스 대혁명 이후 수립된 총재 정부의 지도자였다)의 총애를 한 몸에 받고 있으며, 방데미에르 반란(프랑스 대혁명으로 수립된 혁명 정부와 왕당파 사이에 일어난 전투. 반란군은 나폴레옹에 의해 진압되었다. 앞서 방데 전쟁으로 설명했다)을 진압했고, 시가전에 능하며, 혼자 사색하기를 좋아해서 곰처럼 보이고, 풍채가 작고, 수학자이자 몽상가라는 평판을 가진 인물이었다. 사단장들이 사령부에 들어섰을 때 나폴레옹은 보이지 않았다. 그러다 마침내 칼을 찬 채 나타난 나폴레옹은 군모도 벗지 않고 병력 배치에 대해서 설명하더니 지시를 내린 뒤 사단장들을 돌려보냈다. 오주로 장군은 아무 말도 할 수 없었다. 사령부 밖으로 나와서야 정신을 가다듬고 평소처럼 욕설을 퍼부을 수 있었다. 그는 그 애송이 장군에게 두려움을 느꼈다고 마세나*André Masséna*(1858~1817, 프랑스군 사령관. 나폴레옹이 엘바섬에서 귀환했을 때 오주로 장군과 함께 나폴레옹의 편에 섰다)와 입을 모아 인정했다. 그리고 첫눈에 자신을 압도해버린 그 지배력을 도저히 납득할 수 없었다.

나폴레옹이 위대한 인물이 되자 그의 위신은 영예와 함께 치솟았다. 그의 추종자들은 그를 신과 거의 같은 위치에 올려놓고 신봉했다. 실제로 오주로 장군보다 훨씬 더 난폭하고 호방했던 혁명적 용병 방담*Dominique Joseph René Vandamme*(1770~1830, 프랑스 군인) 장군은 1815년 어느 날 도르나노*Jean-Baptiste d'Ornano* 총사령관과 함께 튈르리 궁전 계단을 오르며 나폴레옹에 대해 다음과 같이 이야기했다.

244

"사령관님, 그 악마 같은 작자가 저를 현혹합니다. 저도 미처 깨닫지 못한 사이에요. 신도, 악마도 두려워하지 않는 제가 그에게만 다가가면 벌써 덜덜 몸이 떨립니다. 그가 시키면 바늘구멍도 통과해 불구덩이에 제 몸을 내던질 수 있을 것 같습니다."

나폴레옹은 그런 마력으로 자신에게 다가온 모든 이

들을 사로잡았다.[19]

다부*Louis-Nicolas Davout; Louis-Nicolas Davout* 장군은 마레*Hu-gues-Bernard Maret*와 자신의 충성심을 비교하기 위해 다음과 같이 말했다. "만약 황제께서 그 누구도 파리를 벗어나지도, 빠져나가지도 못하게 한 채 파리를 파괴하는 게 정치적으로 중요하다고 말씀하신다면 마레는 틀림없이 그 비밀을 지킬 것이다. 하지만 자기 가족을 탈출시키느라 비밀을 누설할지도 모른다. 나라면 그 비밀이 드러날까 봐 두려워서 내 아내와 자식을 파리에 남겨둘 텐데 말이다."

19 자신의 위신을 매우 잘 알았던 나폴레옹은 주변의 거물들, 심지어 유럽을 두려움에 떨게 했던 국민 공회 의원들까지도 마부보다 조금 못한 이들로 취급함으로써 자신의 위신을 더욱 키울 수 있다는 점을 알고 있었다. 당대의 일화 중에는 그러한 사실을 보여주는 예가 많다. 언젠가는 프랑스 최고 행정 법원인 국참사원 한 복판에서 자크 클로드 뵈뇨*Jacques-Claude Beugnot*를 마치 무지한 종을 다루듯 거칠고 무례하게 대하기도 했다. 그게 효과를 보이자 나폴레옹은 그에게 다가가 말했다. "멍청한 자식, 머리는 어디 달고 다니는 건가?" 그러자 고적대장만큼이나 키가 컸던 뵈뇨는 몸을 낮추었고, 단신이었던 나폴레옹은 손을 들어 뵈뇨의 귀를 잡아당겼다. 뵈뇨는 이에 대해 '황홀한 총애의 표식이자 인간미 넘치는 지도자의 친근한 손짓'이라고 썼다. 이러한 예를 통해 우리는 위신이 사람을 얼마만큼 비굴하게 만들 수 있는지를 명확히 알 수 있을 뿐만 아니라, 독재자에게 주위 사람들이란 그저 총알받이에 불과하며 극심한 괄시의 대상이라는 사실도 이해할 수 있다.

나폴레옹은 체계적으로 조직된 프랑스 병력에 혼자 힘으로 맞서 자신의 폭정에 지친 프랑스를 다시금 순식간에 장악할 수 있었는데, 엘바섬에서 돌아온 그의 이 경이로운 귀환을 이해하려면 그가 가진 놀라운 마력을 기억해야만 한다. 그는 자신을 잡으러 온 장군들을 눈빛만으로 제압했고, 맹세코 그를 끌고 가겠다고 단언했던 장군들은 일언반구도 못한 채 그에게 복종할 수밖에 없었다.

영국 장군인 가넷 울즐리는 나폴레옹에 대해 이렇게 말했다. "나폴레옹은 자신의 왕국이었던 엘바섬을 도망치다시피 빠져나와 거의 혼자서 프랑스에 상륙했다. 그리고 합법적 군주가 다스리던 프랑스의 모든 권력 구조를 몇 주 만에 피 한 방울 흘리지 않고 전복시키는 데 성공했다. 한 사람의 지배력이 이토록 놀랍게 발휘된 적이 있었던가? 하지만 결국 마지막이 된 원정 내내 그가 동맹국들에게 행사했던 지배력을, 우격다짐으로 제 뜻에 따르게 하면서 그들을 억눌렀던 그 지배력을 과연 얼마나 대단하다 할 수 있을까? 자칫하면 그들을 괴멸시킬 뻔했지 않았는가?"

나폴레옹은 사후에도 위신을 떨쳤고, 그 위신은 계속 커져만 갔다. 세상에 알려져 있지도 않았던 그의 조카가

실각한 나폴레옹은 1814년 지중해의 엘바섬으로 추방되었다가 1815년에 섬을 탈출하여 프랑스로 돌아온다. 당시 프랑스 왕 루이 18세는 군대를 보내 나폴레옹을 체포하려 했지만 다수의 군인이 나폴레옹 편에 서서 파리를 향해 진군했다. 당시의 프랑스 언론은 처음에 나폴레옹을 국가의 적으로 간주했으나, 나폴레옹의 군대가 파리에 점점 가까워짐에 따라 논조를 완전히 바꾸어 그를 칭송하기에 이르렀다. 나폴레옹은 왕위를 찬탈하는 데 성공하고 유럽 연합군과의 강화를 시도했으나 거부당했다. 그리고 영국과의 전쟁에서 패하며 대서양의 세인트헬레나섬에 유폐되었고 1821년 그곳에서 생을 마감했다.

황제가 될 수 있었던 것도 바로 그 위신 덕분이었다. 오늘날 그의 신화가 다시 부활하는 것만 보아도 그의 위대한 환영이 아직도 얼마나 건재한지 알 수 있으리라. 만약 당신이 충분한 위신을 갖추고 그 위신을 유지할 줄 아는 재능을 가지고 있다면, 성에 찰 때까지 사람들을 학대하고 수백만 명을 학살해도, 또 침략에 침략을 거듭해도 그 모든 행위는 용납될 것이다.

물론 나폴레옹의 경우는 매우 이례적인 사례다. 하지만 위대한 종교와 원대한 이데올로기, 대제국이 어떻게 탄생했는지에 대한 이해를 돕고자 그러한 예시를 들 수밖에 없었다. 위신으로 군중에 영향력을 발휘하는 게 아니라면 그 모든 위대한 사건의 기원을 결코 이해할 수 없을 테니 말이다.

그러나 위신이 꼭 지배력이나 전승된 영예, 종교적 두려움 때문에 생겨나는 것은 아니다. 평범함에서 기인하여 막대한 영향력을 행사할 수도 있는 법이다. 그 예는 우리가 살아가는 현시대에도 다양하게 찾아볼 수 있다. 그중에서도 대대로 회자될 가장 인상적인 예로는 대륙을 둘로 나누어 지구의 형태와 국가 간의 통상通商 지형을 바꾼 일화로 유명한 레셉스의 이야기를 들 수 있다. 레셉스는 어마어마한 의지를 불태워 자신의 사업을 성취했지만, 그러기까지는 주위 사람들에게 발휘했던 그의 호소력이 큰 몫을 했다. 그는 앞에 나서기만 해도 자신을 반대하는 이들을 설득할 수 있었고, 잠깐 이야기를 나누는 것만으로도 반대론자들을 사로잡아 친구로 만들 수 있었다. 특히 영국인들이 그의 사업을 반대했는데, 그런 그들도 레셉스가 영국에 나타나자 사업을 지지하기 시작했다. 그가 사우샘프턴을 지나갈 때는 사람들이 종을 울려 환영했다. 심지어 지금 영국에서는 그의 동상을 세우고 있다.

반대론자들은 물론 모든 역경을 극복한 레셉스는 이제 더 이상의 장애물은 없으리라 생각하며 수에즈 운하의 성공을 파나마 운하 건설로 재현하고자 했다. 그는 같은 방법으로 파나마 운하 사업을 시작했지만, 나이가 든데다 높은 산을 옮길 만한 신념도 이미 사그라진 상태였다. 결국 산은 움직이지 않았고, 그 결과 찾아온 재앙은 영웅을 휘감았던 눈부신 영예의 광휘를 꺼뜨려버렸다. 이렇듯 그의 일생을 보면 위신이 어떻게 커지고 또 사라질 수 있는지 알 수 있다. 역사적으로 가장 유명했던 영웅들과 어깨를 나란히 했던 레셉스는 프랑스의 사법관에 의해 가장 비열한 죄인으로 낙인찍혔고, 죽어서도 관 속에서 무관심한 군중 사이로 외로이 지나야 했다. 역사가 인정했던 위인 중 한 명인 그의 명성을 기리는 이들은 오직 외국의 군주들뿐이었다.[20]

하지만 위에 인용한 다양한 사례는 극단적인 경우다. 위신의 심리학을 세부적으로 정립하고자 한다면, 종교를 창시하고 제국을 건설한 이들부터 새 옷이나 장식으로 주위 사람들의 마음을 사로잡으려는 개개인들까지의 다양한 스펙트럼에서 골고루 사례를 찾아야 할 것이다. 또한 멀리 동떨어진 양극 내에서 과학과 예술, 문학 등 문명의 다양한 영역에서 나타나는 모든 형태의 위신을 고루 찾아보아야 할 것이다. 그러면 위신이 설득의 근본 요인이라는 사실을 알게 될 것이다.

> 위신을 가진 사람은 군중을 사로잡고, 위신을 가진 작품과 사상은 군중의 무의식에 스며들어 모방을 끌어낸다. 하지만 위신이 추락한 지도자에게는 군중의 냉혹한 심판이 기다리고 있다. 군중은 영웅이 자신과 같은 위치로 떨어지는 것을 견디지 못한다. 오히려 자신들이 별것도 아닌 존재에게 고개를 숙였다는 모멸감 속에서 복수심을 품고 더욱 가혹하게 대한다.

20 오스트리아 신문 〈신자유 언론*Neu Freie Presse*〉은 아주 적확한 심리학적 고찰을 통해 레셉스의 생애에 관한 견해를 발표한 바 있다. 그래서 그 내용을 인용해보려 한다. '페르디낭 드 레셉스가 유죄 판결을 받은 것을 보면, 크리스토퍼 콜럼버스의 슬픈 최후가 경악할 만한 일이 아닌 듯하다. 레셉스가 사기꾼이라면, 세상 모든 고귀한 꿈은 죄다 죄악일 것이다. 육지의 양상을 바꾸고 신의 창조물을 완벽하게 개량한 레셉스. 고대였다면 그는 영광스러운 후광으로 장식된 명성을 드날리며 올림포스산 중턱에서 신주神酒를 마시고 있었을 테다. 하지만 고등 법원장은 레셉스에게 유죄 판결을 내려 자기 자신을 불멸의 존재로 만들었다. 국민은 동시대인들의 영광을 한 몸에 받았던 한 늙은이의 시대를 깎아내리려 용감히도 그에게 죄수복을 입히는 사람의 이름을 언제나 궁금해할 테니 말이다.' '과감함으로 일군 위업에 대한 관료적 반감이 만연하는 이상, 이제부터 더는 불굴의 정의를 논할 수 없다. 국가는 본래 자기 모습이 어떻든 스스로를 믿고 모든 난관을 극복하는 이런 대담한 인물들이 필요한 법이다. 천재가 신중하기란 불가능하다. 신중한 태도로는 결코 인간 활동의 반경을 넓힐 수 없을 테니 말이다.' '(⋯) 페르디낭 드 레셉스는 수에즈 운하 완공으로 승리감에 도취하기도 했지만, 파나마 운하 사업이 중단되면서 환멸감의 고배도 맛보았다. 지나친 용기로 인해 성공의 교훈을 거슬렀기 때문이다. 레셉스가 지중해와 인도양을 잇는 데 성공했을 때 이집트 왕족과 여러 국가들은 그에게 찬사를 바쳤다. 하지만 코르디예라산맥을 관통하는 데 실패한 지금, 그는 야비한 사기꾼으로 전락해버렸다. (⋯) 바로 여기서 우리는 사회 계급 간 갈등뿐만 아니라 다른 이들 위에 군림하는 자들에게 형법으로 보복하는 관료들과 피고용자들의 불만도 엿볼 수 있다. (⋯) 현대 입법부는 천재의 위대한 사상들에 난색을 표하고, 하물며 대중도 그 사상들을 이해하지 못하는 실정이니, 차라리 스탠리는 살인자고 레셉스는 협잡꾼이라는 걸 증명하는 일이 법무장관에게는 쉬운 일이다.'

의식에 전파되면 사람들은 그것을 즉각 모방한다. 그리고 그 존재와 사상, 사물의 영향을 받으며 당대를 살아가는 모든 세대는 특정한 방식으로 감정을 느끼거나 생각을 표현하게 된다. 더욱이 모방은 대개의 경우 무의식적으로 이루어지며, 오히려 그 때문에 완벽한 형태를 갖추기도 한다. 예컨대 현대 화가들은 원초주의(원시적 표현과 색채를 현대 예술에 접목한 예술 사조) 작품 속 모델의 경직된 자세와 빛바랜 색조를 재현해내고 있지만, 정작 자신들이 발현하는 영감의 원천이 무엇인지는 거의 짐작도 못한다. 그들은 그런 양식을 스스로 창조해낸 것이라고 믿겠지만, 유수한 거장이 원초주의를 부흥시키지 않았다면 사람들은 그러한 예술 사조의 소박하고 열등한 면만을 보았을 것이다. 또 어떤 이들은 또 다른 대가를 따라 캔버스를 보랏빛 음영으로 뒤덮기도 한다. 50년 전보다 자연에서 더 많은 보랏빛을 찾아내는 것도 아니면서, 기이한 화법으로도 엄청난 위신을 떨쳤던 대가로부터 영향을 받은 탓이다. 이러한 사례는 문명의 모든 영역에서 쉽게 찾아볼 수 있다.

지금까지의 사례만으로도 우리는 위신이 형성되는 데 수많은 요인이 개입한다는 사실을 확인할 수 있다. 물론 그중 가장 중요한 요인은 언제나 성공이었다. 성공한 사람과 인정받은 사상에 대해서는 별다른 반론을 제기하지 않는 것도 그런 이유다. 성공이 위신의 주된 기준 중 하나라는 증거는, 성공이 퇴색하면 위신도 함께 사라져버린다는 사실에서 확인할 수 있다. 어제까지 군중에게 환호를 받던 영웅도 실패를 겪으면 바로 다음 날 야유를 받는데, 그러한 반응은 그가 떨친 위신이 클수록 더욱 강하게 나타난다. 군중은 영웅이 자신들과 대등해진 이상 더는 그의 우월함을 인정하지 않게 되면, 자신들이 그의 우월함에 고개를 숙였다는 사실에 복수심을 품는 것이다. 예컨대 로베스피에르는 동지들을 비롯해 동시대의 수많은 이들을 단두대로 보냈을 때 어마어마한 위신을 떨쳤다. 하지만 곧 그에게서 등을 돌리는 이들이 생겨나 권력을 박탈당하자 그의 위신은 곤두박질치고 말았다. 군중은 단두대로 향하는 그를 쫓아가며, 어제까지만 해도 그에게 희생된 이들을 뒤따르며 퍼부었던 지독한 저주를 그에게 퍼부었다. 신도들이 과거 자신들이 믿던 신의 성상聖像을 깨부수는 것도 바로 그러한 분노 때문이다.

실패로 말미암아 후광이 사라지기 시작하는 위신은 순식간에 무너진다. 논쟁의 도마 위에 오를 때도 마찬가지다. 그 속도가 더디긴 하지만 논쟁의 효과는 확실하다. 일단 논란의 대상이 된 위신은 더 이상 위신이 아니다. 오랫동안 위신을 지켜낼 수 있었던 신과 인간이 결코 논쟁을 허용하지 않았던 것도 그런 이유다. 따라서 군중이 우러러보는 대상이 되기 위해서는 반드시 그들과 거리를 두어야 한다.

254

Chapter 4

여론의 주기가 점점 짧아지는 이유

: 군중의 신념과 견해의 가변 한계

1 철학적 오류와 논리적 모순이 있어도 신념은 흔들리지 않는다
일반적 신념의 불변성 — 일반적 신념은 문명의 지침이다 — 신념을 뿌리 뽑기는
어렵다 — 편협성은 어떻게 민족에 미덕이 되는가 — 일반적 신념의 철학적 부조
리는 그 신념이 전파되는 데 방해가 되지 않는다

2 오늘날 신념의 유통 기한은 점점 짧아지고 있다
일반적 신념에 근거하지 않은 견해의 극단적 유동성 — 한 세기가 지나기도 전에
일어나는 사상과 신념의 표면적 변화 — 그러한 변화의 현실적 한계 — 변화에 영
향을 받는 요소들 — 오늘날 일반적 신념의 소멸과 언론 매체의 극단적인 확산으
로 여론은 더욱더 유동적으로 변한다 — 대부분의 주제에 관한 군중의 견해는 어
떻게 무관심에 가까워지는가 — 과거와 달리 여론을 주도할 수 없는 정부의 무능
— 오늘날 여론은 여러 견해로 세분화되기 때문에 어떠한 견해도 절대적 영향력
을 행사하지 못한다

1. 철학적 오류와 논리적 모순이 있어도 신념은 흔들리지 않는다
: 고정불변의 신념

군중이 따르는 신념에는 수백수천 년 동안 지속되며 변하지 않는 것이 있는가 하면, 시대와 환경에 따라 일시적으로 나타났다가 사라지는 것도 있다. 문명의 골격을 형성한 신념은 고정불변의 오랜 신념이다. 하지만 이 오랜 신념도 논란과 의심의 대상이 되는 순간 그 단단한 입지가 흔들리게 되고, 혁명은 아직 뿌리 뽑히지 않은 신념을 일거에 제거해버린다. 이렇게 신념이 사라지면 새로운 신념이 자리 잡기까지 무질서 상태에 놓인다. 이러한 사실에서 한 가지 알 수 있는 것이 있다. 민족이 편협함을 무릅쓰면서까지 그렇게 신념에 매달리는 이유는 신념이 민족을 지탱하는 근간이기 때문이라는 점이다.

생명을 가진 존재의 해부학적 특성과 심리학적 특성 사이에는 긴밀한 유사성이 있다.

해부학적 특성에는 결코 변하지는 않는 요소들과, 지

질 시대만큼이나 긴 시간이 지나야만 변화를 보일 만큼 거의 변하지 않는 요소들이 있다. 한편 이러한 고정불변의 특성과 더불어 매우 유동적인 특성도 있는데, 이 유동적인 특성은 환경 또는 사육사와 원예사의 기술 등에 의해 워낙 쉽게 변하는 탓에 주의 깊은 관찰자가 아니라면 그 본질적인 특징조차 찾아내지 못한다.

이러한 현상은 심리학적 특성에서도 관찰된다. 민족에게서 나타나는 부동의 심리적 요소들은 유동적이고 가변적인 요소들과 나란히 존재하기 마련이어서 민족의 신념과 견해를 연구하다 보면 바위를 뒤덮은 모래처럼, 유동적인 견해들이 매우 안정적으로 고정되어 있는 토대를 뒤덮고 있다는 사실을 확인할 수 있다.

따라서 군중의 신념과 견해는 매우 상이한 두 가지 유형으로 구분할 수 있다. 첫 번째 유형으로는 수백 년 동안 지속되면서 문명을 이루는 근간이 되는 영원불멸의 위대한 신념을 들 수 있다. 과거의 봉건적 사고방식과 기독교 사상, 종교 개혁 사상, 또 오늘날에는 민족주의와 민주주의, 사회주의 사상이 여기에 속한다. 두 번째 유형은 각 시대 상황에 따라 탄생하고 사라지는 일시적이고 유동적인 견해들이다. 대체로 일반적인 통념에서 비롯되며,

특정 시대의 예술과 문학을 이끈 이론들, 예컨대 낭만주의나 자연주의, 신비주의 등의 사조들이 탄생하는 데 일조한 이론들이 그 예다. 이런 견해는 유행처럼 피상적이고 변화가 잦아서 깊은 호수의 수면에 나타났다가 사라지는 잔물결과도 같다.

사회 통념으로 자리 잡은 위대한 신념은 그 수가 매우 적다. 그 신념들의 성쇠가 유서 깊은 민족 역사의 정점을 이루었고, 문명의 진정한 골격을 형성했다.

군중의 정신에 일시적인 견해를 주입하는 일은 매우 쉽다. 하지만 지속 가능한 신념을 심는 일은 매우 어렵고, 일단 뿌리내린 신념을 파괴하는 것 역시 퍽 어려운 일이다. 그래서 폭력 혁명의 힘을 빌려야만 신념을 바꿀 수 있다. 다만 그 혁명이란 군중의 영혼에 뿌리내린 신념의 영향력이 거의 사라졌을 때에만 힘을 발휘한다. 그럴 때라야만 혁명은, 군중 사이에서 어느 정도 외면되었지만 관습의 속박으로 인해 완전히 뿌리 뽑히지 않은 신념들을 일거에 제거할 수 있다. 그럴 때는 사실상 혁명이 시작되는 순간 신념의 생명력은 끝나버리는 셈이다.

위대한 신념이 최후를 맞는 징후는 쉽게 알 수 있다. 신념의 가치가 의심받으면서 논쟁의 대상이 시작되는 날이다. 모든 일반적 신념은 그저 공상과 같아서 시험대에 오르지 않는다는 조건에서만 살아남을 수 있는 것이다.

그렇기는 하나 신념이 아무리 크게 흔들린다 해도 그 신념을 근간으로 세워진 제도들은 영향력을 그대로 유지하다가 어느 정도 시간이 지나서야 사라지기 시작한다. 그러다가 결국에는 신념이 완전히 힘을 잃으면 그 신념이 지탱하던 모든 것들도 순식간에 무너져버린다. 민족이 자신들이 쌓아올린 문명의 모든 요소를 바꿀 수밖에 없는 상황에 처해야만 비로소 그들의 신념도 바뀔 수 있는 것이다.

민족은 모두가 받아들일 새롭고 일반적인 신념을 찾을 때까지 문명의 요소들을 바꾸어나간다. 그래서 새로운 신념이 수혈될 때까지는 불가피하게 무질서 상태로 지낸다. 신념은 문명의 토대가 되는 지주이자 사상의 방향성을 알려주는 나침반이며, 믿음을 고취하고 의무감을 만들어내는 유일한 수단이다.

예부터 민족은 일반적 신념을 갖는 게 유리하다는 사실을 깨달았고, 신념이 사라지면 반드시 쇠퇴기가 도래한다는 점을 본능적으로 이해했던 듯하다. 그래서 로마를 광신적으로 숭배했던 로마인들은 신념의 힘으로 세계의 지배자가 될 수 있었지만, 신념의 불씨가 꺼지자 쇠락을 겪어야 했다. 이후 로마 문명을 파괴했던 야만인들은 공동의 신념을 획득한 후에야 비로소 일정 수준의 연대를 이룰 수 있었고 무질서 상태에서 벗어날 수 있었다.

그러므로 민족이 언제나 자신들의 편협한 확신을 지켜내고자 했던 데에는 그만한 이유가 있는 것이다. 철학적 관점에서라면 꽤 비판받을 그 편협성이 민족의 삶을 위해서는 가장 필요한 미덕인 것이다. 중세 시대에 그토록 많은 화형대가 세워지고 수많은 발명가와 개혁가들이 간신히 형벌을 면한 채 절망 속에서 쥐죽은 듯 지냈던 것도 다 민족의 일반적 신념을 확립하거나 유지하기 위함이었고, 세상이 수없이 격변에 휩싸이고 전장에서 수많은 사람이 죽어나갔던 것도, 또 앞으로도 그렇게 목숨을 잃게 될 것도 모두 신념을 지켜내기 위함이다.

군중 사이에 뿌리 내린 신념은 관습을 만들어낸다. 뿐만 아니라 그 신념을 근간으로 하는 여러 부차적인 사상과 예술에도 흔적을 남기고 아주 사소한 부분에서도 드러난다. 신념은 철학적이고 논리적인 완벽함을 추구하지 않는다. 오히려 신념에 담긴 오류는 비밀스러운 영역으로 간주되어 신념에 위신을 더해준다.

　　일반적 신념을 확립하기란 매우 어려운 일이지만, 일단 확고히 뿌리내리기만 하면 그 위력은 오랫동안 꺾이지 않는다. 신념을 확립하기 위해서라면 가장 명석하다는 이들조차도 그 신념에 있을지 모를 철학적 오류를 받아들인다. 1,500여 년 전의 유럽 민족들을 면밀히 살펴보아도 그런 사실을 알 수 있다. 그들은 몰록(고대 가나안 셈족의 화신으로, 인간의 몸에 황소의 머리를 하고 있다)의 전설만큼이나 야만적인[21] 종교적 전설을 명백한 진실이라고 여기지 않았던가. 자신의 피조물 하나가 명령에 불복했다는 이유로 자신의 아들에게 끔찍한 형벌을 내려 복수했던 신의 전설에 담긴 부조리를 사람들은 수백 년 동안이나 깨닫지 못했다. 갈릴레오, 뉴턴, 라이프니츠 같은 최고의 지성들 역시 그러한 신조가 논쟁의 대상이 될 수 있다는 사실을 단 한 순간도 의심하지 않았다. 신념이 지닌

21　철학적 관점에서 야만적이라는 뜻이다. 실제로 그들은 완전히 새로운 문명을 창조했고, 그 문명을 통해 앞으로는 더 이상 나타나지 않을 꿈과 희망으로 가득한 천국의 이상을 1,500년 동안이나 사람들에게 심어주었다.

강력한 집단 최면 효과와 인간 정신의 수치스러운 한계를 이보다 더 잘 지적해주는 사례도 없다.

군중의 정신에 새로운 신념이 심어지고 나면, 그 신념은 제도와 예술, 행위 등을 끌어내는 영감의 원천이 되어 절대적인 지배력을 행사하게 된다. 행동파는 그 신념을 실현할 마음이 앞서고, 입법자는 그것을 적용할 생각에 사로잡히며, 철학자와 예술가, 문인은 그것을 다양한 방식으로 표현하는 데에만 몰두한다.

새롭게 뿌리내린 신념을 근간으로 일시적이고 부차적인 사상들이 생겨날 수는 있지만, 그 사상들에는 반드시 그 뿌리였던 신념의 흔적이 고스란히 남게 된다. 그래서 극소수의 종교적 신념에서 유래한 이집트 문명과 중세 유럽 문명, 아랍인의 무슬림 문명에도 그 신념의 흔적이 지극히 사소한 부분에까지 남아 금세 눈에 띄는 것이다.

일반적 신념을 가진 각 시대의 사람들은 전통과 견해, 관습의 그물 속에서 살아가고 그 속박에서 벗어나지 못한 채 서로 엇비슷해진다. 사람들을 지배하는 것은 단연 신념과 그 신념에서 비롯된 관습이다. 신념은 우리 삶의 아주 사소한 행위들까지 결정하는 탓에 제아무리 독립적인 사람이라 할지라도 그 영향에서 벗어날 생각조차 하지 못한다. 우리의 무의식을 지배하기에 감히 싸울 수조차 없는 탄압이야말로 진정한 탄압이다. 티베리우스와 칭기즈 칸, 나폴레옹은 무시무시한 폭군이었지만, 무덤 속에서도 우리의 정신에 매우 강력한 전제적 힘을 발휘하는 이들은 모세와 석가모니, 예수, 무함마드, 루터다. 폭군에 맞서 연대할 수는 있겠지만, 확고하게 심어진 신념에 대해서는 대체 무엇을 할 수 있겠는가? 프랑스 대혁명은 가톨릭교에 맞서 군중의 찬동을 얻었고, 종교 재판만큼이나 무자비하고 파괴적인 수단까지 동원하여 투쟁했지만 결국 패하지 않았던가. 결국 인류사에 이름을 남긴 실질적 폭군들은 언제나 죽은 자들의 망령이거나 인류가 만들어낸 환상이었다.

일반적 신념에서 종종 발견되는 철학적 부조리는 그 신념의 승리에 결코 걸림돌이 되지 않았다. 오히려 비밀스러운 부조리가 다소 포함되어 있어야만 신념은 승리할 수 있는 듯하다. 그러므로 오늘날의 사회주의 신념이 군중의 정신에 군림하지 못한다면 그것은 그 신념이 가진 분명한 약점 때문이 아니다. 사회주의 신념이 다른 모든 종교적 신념들에 비해 확실한 열세를 보이는 이유는 다음과 같다. 종교적 신념이 약속했던 이상과 행복은 미래

오늘날 사회주의를 표방하는 나라들조차 자본주의 체제를 도입하고 있는 것을 보면 현대 사회에서 사회주의는 몰락한 신념임에 분명하다. 사회주의가 몰락한 이유는 그 사상에 담긴 오류 때문이 아니라 사회주의가 약속했던 여러 가지 이상이 실현되지 않음으로써 위신을 잃었기 때문이다. 시험대에 오른 신념은 더 이상 생명력을 유지할 수 없다.

에만 실현되기 때문에 어느 누구도 그 실현 가능성에 반론을 제기할 수 없었지만, 사회주의의 이상과 행복은 당장의 현실에서 실현되어야만 한다. 하지만 그 이상을 실현하고자 시도하자마자 그것이 공허한 약속이었음이 금세 드러날 것이기 때문에 사회주의라는 그 새로운 신념은 한순간에 모든 위신을 잃을 테고, 그래서 사회주의가 약속하는 이상이라는 것도 사회주의가 승리를 거두고 실제로 그 이상을 실현하기 시작하는 날까지만 영향력을 키울 수 있을 것이다. 그러므로 다른 모든 종교들이 그랬듯이 새로운 종교가 파괴자로서의 역할만 감행한다면 결국에는 창조자로서의 역할을 해낼 수 없을 것이다.

2. 오늘날 신념의 유통 기한은 점점 짧아지고 있다
: 군중의 유동적 견해

민족의 정신을 지배하는 일반적인 신념의 토대 위에는 숱한 사상과 견해가 명멸하고 있다. 이 사상과 견해는 민족의 결정과 행위에 영향을 미치기도 하지만 그것은 어디까

지나 일시적인 현상일 뿐이다. 프랑스는 대혁명 이후 엎치락뒤치락하며 수많은 체제의 변화를 겪었지만, 결국에는 원점으로 돌아갔다. 민족정신에 부합하지 않는 사상과 견해가 일으킨 변화는 생명력이 극히 짧아서 오래 지속되지 않는다.

우리는 앞서 고정불변의 신념이 갖는 위력을 살펴보았다. 그리고 그 고정불변의 신념이라는 토대 위에는 끊임없이 명멸하는 견해와 사상과 사유의 층이 있다. 어떤 견해와 사상, 사유는 단 하루만 지속되기도 하며, 아무리 대단하다 한들 대개는 한 세대를 넘기지 못한다. 이러한 견해는 종종 구체적이기보다는 피상적인 변화를 겪으며, 그 변화에는 언제나 민족의 특성이 고스란히 반영된다는 사실은 이미 지적한 바 있다. 앞서 프랑스의 정치 제도를 살펴보면서, 왕당파와 급진파, 제국주의자와 사회주의자 등 표면상 대립하는 당파들이 실제로는 완전히 똑같은 이상을 견지한다는 사실을 확인했고, 그러한 이상의 유일한 뿌리는 프랑스인의 정신 구조라는 사실도 확인했다. 어떤 이상이 유사한 이름을 가졌다 해도 다른 민족에서는 완전히 상반된 의미를 갖기도 하니까 말이다. 견해에 이름을 붙이거나 그 견해에 적응하는 척한다고 해서 본질이 바뀌지는 않는 법이다. 프랑스 대혁명에 가담했던 부르주아지들은 라틴 문학에 완전히 젖어 있었을 뿐만 아니라, 과거의 로마에 몰입하여 로마의 법, 로마 행정관의 권위를 상징하던 파스케스(휘장), 로마 남성들이 입던 토가까지 수용했고, 로마의 제도와 전례까지도 모방하려 애썼다. 하지만 그들은 로마인이 될 수 없었다. 프랑스 역사의 강력한 암시가 그들을 지배하고 있었기 때문이다. 그러므로 철학자들의 역할은 표면적 변화들 안에서도 살아남은 오랜 신념이 무엇인지 규명하고, 변화의 물결을 타는 수많은 견해들 가운데 일반적 신념과 민족정신에 의해 깨어나는 것이 무엇인지 식별해내는 것이다.

만약 이러한 철학적 기준이 없다면, 우리는 군중이 정치적·종교적 신념을 제 마음대로 빈번히 바꾸어버린다고 믿을지도 모른다. 이는 정치, 종교, 예술, 문학을 비롯한 역사의 모든 분야에서 실제로 일어난 일들만으로도 확인할 수 있을 듯하다.

1790년부터 1820년까지, 한 세대에 해당하는 30년의 짧은 역사만을 예로 들어보자. 처음에 왕정을 옹호했던 군중은 혁명주의자가 되었다가 제정주의자가 되더니 결국 왕정주의자로 회귀했다. 같은 시기에 그들은 종교적으로도 같은 변화를 겪었다. 처음에 가톨릭교를 신봉했던 군중은 무신론자가 되었다가 이신론자가 되더니 결국에는 가장 극단적인 형태의 가톨릭 신자로 되돌아왔다. 이러한 변화는 비단 군중에게서만이 아니라 군중을 이끌었던 이들에게서도 똑같이 나타났다. 군주들의 대천지원수이자 신도, 지도자도 원치 않았던 국민 공회 의원들은 나폴레옹의 겸허한 종이 되었을 뿐만 아니라 루이 18세(재위 1814~1824) 치하에서는 경건히 초를 들고 예배 행렬에 동참하지 않았던가.

이후 70여 년의 시간 동안에도 군중의 견해는 여러 차례 바뀌었다. 소위 프랑스에 의해 '불신의 알비온*Perfidious Albion*(알비온은 고대 그리스 시대에 브리튼섬을 부르던 명칭이다. 이 말은 유럽 대륙에서 영국을 모멸적으로 지칭할 때 쓰는 표현이다)'으로 불리던 영국은 19세기 초 나폴레옹의 후계자가 프랑스를 통치하던 시절에 동맹국이 되었고, 두 번이나 프랑스의 침공을 받고 프랑스의 패전에 그토록 환호했던 러시아는 어느 날 갑자기 우방국으로 간주되었다.

문학과 예술, 철학 분야에서는 견해가 변화하는 속도

가 훨씬 더 빨랐다. 낭만주의, 자연주의, 신비주의 같은 여러 사조가 차례로 탄생하고 또 사라졌으며, 어제까지만 해도 대중의 칭송을 받았던 예술가와 작가가 다음날이면 극렬한 멸시의 대상이 되고는 했다.

그런데 사회 전반에서 벌어지는 이 모든 변화들을 분석하면 어떤 사실을 알 수 있을까? 바로 일반적 신념과 민족정신에 반하는 모든 변화는 그저 일시적으로만 작용할 뿐, 틀어진 물길은 곧 원래의 방향을 찾는다는 점이다. 일반적 신념이나 민족정신과 무관하고 불변성이 없는 견해는 우연이나 사소한 환경의 변화에 좌우될 수밖에 없다. 암시와 전파로 형성된 견해는 언제나 일시적이며, 바람이 만들어내는 해변의 모래 언덕만큼이나 빠르게 생겨났다가 사라져버린다.

과거에는 일반적 신념이라는 굳건한 토대가 있었기에 군중의 견해가 크게 요동치지는 않았다. 하지만 오늘날에는 과거의 신념이 힘을 잃어가고, 막강한 영향력을 가진 군중의 사상이 점점 자유로워지며, 상반된 견해를 실은 언론 매체가 확산되면서 군중의 견해가 그 어느 때보다 유동적이다. 여론을 주도할 힘을 상실한 정부와 언론은 대중의 생각을 따라가기에 급급한데, 이유는 대중의 생각에 동조하는 태도를 취해야 그나마 생존을 담보할 수 있기 때문이다. 게다가 오늘날 군중 사이에는 무신념이라는 신념이 점점 확산하고 있어서 뿌리 내리지 못한 갖가지 생각들이 바람에 흩날리듯 여기저기 떠돌아다닌다.

오늘날 군중의 견해는 그 어느 때보다 유동적인데, 그 이유는 다음 세 가지로 살펴볼 수 있다.

첫째, 과거의 신념이 점점 힘을 잃어가는 탓에 일시적인 견해에 예전과 같은 영향력을 발휘하지 못하게 되면서 어떠한 방향성도 제시하지 못하기 때문이다. 일반적 신념이 사라지면 과거도 미래도 없는 개별 의견이 무수히 양산되기 마련이다.

둘째, 군중의 영향력이 커지고 그들을 견제할 수단이 약해진 결과, 과거 그들의 사상에서 나타나던 극단적 유동성이 이제는 더욱 자유롭게 발휘될 수 있기 때문이다.

셋째, 최근 언론 매체가 확산하면서 군중이 상반된 견해들에 끊임없이 노출되기 때문이다. 한때 군중을 장악한 암시는 곧 정반대의 암시로 인해 허물어지기에 그 각각의 견해들은 확산되지 못한 채 하루살이처럼 금세 꺼져버리고 만다. 널리 퍼져서 일반화되기도 전에 사라져버린다는 말이다.

이처럼 다양한 이유로 세계사에는 완전히 새로운 현상이 나타나게 되었다. 현시대의 특징이 고스란히 담겨 있는 현상, 바로 군중의 견해를 좌우할 수 없는 정부의 무능력이다.

그리 오래지 않은 과거에만 해도 군중의 견해는 통치자와 몇몇 작가, 극소수 신문의 영향력 아래에 있었다. 반면 오늘날에는 작가들이 영향력을 완전히 잃었고, 신문도 그저 여론을 반영하기만 할 뿐이다. 정치인들도 여론을 이끌기는커녕 뒤쫓아 가는 데 급급하다. 그도 그럴 것이 때때로 난폭해지기까지 하는 여론은 정책에도 큰 영향을 미치기 때문에 그들에게는 두려움의 대상일 수밖에 없는 것이다.

오늘날 군중의 견해는 정책의 향방을 결정하는 최고의 계시가 되어가고 있으며, 동맹을 강제할 정도에 이르렀다. 프랑스 대중의 집단행동에 의해 프랑스와 러시아가 동맹을 맺은 일에서 확인할 수 있듯이 말이다. 교황과 국왕, 황제가 특정 주제에 관하여 자신들의 생각을 밝히고 군중의 판단을 얻고자 인터뷰에 응하는 모습은 꽤나 흥미로운 징후다. 과거에는 정치가 감정의 문제가 아니라고 말할 수 있었다지만, 이성은 배제한 채 오로지 감정에 따라서만 행동하는 변덕스러운 군중의 충동이 지침이 되어가는 오늘날에도 정녕 그렇다고 말할 수 있을까?

과거 여론을 주도했던 언론은 정부가 그랬듯 군중의 힘 앞에서 물러서야만 했다. 물론 끊임없이 변하는 군중의 견해를 반영한다는 사실만으로도 막강한 영향력을 행사하고는 있지만, 단순히 보도 기관이 되어버린 언론은 이제 그 어떤 사상이나 신조를 불어넣으려 애쓰지 않고 그저 대중의 생각을 따라가기만 할 뿐이다. 그럴 수밖에 없는 것이, 다른 매체와의 경쟁에서 독자를 잃지 않으려면 그들의 생각에 동조해야 하기 때문이다. 과거 프랑스인들이 신탁을 받듯 경건한 마음으로 읽어 내려가던 〈르 콩스티튀씨오넬*Le Constitutionnel*〉, 〈레 데바*Les Débats*〉, 〈르 씨에클*Le Siècle*〉 등 큰 영향력을 떨치던 신문들은 이제 사라져버렸고, 그중 살아남은 몇몇은 가십거리나 사교계 만평, 금융 광고 등이 난무하는 정보 제공지로 전락해버렸다. 오늘날 기자들의 개인적 견해를 내보낼 정도로 다양한 목소리를 풍부하게 싣는 신문이 있는가? 설령 있다고 한들 기자들의 조언에 어떤 음모가 숨겨져 있다고 의심하며 정보나 즐거움만을 찾으려는 독자들에게 그런 의견들이 과연 얼마나 영향력을 가질 수 있을지 의문이 든다. 게다가 평론이 작품에 해를 끼칠 수는 있어도 도움을 줄 수는 없는 세태 속에서는 이제 어떠한 평론도 책이나 연극 공연을 알릴 수 없다. 신문사도 비평이나 개인적 견해가 얼마나 무용한지를 잘 알기에 책을 소개할 때면 제목에 두어 줄의 설명만 보태는 등 문예 평론에 할애하는 지면을 점차 줄였다. 아마도 20년 후에는 연극 비평도 같은 전철을 밟을 것이다.

이렇게 여론을 살피는 일이 언론과 정부의 주된 과제가 된 지금, 그들은 특정 사건이나 법안, 연설 등이 어떤 결과를 낳았는지 빠짐없이 숙지해야 한다. 하지만 이는 결코 쉽지 않은 일이다. 군중의 생각만큼이나 유동적이고 변화무쌍한 것이 없고, 어제만 해도 찬사를 보내던 대상에 오늘 비난을 쏟는 것만큼이나 흔한 일도 없기 때문이다.

이렇듯 그 무엇도 군중의 견해를 주도하지 못하는 와중에 일반적 신념마저 붕괴하면서 모든 확신은 완전히 부스러지고 군중은 자신들에게 확실한 이익이 되지 않는 것에는 점점 무관심해지고 있는 실정이다. 그래서 사회주의 같은 신조도 광산이나 공장 인부들 같은 문맹 집단에서만 그 옹호자들이 생겨날 뿐 소시민 계급, 즉 어느 정도 교육을 받은 노동자들은 그런 신조에 회의적이며 혹여 설득된다 하더라도 유보적인 입장을 취한다.

지난 30년 동안의 이러한 변화는 그야말로 놀랍다. 그리 멀지 않은 지난 시대까지만 해도 여론에는 방향성이라는 것이 있었고, 그 근간에는 몇 가지 근본 신념이 있었다. 사람들은 왕정주의자라는 이유 하나만으로 역사나 과학에 관하여 매우 확고한 특정 사상을 가질 수밖에 없었고, 또 공화주의자라는 이유만으로 왕정주의자와는 상반된 사상을 지지해야 했다. 이를테면 왕정주의자들은 인간의 조상이 원숭이일 수 없다고 주장했고, 공화주의자들은 인간의 조상이 원숭이라는 사실을 받아들였다. 그리고 프랑스 대혁명을 언급할 때면 왕정주의자들은 두려움에 떨었지만 공화주의자들은 경의를 표했다. 어떤 이들의 이름에 대해서는 로베스피에르나 마라*Jean-Paul Marat*(1743~1793, 프랑스 혁명기의 정치인이자 언론인. 9월 학살을 주도하는 등 공포 정치를 이끌다가 암살되었다)의 이름을 말할 때처럼 경건한 표정을 지어야 했고, 어떤 이들의 이름은 카이사르나 아우구스투스, 나폴레옹의 이름처럼 욕설을 참아내지 않고서는 입 밖에 낼 수 없기도 했다. 소

르본 대학교에서조차 그런 어설픈 방식으로 역사를 해석하는 경우가 일반적이었다.[22]

하지만 오늘날에는 논쟁과 분석 앞에서 모든 견해가 그 위신을 잃고 있다. 한때 날카롭던 견해도 빠르게 무뎌져서 이제는 우리를 열광케 할 수 있는 견해가 거의 사라지고 없을뿐더러 현대인들은 점점 무신념이라는 신념에 스며들고 있는 것이 현실이다.

그렇다고 해서 대중의 견해가 이렇듯 전반적으로 쇠퇴하는 현상을 너무 안타까워할 필요는 없다. 그러한 현상이 한 민족의 생명력이 꺼져간다는 징후일지라도 마냥 부정할 수만도 없을 것이다. 하지만 선지자나 사상의 전도자, 군중의 지도자 등 요컨대 신념을 가진 이들은 분

---

22 이러한 관점에 관해 프랑스 대학교 정교수들이 집필한 책을 보면 매우 흥미로운 부분들이 있는데, 그 내용을 보면 프랑스 대학 교육이 비판적 사고를 성장시키지 못한다는 사실을 확인할 수 있다. 소르본 대학교 역사학 교수를 역임한 전 교육부 장관이 프랑스 대혁명을 주제로 쓴 글의 몇 구절을 예로 들어보겠다. '바스티유 감옥을 점령한 사건은 프랑스 역사뿐 아니라 유럽 역사에서도 분수령이 되었다. 이 사건을 계기로 세계사에 새 시대가 열렸다.'(p. 91) '로베스피에르만 보아도 그의 독재가 대중의 생각과 설득, 도덕적 권위에 근거했다는 사실에 놀라움을 금할 수 없다. 한 인격자가 일종의 교황직을 손에 쥐었던 독재였다.'(p. 220)

Psychologie des foules

명 부정적이거나 비판적인 이들, 무관심한 이들과는 다른 힘을 가지고 있다. 군중이 힘을 가진 지금이라 할지라도 어떤 하나의 견해라도 그들이 인정할 만한 위신을 얻을 수 있다면 그 견해는 곧 다른 모든 것들을 무릎 꿇게 만들 정도로 전제적인 힘을 발휘할 것이고, 이후 오랫동안 자유로운 논쟁의 시대가 막을 내리리라는 사실도 잊어서는 안 된다. 게다가 군중은 엘라가발루스(로마의 황제. 로마의 전통적인 종교를 무시하고 태양신을 숭배하다가 암살당했다. 재위 218~222)와 티베리우스 시대 때처럼 온화한 지배자의 모습을 보이기도 하지만 맹렬한 기세로 변덕을 부리기도 한다. 문명이 그런 자들의 손에 쥐어지면 숱한 우연에 좌우되기 때문에 오래 지속되지 못한다. 붕괴의 시기가 조금이라도 늦추어질 수 있다면, 그것은 극도로 유동적인 여론과 일반적 신념에 대한 군중의 무관심이 점점 커져가는 덕일 것이다.

van Mallegem, wilt nu wel syn gesint.

PART 3

노동자들은 왜 같은 노동자 출신의
선거 후보자에게 투표하지 않는가?

다양한 군중 범주의 분류와 정의

"어느 국가에서건 군중 투표는 대개 민족의 무의식에 잠재된
열망과 욕구를 발산하며 모두 유사하게 시행되고 있다.
그러므로 당선자의 평균은 곧 각국 민족정신의 평균이라고 보아도
무방하다. 그리고 그 평균값은 세대가 바뀌어도 거의 변함이 없다."

Chapter 1

군중이 결합하는 다양한 방식들
: 군중의 분류

군중의 일반적 구분 — 군중의 분류

1 아무런 공통점이 없어도 군중을 이룰 수 있다
   비균질적 군중은 어떻게 다른가 — 민족의 영향 — 군중의 정신은 민족정신이 강
   할수록 약해진다 — 민족정신은 문명의 상태를 나타내고 군중의 정신은 야만의
   상태를 보여 준다

2 학연, 지연이 뿌리 뽑히지 않는 이유
   균질적 군중의 구분 — 파벌, 폐쇄 집단 그리고 사회 계급

앞서 우리는 심리적 군중들에게서 공통적으로 발견되는 일반적인 특성들을 살펴보았다. 이제는 그 일반적 특성들에 더해 적절한 자극을 받을 경우 군중으로 변모하는 다양한 집단들이 그 범주에 따라 어떤 특수성을 띠는지 확인할 차례다.

그러면 먼저 군중을 어떻게 분류하는지 간략하게 설명해보겠다.

첫째, 단순히 다수라는 사실에서 출발하는 군중이 있다. 이때 그 군중이 서로 다른 민족의 개인들로 구성된 경우라면, 특정 지도자를 존경한다는 등의 자발적 의지 외에는 그들 사이에 어떠한 공통점도 없기 때문에 가장 열등한 형태를 띤다. 수백 년 동안 로마 제국을 침략했던 다양한 종족의 야만인들이 그 예다.

둘째, 다양한 종족으로 구성된 그 다수의 군중 위에는 또 다른 군중이 있다. 특정한 요인들의 영향으로 공통성을 획득하고 종국에는 한 민족을 이루게 된 군중이다. 이들은 때때로 군중에게서 나타나는 특수성을 보이기도 하지만 대체로 그 특수성은 민족 고유의 특성에 의해 억제된다.

이 두 유형의 다수는 앞서 살펴본 요인들의 영향으로 조직된 군중 또는 심리적 군중으로 변모하기도 한다. 그렇게 조직된 군중은 다시 다음과 같이 분류할 수 있다.

비균질적 군중

1. 익명 군중 (예: 거리의 군중)
2. 비익명 군중 (예: 배심원단, 의회 등)

균질적 군중

284

1. 파벌 (예: 정파, 종파 등)
2. 폐쇄 집단 (예: 군인, 성직자, 노동자 등)
3. 사회 계급 (예: 부르주아, 농민층 등)

이제 이 다양한 군중 유형의 특성들이 어떠한 차이를 보이는지 간략히 살펴보도록 하겠다.

1. 아무런 공통점이 없어도 군중을 이룰 수 있다
: 비균질적 군중

군중의 성격을 결정짓는 가장 중요한 요소는 민족정신이다. 어떤 민족이냐에 따라 같은 사안에 대해서 다르게 느끼고 사유하며 행동한다. 민족정신은 야만 상태에 있는 군중을 그나마 문명에 가깝게 이끄는 요소다. 그리고 군중은 익명성을 갖느냐, 비익명성에 속하는가에 따라 책임감의 정도가 달라진다.

비균질적 군중의 특성에 대해서는 앞에서 이미 살펴보았다. 구성원의 직업이나 지적 수준 등과는 무관하게 형성된 집단이 곧 비균질적 군중이다.

각 개인은 행동하는 군중의 일원이 되었다는 사실만으로 그들 각자가 지닌 심리와는 본질적으로 다른 집단심리를 갖게 되며, 지적 수준에 있어서도 마찬가지라는 사실을 이제 우리는 알고 있다. 집단은 오직 무의식적 감정에 따라 움직이며 지성은 아무런 영향을 미치지 못한다는 점도 이미 확인한 바 있다.

다양한 계층의 개인으로 형성된 비균질적 군중은 민족이라는 근본 요인에 따라 구분할 수 있다.

민족의 역할에 대해서는 이미 여러 번 살펴보았고, 민족이 사람의 행동을 결정하는 강력한 동기라는 점도 확인했다. 한편 민족은 군중의 특성에도 영향을 미친다. 그래서 영국계든 중국계든 단일 민족으로 구성된 군중은 러시아계, 프랑스계, 스페인계 등 다민족으로 이루어진 군중과는 완전히 다를 것이다.

사람들은 느끼고 사유하는 방식에 있어서도 각자 물려받은 정신 구조에 따라 근본적인 차이를 보인다. 매우 드문 일이기는 하지만, 아무리 동일한 이해관계에 묶여 있다 하더라도 국적이 서로 다른 개인들이 거의 같은 비중으로 하나의 군중을 이룬다면 개인 간의 차이가 극명하게 드러나기 마련이다. 사회주의자들이 각국의 노동자 대표들을 회의에 소집하려 할 때마다 격렬한 불협화음이 일었던 것도 그런 이유다. 중앙 집권제를 옹호하고 독재 정치에도 다소 긍정적인 라틴계 군중이라면 개혁파든 보수파든 자신들의 요구를 관철하기 위해 국가의 개입을 호소할 테지만, 영국계나 미국계 군중은 국가에 의존하기보다는 개인의 자발성에 무게 중심을 둘 것이다. 또 프랑스계 군중은 무엇보다 평등을 중시하지만 영국계 군중은 자유에 중점을 둘 것이다. 바로 이러한 민족성의 차이

때문에 사회주의와 민주주의의 형태도 국가의 수만큼이나 다양한 것이다.

군중의 정신을 전적으로 지배하는 것은 민족정신이다. 민족정신이야말로 흔들리는 군중을 잡아주는 토양이다. 민족정신이 강할수록 군중의 열등한 특성들이 덜 부각된다는 점을 기본 원칙으로 생각하자. 군중은 야만적인 상태에 놓여 있기에 그들이 지배력을 가진다는 것은 야만적인 상태로 회귀한다는 것을 의미할 수 있다. 따라서 민족이 군중의 저돌적인 힘에서 차차 벗어나 야만성에서 자유로워지기 위해서는 견고하게 형성된 민족정신을 획득해야만 한다.

민족이라는 기준 외에 비균질적 군중을 구분하는 또 하나의 중요한 기준이 있다. 바로 익명성이다. 행위의 주체가 드러나느냐, 그렇지 않느냐에 따라 거리의 군중 같은 익명 군중과, 심의회나 배심원단 같은 비익명 군중으로 나뉜다. 익명 군중은 책임감이 결여되어 있고, 상대적으로 비익명 군중은 책임감이 강한 편이다. 바로 이 책임감의 유무에 따라 이 두 유형의 군중은 행동의 방향성이 크게 달라진다.

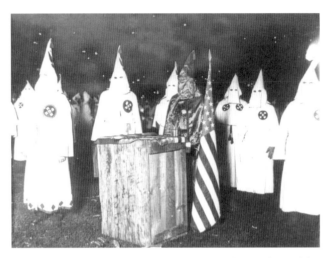

미국 남부를 중심으로 결성된 KKK*Ku Klux Klan*단의 집회 모습. 이들은 백인우
월주의와 반유대주의, 인종주의를 표방한 사이비 종교 집단으로, 흑인 인권
운동을 방해하고 흑인에게 테러를 가하는 등의 폭력적인 수단으로 자신들의
이상을 실현했다. 고깔 모형의 두건을 쓴 모습에서 알 수 있듯 KKK단은 자신
들이 드러나는 것을 바라지 않았으나, 동네 이웃이라면 누가 이 그룹에 속해
있는지 단박에 알 수 있었다. 백인 공동체의 대부분은 KKK단의 범죄 행위를
반기지 않았지만, 테러가 일어나고 수사가 진행되어도 누가 그런 일을 저질렀
는지 고발하거나 발설하는 경우는 극히 적었다. 알고도 모른 척하는 일종의
묵계가 작용했던 것이다.

2. 학연, 지연이 뿌리 뽑히지 않는 이유
: 균질적 군중

> 비슷한 사회적 지위와 계층, 같은 직업군에 묶인 집단이
> 유사한 정치관과 세계관을 갖는 것은 결코 우연이 아니
> 다. 사람은 자신이 어느 계층에 속한다는 사실을 인지하
> 는 순간 이미 균질적 군중의 일원이 되고, 그는 군중의 집
> 단 심리에 따라 행동하고 결정한다.

균질적 군중에는 파벌과 폐쇄 집단, 사회 계급이 있다.

파벌은 균질적 군중이 조직될 때 가장 먼저 나타나는 형태다. 파벌의 구성원들은 교육 수준이나 직업, 계층 등에서 차이를 보이지만 신념이라는 공통분모를 공유한다. 종파와 정파가 그 예다.

폐쇄 집단은 군중 중에서 가장 고차원적인 조직이라 할 수 있다. 직업과 교육 수준, 계층이 매우 다양한 개인들이 오직 신념이라는 공통분모로 엮여 있는 군중이 파벌인 반면 폐쇄 집단은 직업이 같은 개인들만 아우르기 때문에 그들의 교육 수준과 계층 또한 어느 정도 유사성을 보이기 마련이다. 군인과 성직자들이 그 예다.

사회 계급은 파벌처럼 공통된 신념을 가지거나 폐쇄 집단처럼 동일한 직업에 종사하는 개인들로 이루어진 군중이 아니라, 출신은 다양하지만 이해관계나 생활 습관, 교육 수준 등이 매우 유사한 개인들이 군집한 형태다. 부르주아와 농민 등이 그 예다.

　이 책에서는 비균질적 군중만 다루고 균질적 군중(파벌, 폐쇄 집단, 사회 계급)에 대해서는 다른 책에서 살펴보려 한다. 일단은 비균질적 군중의 전형적인 몇 가지 유형만 살펴보겠다.

Chapter 2

다른 민족을 학살한 국민이
양심의 가책을 느끼지 않는 이유
: 범죄적 군중

범죄자로 불리는 군중 — 군중은 법적으로 범죄자일 수 있지만 심리학적으로는 그렇지 않다 — 군중 행위의 완전한 무의식성 — 다양한 사례 — 9월 학살 주역들의 심리 — 그들의 논리, 감수성, 잔혹성 그리고 도덕성

＊

군중 범죄의 가장 큰 특징은 범죄에 가담한 군중의 구성원들이 그 일을 신성한 의무라고 여긴다는 점이다. 그리고 범죄적 군중은 어떤 열망에 사로잡혀 심지어 학살을 자행하면서도 자신들이 합법적이고 공정한 테두리 안에서 행동한다는 확신에 차 있다. 어떤 면에서 그들의 행위는 법적으로는 분명 범죄이지만 심리적으로는 그렇지 않을 수 있다.

일정 기간 동안 자극을 받은 군중은 암시에 따라 움직이는 단순한 꼭두각시에 불과하므로 그들을 범죄자로 규정하기는 어려울 듯하다. 하지만 최근 심리학 연구들에서 '범죄자'라는 표현을 인정하였으므로 나는 그 잘못된 수식어를 그대로 사용하고자 한다. 사실 군중의 특정 행위는 그 자체로만 본다면 범죄에 해당하지만, 이는 호랑이가 새끼들에게 인도인 한 명을 던져주고 장난삼아 갈기갈기 물어뜯게 한 뒤에 먹어치우는 것처럼 못마땅한 행위일 뿐이다.

군중 범죄는 대체로 강력한 암시에 의해 유발되기 때문에 범죄 행위에 가담했던 개인들은 여느 범죄자들과는 달리 자신들이 어떠한 의무에 복종했다고 확신한다.

이 점은 군중 범죄의 역사를 보면 명료히 알 수 있다. 그중에서도 바스티유 감옥 소장이었던 베르나르 드 로네 살해 사건은 단연 군중 범죄의 전형이라고 할 수 있다. 바스티유 감옥을 점령한 뒤 극도로 흥분한 군중은 로네 소장을 에워싼 채 구타했고, 그를 교수대에 매달자거나 참수하자거나 말 꼬리에 매달아 끌고 다니자고 소리쳤다. 그때 발버둥 치던 로네 소장이 실수로 군중 가운데 한 사람을 발로 찼다. 그러자 누군가가 제안했다. 군중은 소장의 발에 차인 이가 소장의 머리를 직접 베야 한다는 그 제안에 곧장 환호했다.

구경거리를 찾아 돌아다니다가 바스티유 감옥에서 무슨 일이 일어나는지 보러 들어왔던 이 무직의 요리사는 이 괴물을 처단하는 일이 훈장을 받을 만한 애국 행위라고 판단했다. 그게 대다수의 의견이었던 것이다. 그는 사람들이 쥐어준 칼로 소장의 목을 쳤다. 하지만 무딘 날에 목이 잘리지 않자, 주머니에서 검은 칼자루가 달린 단도를

바스티유 감옥을 공격하는 군중을 묘사한 그림이다. 1789년 7월 14일에 일어난 이 사건이 프랑스 대혁명의 시발점이 되었다. 당시 바스티유 감옥에는 7명의 죄수가 수감되어 있었고, 80여 명의 병력이 지키고 있었다. 이들은 1,000여 명의 무장한 군중에 저항했으나 곧 패배했고, 지휘관이었던 로네는 살해당했다. 군중은 로네의 머리와 프랑스 시장의 머리를 창에 꽂고 거리를 누비기도 했다. 구체제의 상징으로 여겨진 바스티유 감옥은 1789년 11월에 철거되었고, 오늘날에는 그 위치에 기념비만 남아 있다.

꺼내 (요리사답게 능숙하게 고기를 자를 수 있었기에) 용케 목을 베는 데 성공했다.

군중 범죄의 메커니즘은 위의 사례만 보아도 분명하게 확인할 수 있다. 집단을 형성할수록 암시에 더욱 강력히 복종하는 경향, 자신이 저지른 일을 매우 칭송받을 만한 행위라 믿는 살인자의 확신, 또 모두가 만장일치로 찬성하기에 그 확신을 더욱 당연시하게 되는 현상 등은 법적으로는 범죄로 규정할 수 있는 행위이지만, 심리학적 관점에서는 그렇지 않다.

범죄적 군중에게서 발견되는 일반적 특성은 사실 다른 모든 군중에게서도 확인되는 특성과 정확히 일치한다. 즉 범죄를 저지르는 여부와는 무관하게 군중에게서는 피암시성, 맹신, 유동성, 긍정적으로든 부정적으로든 과장된 감정, 특정한 형태로 발현되는 도덕성 등이 나타난다는 뜻이다.

이러한 특성들은 9월 학살의 주역, 그러니까 프랑스 역사상 가장 암울한 기억을 남긴 군중에게서도 나타난다. 9월 학살을 자행한 군중은 성 바르톨로메오 대학살에 가담했던 군중과 많은 점에서 유사한데, 자세한 내용에 대해서는 이폴리트 텐이 당대의 회고록에 근거해 엮은 글을 참조해서 살펴보겠다.

죄수들을 학살해서 감옥을 비우라고 명령하거나 제안한 이가 누구인지는 정확히 알 수 없다. 당통이었을 가능성이 높지만, 그게 누구였는지는 중요치 않다. 우리의 관심사는 오직 학살에 가담한 군중이 아주 강력한 암시에 사로잡혔다는 사실이다.

학살에 가담한 군중은 어림잡아 300명이었고, 비균질적 군중의 완벽한 전형이었다. 극소수의 불한당을 제외하면 대부분이 가게 주인을 비롯해 구두장이, 철물공, 가발업자, 석공, 사무원, 중개인 등 다양한 직종의 장인들이었다. 암시에 걸린 그들은 위 사례에서 언급했던 요리사처럼 자신들이 애국적 과업을 수행한다고 믿어 의심치 않았다. 그래서 재판관과 사형 집행인 두 가지 역할을 하면서 결코 스스로를 범죄자로 생각하지 않았다.

그렇게 그들은 자신들이 수행하는 과업이 매우 중요하다는 생각에 사로잡힌 채 일종의 법정을 만들기 시작했다. 얼마 지나지 않아 그들의 사고력이 미숙할 뿐 아니라 공정하지도 못하다는 사실이 여실히 드러났다. 피고인의 수가 워낙 많았던 탓에 그들은 특별한 판결의 필요성을 느끼지도 못한 채 귀족과 성직자, 관료, 왕의 하수인 등 애국자가 보기에 신분과 직업만으로도 충분히 유죄가 입증되는 이들을 모두 사형에 처한다는 결정부터 내렸다. 나머지 피고인들을 심판할 때에는 그들의 외모와 평판을 근거로 삼았다. 군중은 그런 식으로 자신들의 불완전한 양심을 합법이라는 당위성 뒤에 숨긴 채 학살을 자행하며 잔혹한 본능을 마음껏 발산했다. 다른 책에서 그 기원을 다룬 바 있는 이 잔혹한 본능은 집단 안에서 언제나 최고의 힘을 발휘한다. 하지만 완전히 상반된 감정들이 동시에 발현하도록 만들기도 한다. 그래서 잔혹성만큼이나 극단적인 감수성이 함께 표출되고는 하는 것이다.

그들은 파리 노동자들처럼 연민이 흘러넘치고 감수성이 예민했다. 수도원에서 죄수들이 26시간 동안 물도 공급받지 못한 채 방치되었다는 사실을 알게 된 한 당원은 태만한 교도관을 기필코 죽이리라 마음먹었다. 아마도 죄수들의 간청이 없었다면 정말 죽여버렸을지도 모른다. 또 임시 법정에서 내린 판결로 한 죄수가 석방되자 교도관과 사형 집행인들은 모두 그 죄수를 부둥켜안고 우레와 같은 박수로 환호했다.

나치에 의해 폴란드의 아우슈비츠 수용소에 도착한 유대인들. 이들 대부분이 가스실에서 죽음을 맞았다. 나치는 1941년부터 1945년까지 유대인과 슬라브인, 집시, 동성애자, 장애인 등을 무차별 학살했다. 이때 유럽에 살던 유대인 900만 명 중에 600만 명이 사망했다. 이들 유대인들은 히틀러가 집권하기 전까지만 해도 독일인들의 이웃이었다. 독일 국민들은 이전까지만 해도 정을 나누던 유대인 가족이 끌려가는 것을 보면서도 응당 일어나야 할 일이 일어난 것처럼 담담하게 받아들임으로써 수동적으로 학살에 관여했다.

그러고 나서는 다시 나머지 죄수들을 모조리 죽여버렸다. 그렇게 학살을 자행하는 동안에도 그들은 다정함과 쾌활함을 잃지 않았다. 시체 주위에서 춤을 추고 노래를 부르는 것으로 모자라, 귀족을 학살하는 장면에 신이 난 여성들을 위해 숙녀용 벤치까지 준비했다. 이렇듯 그들은 자신들만의 특화된 공정성을 계속해서 입증해 보였다. 가령 수도원의 한 사형 집행인이 몇몇 이들만 귀족에게 폭행을 가하는 즐거움을 맛볼 뿐 조금 멀리 떨어져 있는 여성들은 그 장면을 제대로 볼 수 없다고 항의하자, 공정성에 입각해 구경하는 방식을 바꾸었다. 그들은 죄수들을 학살하기 위해 모여든 이들을 양쪽 울타리 뒤에 세워둔 뒤 그 울타리 사이로 귀족들을 천천히 지나가게끔 했다. 그리고 희생자들이 오랫동안 고통을 받게끔 학살자들에게 그들을 칼등으로만 치게 했다. 또 라 포르스 감옥에서는 희생자들을 발가벗긴 채 30여 분 동안 난도질을 하다가 모두가 그 장면을 잘 보고 나면 그들의 배를 갈라 죽였다.

한편 학살자들에게는 매우 양심적인 면도 있어서, 앞서 군중에게서 나타난다고 지적했던 도덕성을 보여주기도 했다. 희생자들의 돈이나 보석을 탈취하지 않고 위원회 책상 위에 올려두었던 것이다.

그들이 보여준 이 모든 행위에서 우리는 군중 정신의 특징인 초보적이고 미숙한 사고방식을 발견할 수 있다. 1,200명 내지 1,500명에 달하는 사람이 국가의 적으로 몰려 참수형에 처해진 이후, 누군가가 늙은 걸인과 부랑자, 젊은 죄수들이 수감된 다른 감옥들을 두고 사실상 밥만 축내는 이들을 모아둔 것이라고 지적하며 그들을 죽이는 게 좋겠다고 제안하자, 군중은 즉각 그 제안을 받아들였다. 그도 그럴 것이 그들 중에는 분명 풍속을 교란한 자의 미망인인 들라뤼 부인을 포함한 국가의 적들이 더러 있었을 테니 말이다. "그녀는 자신이 감옥에 갇혀 있다는 현실에 분명 격노했을 것이고, 할 수만 있다면 파리를 불 질러버렸을 터였다. 그녀는 분명 그렇게 말했을 것이다. 아니, 그렇게 말했다. 그러니 그녀도 없애버려야 한다." 이 논변이 꽤나 그럴듯해 보였던지, 죄수들은 모조리 죽임을 당했다. 그중에는 12세부터 17세에 이르는 청소년 50명도 포함되어 있었는데, 훗날 국가의 적이 될지도 모르니 제거해야 한다는 명분에서 이들도 죽음을 면치 못했다.

학살자들은 일주일 동안 이 모든 학살을 자행한 뒤에

야 쉬어야겠다는 생각을 했다. 그러고는 자신들이 조국에 큰 공을 세웠다는 깊은 확신을 갖고 당국에 찾아가 포상을 요구했다. 가장 열성적이었던 이들은 훈장까지 요구하기도 했다.

이와 유사한 사례들은 1871년 파리 코뮌의 역사에서 꽤 많이 찾아볼 수 있다. 군중의 영향력이 점점 커져가고, 그런 군중에 권력이 차례로 굴복한다면 또 다른 유사 사례들을 적잖이 목격하게 될 것이다.

대학 교수들의 모임이 구두장이들의 모임보다 나은 결정을 내리는 것은 아니다

: 중죄 재판소의 배심원단

중죄 재판소의 배심원단 — 배심원단의 일반적 특징 — 배심원단의 구성과 그들이 내리는 평결이 무관하다는 사실은 통계로 입증된다 — 배심원단의 마음을 울리는 방법 — 이성적 추론의 결핍 — 유명한 변호사들의 설득 방법 — 배심원단이 관용을 베푸는 범죄와 엄격한 잣대를 들이대는 범죄의 성격적 차이 — 배심원 제도의 유용성과 사법관 판결의 극단적 위험성 오늘날 프랑스 사법 당국은 소시민 계급에서 배심원단을 선발하지만, 과거 지식인층이 내린 평결과 큰 차이를 보이지 않는다. 군중은 평균 수준의 역량을 공유할 뿐이라는 사실이 배심원단에서도 드러난다.

모든 유형의 배심원단을 다룰 수는 없기에 이 책에서는 가장 중요한 배심원단인 중죄 재판소의 배심원단만을 살펴보도록 하겠다.

중죄 재판소의 배심원단은 비균질적인 비익명 군중의 완벽한 전형으로, 여느 군중처럼 피암시성을 수용하고, 무의식적 감정에 지배당하며, 이성적 추론 능력이 결핍되어 있고, 지도자의 영향을 받는 등의 특성을 보인다. 이번 장에서는 배심원단을 다루면서, 군중 심리학을 잘 모르는 이들이 범하고는 하는 오류의 흥미로운 사례들을 함께 살펴보려 한다.

우선 배심원단이 내리는 결정을 보면 군중을 구성하는 다양한 개인들의 지적 수준은 크게 중요하지 않다는 점이 확인된다. 심의회에서 전문성이 없는 문제에 대해 의논할 경우 회의 구성원들의 지적 수준은 사실상 아무런 작용을 하지 않으며, 학자나 예술가가 모여 있다고 해서 일반적인 주제에 대해 석공이나 식료품상 모임과 현저히 다른 판단을 내리는 것도 아니다. 과거 프랑스 행정부는 배심원단을 구성할 때 신중을 기해서 교수나 공무원, 문인 등 식견을 갖춘 계층에서 선발했지만, 오늘날에는 주로 소상인이나 영세업자, 피고용자들로 충원하고 있다. 그런데 여기에는 전문가들도 놀란 매우 흥미로운 사실이 하나 있다. 배심원단의 구성원들이 누구든 그들이 내린 평결이 거의 동일했다는 점이 통계로 입증되었던 것이다. 배심원 제도에 매우 적대적이었던 사법관들조차 배심원단의 평결이 정확하다는 사실을 인정할 수밖에 없었다. 중죄 재판소장이었던 베라르 데 글라주는 자신의 회고록에서 이 주제에 대해 다음과 같이 털어놓았다.

오늘날 배심원단을 선발하는 권리는 사실상 시의원들에게 있다. 즉 그들이 처한 정치적 상황에 따라 유권자인 배심원단 후보자들을 마음대로 선발하거나 배제하는 식이다. (⋯) 그래서 과거 선발되었던 상인들보다 영향력이 작

306

Psychologie des foules

은 상인들 또는 특정 행정 기관의 공무원 등이 대거 배심원단으로 선발된다. (…) 하지만 심판자의 역할 속에서 그들의 개인적 견해와 직업은 무의미해지고, 서민 신분임에도 선한 의지를 불태우는 그들은 대부분 초심자답게 대단한 열의를 보이고는 한다. 그렇게 그들은 배심원단으로서의 의지를 굽히지 않는다. 그들 배심원단의 평결은 달라진 것이 없었다.

인용한 구절에서는 배심원단의 평결이 매우 정확하다고 평가할 만한 결론만 기억하면 될 뿐 빈약한 설명까지 기억할 필요는 없다. 사법관만큼이나 변호사 역시 군중 심리, 즉 배심원단의 심리를 몰랐던 듯하니 글라주의 설명이 빈약하다고 해서 놀랄 일도 아니다. 변호사들이 배심원단의 심리를 잘 몰랐다는 사실은, 중죄 재판소의 유명한 변호사 라쇼가 배심원단으로 선발된 지성인들에 대해 철저하게 기피 신청을 했다고 기술한 글라주의 글만으로도 입증된다. 하지만 그 기피 신청이라는 게 아무런 소용이 없다는 점은 지금까지의 경험만으로도 알 수 있는 사실이다. 적어도 파리에서는 현재 어떤 검찰관과 변호사도 배심단원의 구성원에 대해 기피 신청을 하지 않는다는 것이 그 증거인 셈이다. 글라주 소장이 밝힌 대로, 평결은 배심원단이 누구인지에 따라 바뀌지 않았을 뿐만 아니라 더 좋아지지도, 더 나빠지지도 않았다.

여타의 모든 군중과 마찬가지로 배심원단 역시 감정에 극렬히 동요할 뿐 이성적 추론에는 거의 영향을 받지 않는다. 한 변호사는 배심원단이 '젖을 물리는 여성이나 고아들의 행렬을 아무런 동요 없이 보지 못한다'고 기록했고, 글라주 소장도 "수려한 미모의 여성이라면 배심원단의 온정을 얻기 쉽다"고 말한 바 있다.

> 배심원단은 자신에게 해가 되거나 사회를 위험하게 만들 범죄와 그렇지 않은 범죄를 본능적으로 구분한다. 예를 들어 치정 범죄에는 관대한 입장을 취하는 것이다. 그리고 변호사는 배심원단 전체를 설득하기 위해 애쓸 필요가 없다. 배심원단 전체의 의견을 선동할 수 있을 만큼 영향력이 강한 2~3명의 배심원을 파악하여 그들만 자기편으로 끌어들이면 된다. 그것이 유능한 변호사의 방식이다.

배심원단은 자신들에게 타격을 줄지도 모를 범죄, 또 분명 사회에 가공할 만한 위험을 안길 가능성이 높은 범죄에는 가차 없이 준엄하다. 하지만 이른바 치정 범죄에는 무척이나 관대한 편이다. 그래서 영아 살해를 저지른 미혼모에게는 물론이거니와 자신을 버린 호색가 애인에게 약간의 황산을 뿌린 여성에게는 엄격한 잣대를 들이대지 않는다. 그들의 범죄가 사회에 그다지 위협이 되지 않으며, 버림받은 여성들을 국가가 법으로 보호하지 못하는 상황에서 사적 복수를 행한 그 여성들의 범죄가 미래의 호색한들을 위축시키기 때문에 유해하기보다는 유익하다는 점을 본능적으로 직감하는 것이다.[23]

더욱이 배심원단은 다른 모든 군중처럼 위신에 쉽게

---

23 배심원들은 사회에 위협이 되는 범죄와 그렇지 않은 범죄를 본능적으로 잘 구분할 뿐 아니라 꽤 정확히 구분한다는 사실을 짚고 넘어가야겠다. 형법의 목적은 위험한 범죄자로부터 사회를 보호하는 것이지, 사회를 대신해 그들에게 복수하는 것이 아니다. 그렇기는 하나 프랑스의 법을 비롯하여 특히 사법관들은 원시법(원시 사회에서 질서를 유지하도록 한 사회 규범)의 징벌 정신에 물들어 있는 탓에 '공소'vindicta(라틴어로 '복수'라는 의미)라는 용어가 여전히 일상적으로 통용되고 있는 실정이다. 실제로 초범자가 아닌 경우에만 처벌하도록 규정한 베랑제라는 훌륭한 법이 사법관 대다수의 반대로 적용되지 못하고 있으며, 그 사실을 뒷받침할 증거도 있다. 처벌받은 초범자가 십중팔구 다시 범죄를 저지른다는 사실은 통계로도 입증된 만큼 그 어떤 사법관도 모르지 않을 것이다. 하지만 그들은 죄인을 풀어줄 경우 사회가 복수에 성공하지 못한 것처럼 여기는 탓에 차라리 위험한 재범자를 양산하는 편을 택하고 만다.

매료되는 편이다. 이에 대해 글라주 소장은 매우 민주적으로 구성된 배심원단이라 해도 귀족적인 것에 사로잡히는 성향이 강하다는 점을 정확히 지적한 바 있다. '이름과 출신, 재산, 명성, 유명한 변호사 선임 등 피고를 돋보이게 하고 빛나게 하는 것들은 피고에게 막대한 도움이 된다.' 그러므로 훌륭한 변호사라면 반드시 배심원단의 감정에 호소하면서도 다른 모든 군중에게 그러듯 이성적 추론은 거의 배제하거나 초보 단계의 논증만 제시해야 한다. 이는 중죄 재판소에서 승소하여 유명해진 한 영국인 변호사의 행동을 보면 알 수 있다.

그는 변론하는 와중에도 배심원단을 유심히 관찰했다. 그때가 그들을 관찰할 적기인 것이다. 변호사는 배심원단의 표정에서 자신이 내뱉은 문장과 단어 하나하나에 대한 반응을 직감적이고도 습관적으로 읽어낸 뒤 결론을 이끌어낸다. 우선 피고의 편으로 기운 배심원이 누구인지 눈 깜짝할 사이에 가려낸 뒤 자신의 변론에 동조하지 않는 이들에게로 눈길을 돌려 그들이 피고에게 적대적인 이유를 알아내려 애쓰는 식이다. 이것이 변호사가 하는 일 중에 가장 까다로운 부분이다. 그럴 수밖에 없는 것이, 그들이 피고에게 유죄를 선고하려는 데에는 정의감 외에도 수많은 이유가 작용하는 법이기 때문이다.

이 몇 줄의 인용문은 변론술의 목적이 무엇인지 매우 잘 요약하고 있다. 또 배심원단이 어떻게 반응하는지에 따라 매순간 표현을 바꿔야 하기 때문에 변론을 미리 준비하는 것이 아무런 쓸모가 없음을 잘 보여준다.

그렇다고 해서 모든 배심원을 설득할 필요는 없다. 변호사는 그들 전체의 의견을 선동할 배심원들의 공감만 얻으면 된다. 모든 군중에서 그렇듯, 배심원단에서도 언제나 소수가 나머지 개인들을 이끄는 법이다. 이에 대해서 위의 인용문에서 언급한 변호사는 이렇게 말했다. "평결을 내릴 때 영향력이 강한 배심원 1~2명을 설득하는 것만으로도 배심원단 전체의 찬동을 얻어낼 수 있다는 걸 경험했다." 변호사가 암시로 설득해야 하는 이들은 그 배심원 2~3명이라는 말이다. 그러므로 무엇보다도 그들의 마음을 얻는 것이 중요하다. 마음을 빼앗긴 그 군중 속의 개인은 변호사가 제시하는 논거라면 무엇이든 훌륭하게 여겨서 기꺼이 받아들이기 마련이다. 나는 변호사 라쇼에 관한 흥미로운 연구에서 다음의 일화를 찾았다.

라쇼는 중죄 재판소에서 변론하는 내내 배심원 2~3명에게서 눈을 떼지 않았다. 영향력이 있지만 까다로운 인물로 알려져 있거나 그렇게 느껴지는 이들이었다. 라쇼는 보통 이렇게 다루기 힘든 배심원들의 마음을 사로잡고는 했지만, 한번은 지방에서 45분 동안이나 집요하게 변론을 펼쳤음에도 설득하지 못한 배심원을 만난 적도 있었다. 두 번째 줄 첫째 자리에 앉은 7번 배심원이었다. 절망적인 상황이었다. 그런데 라쇼가 열띤 토론을 펼치던 중 갑자기 말을 멈추더니 재판장에게 청하는 게 아닌가. "재판장님, 저기 저 앞쪽 커튼을 치도록 해주시겠습니까? 7번 배심원께서 햇빛에 눈이 부신 듯합니다." 그러자 7번 배심원은 얼굴을 붉히며 미소를 짓고는 감사를 표했다. 그리고 피고의 편에 섰다.

많은 지식인들이 배심원 제도의 오류를 지적한다. 실제로 배심원단이 평결을 내림에 있어 오류를 저지를 수도 있다. 하지만 폐쇄 집단의 일원인 사법관들이 저지르는 오류에 비하면 아무것도 아니다. 폐쇄 집단은 자신들의 전문성을 근거로 사안을 판단하지만, 실제로 주변에서 일어나는 일들이란 어떤 전문성의 영역에서 벗어난 경우가 대부분이다. 군중이 가진 힘이 막강하다 하지만, 폐쇄 집단이 가진 힘이야말로 정말 두려운 것이다.

    배심원 제도는 외부 통제가 불가능한 폐쇄 집단(여기서는 재판관 직업군을 말한다)에서 매우 빈번하게 일어날 수 있는 오류를 막을 유일한 방지책이지만, 최근에 이 제도를 강력하게 반대하고 나서는 작가들이 생겨나고 있다.[24] 그중에는 저명한 작가도 더러 포함되어 있다. 식견을 갖춘 계층에서만 배심원을 선발해야 한다는 작가들도 있다. 하지만 이미 확인했듯이 그런 계층의 사람들로만 구성된 배심원단이라도 지금의 배심원단과 똑같은 평결

---

24   사법관은 사실상 행위에 어떠한 제약도 받지 않는 유일한 공무원이다. 민주주의를 표방하는 프랑스는 그 모든 혁명에도 불구하고 영국이 그토록 자랑스러워하는 인신 보호법을 제정하지 않고 있다. 게다가 그 모든 폭군들을 추방했음에도 각 도시마다 시민들의 명예와 자유를 마음대로 주무르는 법관을 임용했다. 법대를 갓 졸업한 신참 예심 판사는 아무리 중요한 인물이라도 혐의가 있어 보이면 유죄를 단순 추정하여 마음대로 수감시키는 목불인견의 권력을 휘두른다. 또 수사를 구실로 피의자를 6개월에서 1년까지 붙잡아두었다가 어떤 배상이나 사과도 없이 풀어주기도 한다. 오늘날의 체포 영장은 과거 왕정 시대 때 숱한 비난을 받았던 왕의 봉인장과 완전히 동일하다. 다만 다른 점이 있다면, 과거에는 당대 거물들만이 발부할 수 있었던 것이 지금은 식견이나 독립성과는 거리가 먼 시민 계층의 손안에 있다는 사실이다.

을 내릴 것이 틀림없다. 또 다른 작가들은 배심원들이 저지르는 오류를 근거로 내세우며, 배심원 제도를 폐지해 판사가 판결권을 가져야 한다고 주장한다. 하지만 배심원에 그토록 많은 비난을 안겨주는 오류들을 사실은 판사들이 늘 저지르고 있다는 점은 어째서 잊어버리는 걸까? 배심원단 앞에 선 피고는 이미 예심 판사와 검찰관, 기소부 등 여러 사법관들에게서 죄인으로 지목당한 것과 마찬가지다. 그러니 피고가 배심원단이 아닌 사법관들에게 최종 심판을 받는다면, 자신의 무죄를 인정받을 수 있는 유일한 기회를 잃고 말 것이다. 배심원단이 저지르는 오류들은 사법관들이 먼저 범한 오류들이었다. 그러니 유난히 중대한 사법적 오류를 따질 때에는 오직 사법관들에게만 비난의 화살을 돌려야 한다. 예컨대 A 박사에게 유죄 판결을 내릴 때처럼 말이다. 반 백치의 한 여성이 A 박사에게 30프랑에 낙태 시술을 받았다고 고발했고, 극도로 편협했던 예심 판사는 그 여성의 고발을 근거로 박사를 기소했다. 하지만 대중의 분노가 들끓자 국가 원수는 즉각 박사를 사면했다. 만약 대중이 격노하지 않았더라면 박사는 감옥행을 면치 못했을 것이다. 시민들 모두가 박사의 두터운 신망을 보증한 덕에 섣부른 사법적 오류가 드러난 경우였다. 결국 사법관들은 오류를 시인했지만, 폐쇄 집단답게 박사의 특별 사면이 승인되지 못하게끔 온갖 방법을 동원했다. 배심원단은 이와 유사한 사건들에 맞닥뜨렸을 때 이해하기 힘든 전문적이고도 세부적인 내용들 속에서 자연히 검찰의 말에 귀를 기울일 수밖에 없다. 어쨌거나 그 모든 복잡한 사안들에 능숙한 사법관들이 사건의 사정에 밝으리라 생각하면서 말이다. 그렇다면 진정 오류를 범하는 자들은 이제 누구인가? 배심원들인가, 사법관들인가? 우리는 배심원 제도를 잘 지켜내야 한다. 어쩌면 배심원단은 다른 개인들로 대체될 수 없을 유일무이한 범주의 군중일지도 모른다. 만인 평등의 원칙을 고수해야 하기 때문에 이례적인 경우를 허용하지 않는, 그런 법의 경직성을 완화할 수 있는 장치는 오직 배심원 제도뿐이다. 업무의 경직성 때문에 인정사정없이 법조문만 중시하는 판사는 남성에게 버림받고 가난에 시달리다 자신의 아이를 죽인 불쌍한 여성에게 살인을 저지른 강도와 같은 형을 선고하지만, 배심원단은 여성을 버리고 법망까지 피한 남성의 죄가 버림받은 여성의 죄보다 훨씬 크다는 점을 본능적으로 직감하기에 여성에게 관용을 베풀어야 한다고 생각한다.

나는 폐쇄 집단의 심리뿐만 아니라 다른 범주에 있는 군중들의 심리도 잘 알고 있다. 그래서 만약 저지르지도 않은 일로 억울하게 고소되는 일이 생기면, 사법관 판결보다는 배심원들의 평결을 선택할 것이다. 배심원들로부터는 무죄를 인정받을 가능성이 높겠지만, 사법관들의 판결로는 그럴 확률이 희박할 테니 말이다. 군중의 힘은 가히 무시할 수 없지만, 그중에서도 폐쇄 집단의 힘은 더욱 두려운 것이다. 군중을 설득할 수는 있지만 폐쇄 집단은 결코 뜻을 굽히지 않기 때문이다.

316

Chapter 4

군중과 대등한 위치에 있는 지도자란
존재할 수 없다
: 유권자 군중

유권자 군중의 일반적 특징 ― 유권자 군중을 설득하는 방법 ― 후보자가 갖추어야 할 자질 ― 위신의 필요성 ― 노동자와 농민이 동일 신분의 후보자를 선택하는 경우가 드문 이유 ― 단어와 경구가 유권자에 미치는 영향 ― 선거 관련 논쟁의 일반적 측면 ― 유권자의 견해는 어떻게 형성되는가 ― 선거 관리 위원회의 영향력 ― 선거 관리 위원회는 가장 가공할 만한 형태의 전횡이다 ― 프랑스 대혁명 위원회 ― 보통 선거는 심리학적으로 가치가 미미하지만 무엇으로도 대체될 수 없다 ― 특정 시민 계층으로 투표권을 제한하더라도 투표의 결과가 똑같은 이유 ― 각국이 보통 선거를 해석하는 방법

선거 후보자가 갖추어야 할 첫 번째 조건은 위신이다. 타고난 위신이 없다면 재력으로 보완할 수 있다. 노동자 계급이 같은 노동자 출신의 후보자에게 투표하지 않는 이유는 그런 후보자에게서 위신을 느끼지 못하기 때문이다. 후보자는 확언과 반복, 전파를 통해 군중을 끌어들여야 한다. 유권자 군중은 후보자를 통해 자신들의 욕망을 실현하려는 욕구에 사로잡혀 있기 때문에 후보자는 과도할 만큼 공약을 남발해서 유권자의 마음을 사로잡아야 한다. 군중은 이성적 추론 능력이 없기에 상대의 비방에 대하여 논리로 맞서는 것은 패배를 자초하는 행위다.

유권자 군중, 즉 특정 공직의 적임자를 선출하고자 하는 집단은 비균질적으로 구성되었지만, 여러 후보자 중에서 적임자를 선택한다는 단 한 가지 명확한 목표를 공유하기 때문에 앞서 기술한 군중의 특성 중 몇 가지만 관찰될 뿐이다.

유권자 군중에게서 특별히 나타나는 특성으로는 이성적 추론 능력의 결핍, 비판력 결여, 격분, 경신, 지나친 단순화가 있다. 또한 그들이 내리는 결정을 들여다보면 지도자의 영향력 외에 확언과 반복, 위신, 전파 등 앞서 열거했던 요인들이 작용한다는 사실을 발견할 수 있다.

그렇다면 유권자 군중을 사로잡는 방법은 무엇일까? 가장 성공적인 방법이 무엇인지 살펴보는 것으로 그들의 심리를 명확히 유추할 수 있을 것이다.

후보자가 갖추어야 할 첫 번째 조건은 단연 위신이다. 개인이 타고난 위신을 대체할 수 있는 것은 오직 그가 가진 재력의 위신뿐이며, 재능이나 천재성조차도 성공 요인은 아니다.

위신, 그러니까 어떠한 이의 없이 타인에게 인정받을 수 있는 능력은 후보자에게 매우 중요하다. 대다수가 노동자와 농민으로 구성된 유권자 군중이 자신들 중 누군가를 대표로 선출하는 경우가 무척 드문 이유는 그들과 같은 신분에서 배출된 이들에게서는 아무런 위신을 느끼지 못하기 때문이다. 만약 그들과 같은 신분의 누군가를 대표로 지명하는 일이 있다면 대개는 부차적인 이유가 있는데, 가령 뛰어난 인물이나 강력한 지도자에게 의존하기보다는 잠시나마 그들의 지배자가 되고 그들에게 저항하고자 하는 환상에 빠지고 싶은 경우를 들 수 있다.

물론 위신이 후보자의 성공을 보장하지는 않는다. 유권자는 후보자가 자신의 탐욕과 허영을 채워주기를 바라므로, 후보자는 유권자에게 과도한 아첨은 물론 비현실적인 약속도 서슴없이 해야 한다. 만약 노동자 출신 후보자라면 고용주들을 향한 심한 악담이나 비난을 퍼부어도 좋다. 또 상대 후보자를 무너뜨리기 위해 확언과 반복, 전파를 통해 그가 극악한 악당이며 그가 저지른 수많은 범죄를 모르는 이가 없다는 점을 유권자에게 심어주는 것도 방법이다. 물론 증거 따위를 제시할 필요는 없다. 만약 상대 후보자가 군중 심리를 잘 모른다면 또 다른 확언으로 맞서는 대신 여러 논거를 들어 자신의 정당함을 입증하려 할 것이고, 그 결과 그 후보자가 이길 승산은 사라져버릴 것이다.

후보자의 공약집은 차후 상대 후보자들에게 반박의 빌미를 줄 수 있으므로 너무 단도직입적으로 표현해서는 안 된다. 하지만 구두 공약이라면 지나치다 싶을 정도로 과해도 괜찮다. 또 획기적인 개혁안을 거침없이 약속해도 좋다. 과장된 공약으로 그 순간에 큰 효과를 일으키면 그뿐, 장래까지 책임을 질 의무는 없는 법이다. 실제로 지속적으로 관찰한 결과, 당선자는 자신의 신조를 표명하여 당선되었을 테지만 유권자는 그가 앞서 내세웠던 신조를 얼마나 지켰는지 전혀 궁금해하지 않았다.

> 유권자를 끌어당기기 위해 선거 후보자 진영이 내세우는 경구와 구호는 의미가 모호할수록 큰 효과를 발휘한다. 듣기 좋은 단어로 적절하게 조합된 경구는 애초에 정확한 의미를 밝히기 힘들기 때문에 유권자들은 각자의 처지에 맞게 제 입맛대로 해석하여 자기화한다. 확언과 비방, 주먹다짐이 오가는 선거 집회와 유세 현장에서 유권자 군중의 이성적 행위를 기대한다는 것은 어리석은 일이다.

322

여기서 우리는 앞서 기술한 설득의 모든 요인을 발견할 수 있다. 그리고 이제 막강한 영향력을 입증한 바 있는 단어와 경구의 작용에서 그 설득의 요인을 찾아보려 한다. 단어와 경구를 잘 활용할 줄 아는 연사라면 자신이 원하는 방향으로 군중을 끌고 갈 수 있다. 예를 들어 추악한 자본, 비열한 착취자, 바람직한 노동자, 부의 사회화 같은 표현은 다소 진부하기는 해도 언제나 같은 효과를 일으키기 마련이다. 하지만 유권자의 다양한 열망에 부응하고자 뜻이 명확하지 않은 경구를 사용하는 후보자라면 반드시 성공을 거둔다. 복잡한 의미를 지닌 불가해한 단어들로 누구든 각자의 방식으로 해석할 여지를 남겼던 1873년의 스페인 혁명이 바로 그 예다. 그 혁명의 기원에 대해서는 한 현대 작가의 이야기가 인용할 만하다고 생각된다.

급진파는 단일 공화국이 사실은 위장된 군주국일 뿐이라는 사실을 알게 되었다. 그러자 의회는 그런 그들의 마음을 겨냥해 만장일치로 연방 공화국을 선언했다. 하지만 의원 가운데 누구도 자신들이 방금 투표한 제도가 무엇인지 제대로 설명하지 못했다. 그럼에도 '연방 공화국'이라는 표현은 모두를 매료시켰다. 미덕과 행복이 이제 막 지구상에 첫발을 디딘 듯 모두가 그 표현에 도취되어 열광했다. 한 공화주의자는 견원지간의 반대자가 자신을 연방주의자라고 부르기를 거부하자 치명적인 모욕을 당한 듯 불쾌해했다. 사람들은 길에서 만나면 서로에게 다가가 "연방 공화국 만세!"라고 말하며, 군부의 거룩한 불복종과 그들의 자율성을 찬양했다. 대체 '연방 공화국'이 무엇이기에? 어떤 이들은 미국의 제도와 유사한 지방 자치 또는 행정 기구의 지방 분권으로 이해했지만, 머지않아 모든

1833년 아버지 페르난도 2세가 사망하면서 3살 나이에 왕위에 오른 스페인 여왕 이사벨 2세는 재위한 35년 동안 숱한 내전에 시달려야 했다. 결국 1868년 군부가 반란을 일으키자 그녀는 왕위를 포기하고 프랑스로 망명했다. 오랜 시간 왕정 국가였던 스페인의 왕위가 공석이 된 것이다. 이에 의회는 스페인 왕가와는 아무런 혈통 관계가 없는 이탈리아 사보이아 왕가 출신의 아마데오 1세를 왕으로 영입했다. 왕을 수입한 것이다. 하지만 명분과 정당성이 약한 아마데오 1세는 제대로 왕 노릇을 할 수 없었고, 스페인이 혼란 상황으로 치닫자 이탈리아로 돌아가버렸다. 이때가 1873년으로, 스페인에서는 짧게나마 공화정이 수립된 이 사건을 '혁명'이라고 부르지만 사실상 각 정당과 정치 세력이 무주공산이 된 군주 자리를 차지하기 위해 다툰 새로운 내전의 시작에 불과했다. 사진은 1885년경 아마데오 1세의 모습을 담은 것이다.

당국이 해산하고 대대적으로 사회를 청산하는 시발점이 되리라고 여기는 이들도 있었다. 바르셀로나와 안달루시아의 사회주의자들은 각 도시가 주권을 가져야 한다고 강조하며, 스페인을 1만 개의 독립적인 자치 도시로 분할하여 각 도시에서 법을 제정하도록 하고 군대와 경찰 조직을 폐지하라고 요구했다. 그리고 얼마 지나지 않아 남부 지방에서는 여러 도시와 마을로 차례차례 폭동이 번져갔다. 어떤 도시는 지방 자치를 선언한 뒤 제일 먼저 전신과 철도를 파괴해 인근 지역이나 마드리드와 소통할 수 있는 수단을 차단했다. 지방 자치 제도에서 비껴가고자 하는 마을은 단 한 곳도 없었다. 결국 연방제는 방화와 학살이 만연하는 폭력적인 지방 분권제로 대체되어 스페인 전역에서 피비린내 나는 해방의 축제가 벌어졌다.

한편 이성적 추론이 유권자들의 사고에 어떤 영향을 줄 수 있는지에 대해서는 선거와 관련한 집회의 회의록을 읽어보면 일말의 의심도 남기지 않고 분명히 알 수 있을 것이다. 선거 집회는 확언과 비방, 주먹다짐이 오가는 장이다. 하지만 깐깐한 참석자 한 사람이 청중에게 즐거움을 줄 목적으로 후보자에게 곤란한 질문을 던지겠다고 말하는 순간에는 정적이 흐르기 마련이다. 그러나 그 깐깐한 반대자의 만족은 그리 오래가지 않는다. 그의 목소리는 곧 고함소리에 묻혀버리기 때문이다. 다음은 일간지에 실린 유사 비평 수백 편 가운데 선별한 글로, 군중 집회의 전형이라 해도 좋다.

집회 주최자가 참석자들에게 의장을 선출할 것을 제안하자 격한 소동이 벌어졌다. 무정부주의자들은 책상을 차지하려 단상 위로 뛰어올랐고, 사회주의자들은 책상을 빼앗기지 않으려 안간힘을 썼다. 그들이 서로를 향해 경찰에 매수된 앞잡이라고 삿대질하며 치고받던 중 한 시민이 눈을 다쳐 집회장에서 빠져나오는 일도 있었다.

결국 소란 와중에 책상은 어느 정도 정돈되었고, 연단은 X 동지의 차지가 되었다.

연사가 사회주의자들을 가차 없이 풍자하자, 그들은 "얼간이! 악당! 사기꾼!"이라고 소리치며 그의 말을 가로막았다. 그러자 X 동지는 사회주의자들을 "멍청이" 또는 "광대"로 만들어버리는 이론을 펼치며 응수했다.

어제 저녁 알마니스트당은 포부르-뒤-탕플 거리에 있는 상공 회의소에서 5월 1일 노동절 준비를 위한 대규모 집회를 마련했다. 집회의 구호는 '평온과 안녕'이었다.

G 동지는 사회주의자들을 '얼간이', '협잡꾼'으로 취급했다.

그 말에 연사와 청중은 서로 욕설을 퍼부으며 치고받았고, 의자와 벤치, 책상 등이 연단 위로 날아들었다.

이러한 격론이 특정 계층의 유권자에 국한되는 행태이자 그들의 사회적 지위에 따른 작태라고 생각해서는 안 된다. 식자층으로 구성된 집회를 비롯한 어떤 집회든 익명의 군중이 모인 집회에서의 토론은 곧잘 같은 양상을 보이기 마련이다. 군중의 구성원들이 정신적으로 동화되는 경향이 있다는 사실은 이미 확인했으며, 그 점을 입증할 만한 현상은 언제든 어렵지 않게 찾을 수 있다. 다음은 학생 집회의 회의록 일부로, 신문에서 발췌한 내용이다.

밤이 깊을수록 소란해질 뿐이었다. 여기저기서 동시에 고함소리가 터져 나와서 연사들 중 어느 누구도 두 문장을 연이어 말할 수 없었다. 박수를 치는 청중이 있는가 하면, 휘파람을 불며 야유하는 이도 있었다. 청중들 사이에서도 열띤 토론이 시작되었다. 어떤 학생들은 막대기를 마구 휘둘렀고, 또 다른 학생들은 박자에 맞추어 발을 구르기도 했다. 또 그렇게 집회를 방해하는 학생들을 향해 "밖으로 나가라!"라거나 "연단에 서라!"라고 외치는 학생들도 있었다.

M-C 학생은 연합회가 돈에 매수된 보복 집단이라며, 악랄하고 비열하고 끔찍하고 천하다는 수식어로 비난했다. 그리고 그런 연합회 따위는 해체해버리고 싶다고 표명했다.

이러한 여건에서 어떻게 유권자의 견해가 생겨날 수 있는지 의아할 것이다. 하지만 그러한 의문을 제기하는 것은 집단이 누릴 수 있는 자유의 수준을 상당히 착각하고 있다는 뜻이다. 군중은 강요된 견해를 가질 뿐 결코 이성적 추론에 근거한 견해를 제시하는 법이 없다. 그리고 유권자들의 견해와 표심을 주무르는 주체는 선거 관리 위원회, 즉 노동자들에게 외상을 주어 막강한 영향력을 발휘하는 주류업자들이 지도자로 있는 단체다.

오늘날의 민주주의를 가장 굳건히 수호하는 사람 중한 명인 에드몽 셰레_Edmond Henri Adolphe Schérer_(1815~1889, 프랑스의 신학자이자 정치인)는 이런 글을 남겼다. '선거 관리 위원회가 무엇인지 아는가? 간단히 말하자면 우리 프랑스 제도의 열쇠이자 정치 기구의 핵심이라 할 수 있다. 선거 관리 위원회가 오늘날의 프랑스를 통치하고 있는 것이나 다름없다.'[25] 만약 후보자가 군중이 인정할 만한 인물인 데다 충분한 재력까지 갖추었다면 그리 어렵지 않게 위원회에 영향력을 행사할 수 있다. 불랑제 장군의

---

25 동호회, 조합 등의 명칭과는 상관없이 위원회라고 하는 것에는 군중 권력이 야기할 수 있는 가장 가공할 만한 위험이 도사리고 있는 듯하다. 그도 그럴 것이, 위원회는 비인격체이기에 가장 폭압적인 전횡을 행사하기도 한다. 또 위원회를 이끄는 지도자들은 공동체를 대변해 행동하기 때문에 모든 책임에서 배제되며 무슨 일이든 할 수 있다. 이것이 잔인한 폭군조차 감히 생각지 못했던 추방 명령을 프랑스 혁명 위원회가 지시할 수 있었던 이유다. 폴 바라스는 위원회가 국민 공회 의원들을 일부 솎아내며 정기적으로 그들의 수를 줄여나갔다고 말했다. 로베스피에르 역시 혁명 위원회를 대변할 때는 절대 군주나 다름없었다. 하지만 그는 자존심 때문에 혁명 위원회에서 나가자마자 완전히 힘을 잃고 말았다. 군중의 지배는 위원회의 지배, 즉 위원회 지도자들의 지배인 것이다. 그보다 더 무자비한 횡포를 감히 상상할 수 있겠는가.

후원자들이, 그가 선거에서 여러 차례 승리한 데 든 비용이 300만 프랑으로 충분했다고 시인한 것처럼 말이다.

유권자 군중의 심리가 바로 그렇다. 여타 군중의 심리에 비해 더 나을 것도, 더 나쁠 것도 없다.

> 국민 대다수의 정치 참여를 유도하는 보통 선거는 군중의 우매하고 열등한 성질이 그대로 드러나는 제도이기 때문에 숙명적으로 단점을 내포하고 있다. 하지만 지적 수준과 재산 정도에 따라 투표 자격을 부여하는 제한 선거를 도입한다 해도 어차피 그들조차 군중의 특성을 피할 수 없기에 결과는 마찬가지다. 오히려 폐쇄 집단이 가진 위험성까지 감당해야 하는 어려움에 처할지 모른다. 당선자의 평균은 민족의 평균값이다. 그 평균값은 세대가 바뀌어도 변하지 않는다.

그러므로 나는 보통 선거에 반하는 어떠한 결론도 내리지 않으려 한다. 만약 보통 선거의 운명이 내 손에 쥐어진다면, 나는 군중 심리를 연구하면서 도출된 실질적인 이유들을 근거로 보통 선거를 지금 이대로 유지할 것이다. 그래서 그 실질적인 이유들이 무엇인지 이제부터 살펴보고자 한다.

보통 선거의 단점은 모르는 척 넘어갈 수 없을 정도로 매우 극명하다. 한 국가의 계층을 보여주는 피라미드의 맨 꼭대기에는 극소수의 뛰어난 인물들이 자리하며, 아래의 넓은 쪽으로 내려갈수록 지적 능력이 떨어지는 계층이 존재한다. 문명은 바로 그 뛰어난 극소수의 인물들이 만든 작품이었음을 반박할 수 없다. 그러므로 열등한 인간들이 아무리 수적으로 우세하다 하더라도 그들의 투표에 문명의 위대함이 좌우되지 않는 것만은 분명하다. 한편으로는 군중의 투표가 퍽 위험하다는 사실도 부인할 수 없다. 프랑스는 군중 투표로 인해 이미 여러 차례 침략의 고통을 당한 바 있다. 그리고 이제는 국민 주권이라는 환상 탓에 사회주의의 승리라는 더 큰 고통을 겪으리라는 데에 의심의 여지가 없다.

하지만 신조로 자리매김한 사상의 막강한 힘을 기억한다면 군중 주권이 더욱 큰 혼란을 야기하리라는, 이론적으로 완벽한 반론이 실제로는 아무런 영향력을 갖지 못한다는 점을 알 수 있을 것이다. 철학적 관점에서 군중 주권이라는 신조는 중세의 종교 교리만큼 옹호할 가치가 없지만, 오늘날에는 그와 비견할 만큼 절대적인 힘을 가지고 있다고 해도 과언이 아니다. 과거의 종교 교리만큼이나 난공불락인 것이다. 현재의 자유사상가가 어떠한 마법에 의해 중세 한복판에 떨어졌다고 가정해보자. 당대를 지배하던 종교 사상의 막강한 영향력을 확인하고도 그는 그 사상에 반박할 수 있을까? 악마와 손을 잡았다거나 마녀 집회에 참석했다는 혐의를 씌워 자신을 화형에 처하려는 판사의 손아귀에서 과연 악마와 마녀 집회를 부인할 엄두라도 낼 수 있을까? 태풍을 두고 이러쿵저러쿵 논쟁하지 않듯이, 사람들은 이제 더 이상 군중의 신념을 트집 잡지 않는다. 오늘날 보통 선거라는 신조에는 과거 기독교 교리가 가졌던 것만큼의 힘이 있으며, 연사와 작가들은 이 보통 선거에 대해 이야기할 때면 루이 14세에게도 보내지 않았던 경의와 찬사를 아끼지 않는다. 그러므로 보통 선거에 대응하고자 한다면 모든 종교 교리에 그랬던 것처럼 시간으로 맞서야 한다. 종교 교리든 보통 선거든 오직 시간만이 영향을 미칠 수 있는 것이다.

보통 선거에는 분명한 명분이 있기에 그 신조를 흔들려는 시도는 무용할 뿐이다. 그 점에 대해 토크빌은 다음과 같이 정확하게 지적했다. '평등의 시대를 살아가는 인간들은 서로를 조금도 신뢰하지 않는다. 그들이 서로 엇비슷한 까닭이다. 하지만 바로 그 유사성 때문에 그들은

1848년 프랑스 성인 남성으로 선거권이 확대된 것을 기념하는 그림이다. 이 책에서 저자가 말하는 '보통 선거'는 오늘날 민주주의 국가에서 시행하는 보통 선거와는 개념이 다르다. 저자가 이 책을 쓸 당시 민주주의 제도가 가장 잘 확립되었다는 미국에서도 흑인과 여성에게는 선거권이 주어지지 않았고, 프랑스에서도 성인 남성으로 선거권을 제한했으며, 성인 남성이라도 범죄자는 선거권을 박탈했다. 오늘날의 보통 선거와 가장 근접한 선거 제도는 1898년 뉴질랜드에서 처음 시행되었다.

대중의 판단을 거의 무한히 신뢰하기도 한다. 모두가 똑같이 계몽된 탓에 최대 다수에게 진실이 존재하지 않는다고는 생각할 수 없기 때문이다.'

만약 개인의 역량에 근거해 제한 선거(재산과 교육 수준, 납세 금액, 성별 따위를 기준으로 선거권을 제한하는 선거)를 시행한다면 군중의 투표가 나아지리라고 가정할 수 있을까? 나는 조금도 그렇게 생각하지 않는다. 앞서 말했듯, 집단은 어떻게 구성되든지 간에 모두 정신적으로 열등하기 때문이다. 군중을 이룬 개인들은 언제나 균일해지며, 일반적인 사안들을 표결에 부친다 해도 학자 40명이 물장수 40명보다 더 나은 결과를 도출하지도 않는다. 제2 제정(1852년~1870년. 보나파르트 나폴레옹의 조카인 나폴레옹 3세가 통치한 시기로, 프랑스의 정치와 행정, 군사, 외교에 관한 모든 권한이 황제에게 집중되었다. 프로이센-프랑스 전쟁에서 프랑스가 패배하며 해체되었다)은 보통 선거의 폐해를 여실히 드러냈지만, 나는 당시에 학자와 지식인들로 투표권을 제한했다고 해서 다른 결과를 얻었으리라고는 생각하지 않는다. 그리스어나 수학에 능통하거나 건축가, 수의사, 의사 또는 변호사라고 해서 사회 문제들에 특별히 정통한 것은 아니기 때문이다. 프랑스 경제학자들은

334

모두 교육을 받은 이들로 대부분 교수나 학자다. 하지만 보호 무역주의와 양본위제(금이나 은의 일정량을 화폐 단위로 규정하는 화폐 제도인 금본위제와 은본위제와 비교하여, 두 가지 이상의 금속을 화폐 기준으로 삼는 화폐 제도) 같은 일반적인 사안에 대해 그들이 합의에 이르렀던 경우가 단 한 번이라도 있었던가? 그들의 학문이란 보편적인 것들에 대한 무지를 가려주는 양식일 뿐이며, 다양한 미지의 요인들로 가득한 사회 문제들 앞에서 모든 무지는 평등해지는 법이다.

따라서 학문적 지식이 풍부한 이들로 선거인단을 조직한다 해도 오늘날의 보통 선거를 통한 투표보다 더 나은 결과를 내놓지는 않을 것이다. 그들은 어쩔 수 없이 자신들의 감정과 당파성에 따라 한쪽으로 치우칠 것이고, 프랑스는 폐쇄 집단의 막강한 전횡을 막아내지 못한 채 현재 당면한 난관들을 조금도 타개하지 못할 것이다.

제한 선거든 보통 선거든, 공화국이든 군주국이든 관계없이 프랑스와 벨기에, 그리스, 포르투갈, 스페인 등 어느 국가에서건 군중 투표는 대개 민족의 무의식에 잠재된 열망과 욕구를 발산하며 모두 유사하게 시행되고 있다. 그러므로 당선자의 평균은 곧 각국 민족정신의 평균이라고 보아도 무방하다. 그리고 그 평균값은 세대가 바뀌어도 거의 변함이 없다.

앞서 수차례 다루었던 민족이라는 개념과, 그 민족 개념에서 파생된 또 다른 개념인 제도와 정치 체제는 국민의 삶에 별다른 역할을 하지 못한다는 개념으로 결국 되돌아온다. 국민은 민족정신, 그러니까 선조가 남긴 잔재의 총합에 따라 움직이는 법이다. 그러므로 우리의 운명을 지배하는 정체불명의 지도자는 민족 그리고 매일같이 필연적으로 굴러가는 톱니바퀴 같은 일상인 셈이다.

Chapter 5

의회는 집단 지성이 아니라,
소수 권력을 대변한다

: 의회 군중

의회 군중에게서는 비균질적인 비익명 군중에서 공통적으로 발현되는 특성 대부분이 나타난다 — 지나치게 단순화되는 견해 — 피암시성과 그 한계 — 타협 불가능한 고정 불변의 견해와 유동적 견해 — 의회 군중이 망설이는 이유 — 지도자의 역할 — 지도자에게 위신이 필요한 이유 — 의회를 이끄는 진정한 주역은 극소수에 불과한 지도자 층이다 — 지도자가 발휘하는 절대적인 영향력 — 지도자의 연설에 필요한 요소들 — 단어와 이미지 — 지도자가 대개 확신에 차 있으면서도 편협할 수밖에 없는 심리적 필연성 — 위신이 없는 연사는 자신의 논거를 인정받을 수 없다 — 의회 의원들은 긍정적으로든 부정적으로든 감정을 과장한다 — 그리고 어느 순간이 되면 기계적으로 반응한다 — 국민 공회 회의 — 의회 군중이 군중의 특성을 잃는 경우 — 전문성이 필요한 사안에 대한 전문가의 영향력 — 모든 국가에서 나타나는 의회제의 이점과 위험성 — 의회제는 현대 사회의 필요에 따라 맞추어지지만 재정 낭비와 모든 자유의 점진적 제한을 야기한다 — 이 책의 결론

의회는 각 국가마다 민족정신의 영향으로 차이를 보이기는 하지만 일반적인 군중의 특성이 그대로 드러난다. 그럼에도 특수한 조직인 만큼 여타의 군중과는 다른 차이를 보인다.

의회는 대표적인 비균질적 비익명 군중이다. 시대와 국가에 따라 의원을 선출하는 방식이 다르긴 해도 의회 자체는 많은 점에서 유사한 특성들을 공유하는데, 민족의 영향으로 인해 그 특성들이 약해지거나 과장되기는 해도 아예 발현되지 않는 것은 아니다. 그리스, 이탈리아, 포르투갈, 스페인, 프랑스, 미국 등 극명한 차이를 보이는 국가들에서도 의회는 토론과 투표 방식에서 유사성을 보이며 정부에 떠안기는 어려움들도 거의 동일한 편이다.

의회제는 문명화된 모든 현대 국가의 이상이기도 하다. 그런 생각이 심리학적 오류일지라도, 의회제에는 다수가 모이면 어떠한 주제에 대해 소수보다 더욱 현명한 결정을 내릴 것이라는 믿음이 담겨 있다.

하지만 의회 군중에게서도 여타 군중에서 나타나는 일반적인 특성들, 예컨대 사상의 지나친 단순화, 격분, 피암시성, 감정 과잉, 지도자의 막강한 영향력 등이 고스란히 관찰된다. 물론 특수하게 구성된 조직인 만큼 다른 군중과는 다른 몇 가지 차이를 보인다. 그 차이에 대해서는 곧 살펴보도록 하겠다.

의회에서는 대부분의 의견이 단순화된다. 정당의 구성원인 의원들은 정당의 원칙을 고수하기 위해 자신의 견해를 극단적 형태로 피력하기 때문이다. 그리고 의원들은 유권자의 암시에 무척이나 취약하다. 그래서 특히 지역의 이권에 관한 한 그들은 절대로 물러서지 않는다. 반면에 일반적 사안에 대해서는 유권자의 암시로부터 비교적 자유롭기 때문에 망설이는 모습을 보인다.

의견이 단순화되는 것은 의회의 가장 중대한 특성 중 하나다. 모든 정당들, 그중에서도 특히 라틴계 국가의 정당은 매우 복잡한 사회 문제를 다룰 때 항상 가장 단순하고도 추상적인 원칙과 더불어 모든 경우에 적용 가능한 일반적인 원칙들로 해결하려는 경향을 보인다. 당연히 각 정당마다 원칙이 다르며, 정당의 구성원들은 군중의 일원이라는 이유만으로 자신들이 고수하는 원칙의 가치를 부풀리며 자신들이 원하는 결론에 이를 때까지 그 원칙을 고수하는 편이다. 이처럼 어떤 견해가 극단적인 형태를 띠는 것이 의회의 대표적인 특징이다.

프랑스 대혁명 당시 자코뱅당은 의회의 의견이 단순화되는 가장 완벽한 전형을 보여주었다. 독단적인 논리만 내세운 당원들은 사안 자체의 개별성은 무시한 채 막연한 일반론에만 매몰되어 고정된 원칙을 수립하는 데에만 몰두했다. 그래서 그들이 여러 가지 상황은 외면한 채 혁명을 밀어붙이기만 했다는 주장은 틀린 것이 아니다. 실제로 그들은 매우 단순한 신조를 지침 삼아 사회를 완전히 개조하여 세련된 문명을 사회가 발달하기 이전의 단계로 되돌려놓고 싶어 했다. 그 꿈을 실현하기 위해 그들이 사용한 수단은 역시나 절대적인 단순화였다. 그들은 자신들을 방해하는 모든 것을 폭력적으로 파괴했고, 자코뱅파뿐만 아니라 지롱드파, 산악당(프랑스 혁명 때 정국을 주도한 좌익 정당으로, 자코뱅파 의원이 중심을 이루었다. '산악당'이라는 명칭은 여기에 속한 의원들이 의회 연단에서 멀리 떨어져 있는 약간 경사진 자리를 차지했기 때문에 붙여진 것이다), 테르미도르당(Thermidor는 프랑스 혁명력으로 혁명 2년째의 11번째 달에 해당한다. 이 집단은 '열월熱月당'이라고도 불리는데, 혁명력으로 11번째 달이 더운 여름에 해당하기 때문이다. 로베스피에르의 공포 정치에 반대하여 반동을 일으키고 자코뱅파를 몰아냈다)을 비롯한 거의 모든 정당들도 같은 생각에 고취되어 있었다.

의회 군중의 또 다른 특성은 암시에 극도로 취약하다는 점이다. 다른 모든 군중 집단에게서 관찰되듯 암시는 위신을 지닌 지도자들로부터 출발한다. 다만 의회에서의 피암시성은 매우 명확한 한계를 지닌다는 점에서 다른데, 일단은 그 한계를 명시하는 일이 중요할 듯하다.

의회의 의원들은 지역의 이권에 관한 모든 문제에 대해 타협 불가능한 각각의 확고한 견해를 가지고 있으며, 그 견해에 관한 한 어떠한 논증 앞에서도 흔들리지 않는다. 보호 무역주의나 포도주 증류 독점권과 같이 영향력 있는 유권자들의 요구가 반영된 사안들에 대해서는 고대 그리스의 웅변가 데모스테네스*Demosthenes*(BC 384~BC 322, 고대 아테네의 정치인)가 와서 설득한다 해도 의원들의 마음을 바꿀 수 없을 정도다. 이렇듯 유권자들의 사전 암시는 다른 모든 암시를 무력화해서 원래의 의견을 확

342

고부동하게 고수하게 만들 만큼 지배적이다.[26]

　한편 내각 교체나 세금 신설 같은 일반적 사안들에 대해서는 고정된 의견이 없기 때문에 지도자의 암시가 영향을 미칠 수 있다. 하지만 그 영향력이 일반 군중에서 나타나는 것처럼 절대적이지는 않다. 각 정당의 지도자 그룹은 대개 동등한 수준의 영향력을 갖기 마련이어서 의원들은 상반된 여러 암시들의 기로에서 망설일 수밖에 없다. 그들이 15분 간격으로 전혀 상반된 의견에 표를 던지고 또 법을 무용지물로 만드는 조항을 법에 삽입하는 일이 드물지 않은 것도 그 때문이다. 노동자를 해고할 수 있는 기업가의 권리를 박탈한 후 법안을 수정하여 그 처분을 취소하는 경우가 그러한 예다.

　위에서 든 이유로 인해 의회에서는 매 회기마다 어떤 사안에 대해서는 확고부동한 견해를 고수하는 반면 다른 사안에 대해서는 선뜻 입장을 밝히지 못하는 것이다. 실

26　사전에 고정되어 있는 견해가 선거의 필요성에 따라 완전히 확고해진다는 사실은 영국의 한 중진 국회 의원의 생각에서도 확인할 수 있다. "웨스트민스터 의회에서 활동한 지난 50년 동안 나는 수천에 이르는 연설을 들었다. 그중에는 내 생각을 바꾸게 한 연설이 손에 꼽을 정도나마 있었지만, 그 어떤 연설도 내 표심을 바꾸지는 못했다."

제로 의회에 상정되는 사안의 대다수가 일반적인 사안이기 때문에 의원들의 견해가 불분명할 수밖에 없고, 그런 경향은 유권자에 대한 두려움 때문에 지속된다. 유권자들의 잠재적 암시가 언제나 지도자들의 영향력을 상쇄해 버리는 것이다.

> 여느 군중에서와 마찬가지로 의회 군중에서도 지도자의 역할이 크다. 정당 지도자는 의원들이 갈팡질팡하는 문제들에 방향성을 제시한다. 따라서 의회는 국민을 대변한다기보다는 이런 지도자나 지도자 그룹의 의견을 반영하는 기구에 지나지 않는다. 하지만 의회의 지도자 역시 여론을 무시할 수는 없다. 설령 여론에 오류가 있다 하더라도 지도자는 여론을 수용한다. 의회가 민의를 대표한다는 말은 이런 시스템에서 의미가 있다.

수많은 논쟁에서 의원들이 사전에 자신의 견해를 확고하게 견지하지 못하는 상황에서 견인차 역할을 하는 이는 결국 지도자다.

지도자는 집단의 수장이라는 이름으로 어느 국가의 의회에서든 존재하며, 그로 인해 지도자의 필요성은 명백하게 입증된다. 의회의 진정한 통치자인 지도자는 군중을 이룬 개인들에게는 없어서는 안 될 존재다. 의회의 표결이 대개 지도자 격인 극소수의 견해만 대변하는 것도 그 때문이다.

지도자가 이성적 추론 능력으로 인해 영향력을 갖는 경우는 매우 드물다. 그들 중 대부분은 위신을 앞세워 영향력을 발휘한다. 어떤 상황에서든 지도자의 위신이 추락하면 그의 영향력도 땅에 떨어진다는 사실이 그 점을 잘 보여준다.

지도자의 위신은 개인적으로 타고난 것이며 명성이나 평판에 좌우되지 않는다. 1848년 의회에서 활동했던 쥘 시몽은 당시 대의원들에 대해 다음과 같은 흥미로운 이야기를 남겼다.

무소불위의 권력을 잡기 두 달 전만 해도 나폴레옹(나폴레옹 3세)은 아무것도 아닌 인물이었다.

빅토르 위고*Victor Hugo*(1802~1885, 프랑스의 작가. 대표작으로 『파리의 노트르담』, 『레미제라블』이 있다)가 연단에 섰다. 하지만 그의 연설은 성공을 거두지 못했다. 청중은 펠릭스 피야*Félix Pyat*(1810~1889, 프랑스의 정치인)가 연설할 때처럼 위고의 연설에도 귀를 기울였지만, 피야 때만큼 큰 박수를 보내진 않았다. 볼라벨*Achille de Vaulabelle*(1799~1879, 프랑스의 언론인이자 정치인)은 피야에 대해 이렇게 말했다. "나는 그자의 사상이 마음에 들지 않지만 그가 프랑스 최고의 작가이자 연설가 중 한 사람이라는 것만큼은 인정해." 또 에드가르 키네*Edgar Quinet*(1803~1875, 프랑스의 역사가)는 좀처럼 보기 드문 기백을 가진 지식인이었지만 별다른 이목을 끌지 못했다. 의회가 개회하기 전만 해도 인기를 누리던 그는 정작 의회에서는 전혀 주목을 받지 못했던 것이다.

의회는 천재들의 광휘가 좀처럼 빛을 발하지 못하는 곳이다. 이런 곳에서는 시간과 장소에 걸맞은 웅변술 그리고 조국이 아닌 정당을 향한 헌신만이 관건이다. 예컨대 의회는 절실하고 필연적인 이해관계에 얽혀 1848년에는 라마르틴*Alphonse Marie Louis de Prat de Lamartine*(1790~1868, 프랑스의 시인이자 정치인. 1848년 프랑스 혁명 당시의 지도자였다)을, 1871년에는 티에르*Marie Joseph Louis Adolphe Thiers*(1797~1877, 프랑스의 정치인이자 역사가. 프랑스의 두 번째 대통령이다)를 경의의 대상으로 만들고자 했으나, 이후 위험한 상황에서 벗어나자 의원들은 감사하는 마음에서도, 두려움에서도 해방되었다.

위의 구절을 인용한 이유는 글에 담긴 사실 때문이지 글에서 제시하는 해석 때문이 아니다.

해석이라는 것은 심리학적 관점에서는 그다지 중요하지 않다. 지도자가 헌신하는 대상이 조국이냐, 정당이냐를 따지는 순간, 군중은 군중으로서의 특성을 잃고 만다. 지도자를 따르는 군중은 지도자의 위신을 따를 뿐이지 결코 개인의 이익이나 감사하는 마음에 움직이지 않는다.

따라서 위신을 타고난 지도자는 거의 절대적인 권력을 쥐고 있다고 할 수 있다. 금융 사건에 연루되어 최근 선거에서 낙선한 한 유명 의원도 그전까지는 타고난 위신 덕분에 오랫동안 막강한 영향력을 발휘할 수 있었다. 그의 고갯짓 한 번으로 내각 개편이 단행될 정도였다. 한 작가는 그의 영향력이 어디까지 미쳤는지 다음과 같이 명확하게 기록한 바 있다.

프랑스가 통킹(베트남 북부 지역)을 사들이는 데 3배나 비싼 값을 치르고, 마다가스카르에서 확고한 기반을 다지지 못했으며, 나이저강(서아프리카 기니의 기니 고원에서 발원하여 말리, 니제르를 지나 나이지리아까지 흐르는 긴 강) 하류의 지배권을 완전히 빼앗긴 것뿐 아니라, 이집트에서 중요한 입지를 잃은 것은 특히 X 때문이었다. X의 이론 때문에 프랑스는 나폴레옹 1세가 참패했을 때보다 더 많은 영토를 잃고 말았다.

하지만 위 인용문의 지도자 X를 너무 원망해서는 안 된다. 그로 인해 프랑스가 비싼 대가를 치른 것은 분명하지만, 그가 그런 영향력을 가질 수 있었던 이유는 식민지 문제에 대해 오늘날과는 확연히 달랐던 당시의 여론을 따랐기 때문이었다. 실제로 지도자는 여론을 따를 뿐만 아니라 그 여론에 담긴 모든 오류마저도 받아들이는 경우가 많으며, 여론을 앞서가는 일은 극히 드물다.

지도자가 군중을 상대할 때는 이성과 논리가 아니라 편협함에서 비롯된 신념과 확언을 내세워야 한다. 특히 의회 군중 앞에서는 생생한 이미지를 불러일으키는 확언으로 위협을 가하는 것도 잊지 말아야 한다. 의회 군중은 그 은

근한 위협에 반박하다가 공범이나 반역자로 몰리는 상황을 두려워하기 때문이다. 이처럼 강렬한 신념을 드러내는 것은 의회 군중만이 아니라 거의 모든 군중에게도 효력을 발휘한다. 군중은 유약하고 관용적인 이가 아니라 강력한 신념을 가진 이에게서 지도자의 모습을 발견하기 때문이다. 하지만 모든 지도자가 그렇듯, 의회의 지도자 역시 위신을 잃는 순간 모든 힘을 상실한다.

지도자가 군중을 설득하는 수단은 위신 외에도 여러 요소가 있고, 그 요소들에 대해서는 이미 수차례 언급했다. 그 요소들을 능숙히 활용하고자 하는 지도자는 군중의 심리를 꿰뚫어 어떻게 해야 그들을 움직일 수 있는지 알고 있어야 한다. 무엇보다도 단어와 경구, 이미지가 매력적으로 작용한다는 사실을 인지해서 논리를 입증할 증거 없이도 강력하게 확언하고 간결한 추론으로 인상적인 이미지를 형성하는 특별한 웅변술에 정통해야 한다. 이러한 웅변과 연설 방식은 대단히 절제된 태도를 보이는 영국 의회는 물론 다른 모든 의회에서도 찾아볼 수 있다. 이에 대해 영국인 철학자 메인*Henry James Sumner Maine*(1822~1888, 영국의 법학자)은 다음과 같이 말했다.

"하원 의회 기록을 살펴보면, 의회에서의 토론이란 언

제나 논거가 빈약한 일반적 진술과 꽤나 폭력적인 인신공격을 주고받는 것에 불과하다는 사실을 알 수 있다. 이러한 토론 방식은 순수 민주주의(정부의 정책을 대표자를 거치지 않고 국민의 투표로 결정하는 정치 체제. 직접 민주주의라고도 한다)라는 공상이 형성되는 데 지대한 영향을 미친다. 강렬하고 인상적인 확언은 검증되지도 않았고 앞으로 검증할 수도 없다 해도 언제나 군중에게 손쉽게 받아들여질 것이다."

단어와 경구가 지니는 특유의 위력은 이미 여러 번 강조했다. 위에서 말한 '강렬하고 인상적인 확언' 역시 아무리 강조해도 지나치지 않다. 다만 단어와 경구를 선택할 때에는 이미지가 생생하게 환기되게끔 해야 한다. 프랑스 의회의 지도자 가운데 한 사람이 연설에서 인용한 다음 문장은 그 점을 훌륭하게 보여주는 표본이라 할 수 있다.

"부패한 정치인과 무수한 목숨을 앗아간 무정부주의자, 그 둘은 한 배를 타고 열병이 들끓는 유형지로 끌려가면서 대화를 나누겠지요. 그리고 서로가 서로에게 사회 질서를 이루는 상호보완적인 요소가 될 수 있다는 사실을 깨닫게 될 것입니다."

이 연설이 불러일으킨 이미지가 어찌나 생생했던지 연사의 정적들은 위협을 느낄 정도였다. 그들 모두는 열병이 창궐한 유형지와 그곳으로 자신들을 싣고 갈지도 모를 배를 동시에 떠올렸을 것이다. 단언할 수는 없지만 그들 자신이 위협감을 느껴야 할 정치인의 범주에 속해 있지는 않았을까? 어쩌면 그때 그들은 국민 공회 의원들이 느꼈을 법한 두려움을 어렴풋이 체험했는지도 모른다. 로베스피에르의 애매모호한 연설 이후 단두대의 칼날이 자신들의 목에 떨어질지도 모른다는 두려움, 그래서 그를 따를 수밖에 없게 만든 그 두려움을 말이다.

실제로 터무니없는 과장은 지도자에게 도움이 된다. 그러한 사실은 위에서 인용한 연설을 행한 연사가, 은행가와 성직자들이 폭탄 테러범을 매수했다거나 금융 회사 경영자들이 무정부주의자들과 똑같은 형량을 받아야 한다고 주장했을 때 어느 누구도 반박하지 않았던 점만 보아도 잘 알 수 있다. 이런 식의 확언은 언제나 군중에게 잘 먹힌다. 확언을 두고 지나치게 격앙되었다거나 연설을 가장한 위협이라고 반박하지 못하는 이유는, 청중은 무엇보다도 이러한 확언에 위축되기 마련이며 반기를 들었다가 반역자나 공범으로 몰리는 상황을 두려워하기 때문이다.

이런 식으로 청중을 설득하는 특별한 기술은 모든 의회에서 늘 영향력을 발휘해왔다. 그리고 위기 상황에서는 더욱 효과가 두드러진다. 프랑스 대혁명 당시 의정 활동을 했던 위대한 연사들의 연설은 그런 점에서 매우 흥미롭다. 그들은 연설 내내 죄를 비난하고 미덕을 찬양했다. 그리고 독재자에게 저주를 퍼부으며 자유로운 삶이 아니면 죽음을 택하리라고 단언했다. 그러면 청중은 열렬히 기립 박수를 보내다가 흥분이 가라앉으면 자리에 앉았다.

간혹 똑똑하고 교육을 많이 받은 사람이 지도자가 되기도 하는데, 사실 청중을 설득하는 데에는 그런 조건이 이롭기보다는 해로울 때가 많다. 지성은 사안의 복잡한 면을 제시하며 상황을 설명하고 이해를 얻으려 하기에, 지도자에게 필요한 강력하고도 과격한 확신을 모호하게 만들어 크게 약화시킨다. 프랑스 혁명을 비롯한 모든 시대의 위대한 지도자들은 안타까울 정도로 편협한 이들이었고, 그중에서도 가장 막강한 영향력을 발휘한 지도자들은 가장 편협한 자들이었다.

로베스피에르는 그런 편협한 지도자 가운데에서도 가

장 유명한 인물이었다. 그가 했던 연설들은 종종 모순으로 점철되어 있어 청중을 의아하게 만들었다. 그의 연설문만 읽어보아서는 그가 어떻게 강력한 독재자라는 엄청난 역할을 수행할 수 있었는지 좀처럼 설명하기 어려울 것이다.

> 교훈적인 웅변 그리고 라틴 문화에서나 보이는 진부한 표현과 사족은 평범함에도 미치지 못하는 유치한 영혼들, 그러니까 '어디 한번 해볼 테면 해보라지!' 식의 아이들 말싸움 수준을 벗어나지 못한 영혼들에게나 통한다. 그런 연설은 사상도, 기교도, 특색도 없이 지루하기만 할 뿐이다. 그처럼 무미건조한 연설을 다 읽어낸 사람들은 아마도 카미유 데물랭*Camille Desmoulins*(1760~1774, 프랑스의 저널리스트. 당통의 동료였으나 반혁명파에 대한 관용을 주장하다가 처형되었다)처럼 "휴우." 하고 숨을 턱 내뱉고 싶어질 것이다.

위신을 지닌 사람이 극단적인 편협함과 강력한 신념으로 무장했을 때 발휘하는 힘을 생각하면 섬뜩할 때가 있다. 하지만 어떠한 반대에도 아랑곳하지 않고 하고자 하는 것을 실현해내기 위해서는 그러한 조건이 선행되어야 한다. 군중은 자신들에게 필요한 지도자를 정력적인 신념가들 가운데에서 본능적으로 가려내기 때문이다.

의회 연설의 성패는 연사가 제시하는 논거들이 아니라 오직 연사의 위신에 달려 있다고 해도 과언이 아니다. 어떠한 이유로든 위신을 잃는 순간, 연사는 그간 의회에서 행사했던 영향력, 즉 자신의 뜻대로 표심을 좌우할 수 있었던 힘을 완전히 잃고 만다는 사실이 확실한 증거다.

따라서 연사가 아직 알려지지 않은 인물이라면 아무리 훌륭한 논거를 제시하며 연설을 한다 하더라도 그 논거만으로는 결코 청중의 관심을 끌어낼 수 없는 것이 현실이다. 데큐브*Amédée Descubes*(1853~1936, 프랑스의 정치인) 전 의원은 위신을 갖지 못한 의원의 이미지를 다음과 같이 묘사했다.

연단에 오른 그는 가방에서 서류 한 다발을 꺼내더니 자기 앞에 가지런히 펼쳐놓았다. 그러고는 자신만만하게 연설을 시작했다.

그는 자신의 논증을 가다듬고 또 가다듬었던 만큼 청중의 마음에 자신의 확신을 심을 수 있으리라 기대했다. 수치

Psychologie des foules

와 입증 자료는 정확했고 자신이 옳다는 확신도 넘쳤다. 자신이 제시하는 증거 앞에서는 어떠한 반론도 무용할 터였다. 그는 자신의 주장이 정당하기에 동료 의원들도 주목할 것이라는 믿음으로 연설을 시작했고, 자신이 제시하는 길에 그들이 경의를 표하리라 생각했다.

하지만 연설을 시작하자마자 회의장에서 동요가 일어나 깜짝 놀랄 수밖에 없었다. 웅성거리는 소리가 점점 더 커지자 그는 약간의 짜증이 치밀어 올랐다.

어째서 정숙하지 않을까? 왜 이렇게들 무관심할까? 웅성거리는 저 의원들은 대체 무슨 생각을 하고 있는 걸까? 어떤 급한 용무가 있기에 자리를 뜨는 걸까?

그의 얼굴에 불안한 빛이 감돌았다. 그는 미간을 찌푸리더니 연설을 중단했다. 그러다 의장의 격려에 힘을 얻고는 목소리를 높여 연설을 이어나갔다. 하지만 그의 연설에 귀 기울이는 의원의 수는 오히려 줄어들었다. 그는 목소리에 잔뜩 힘을 주고 몸짓까지 더했다. 하지만 소란은 한층 더 심해졌다. 그는 자신의 목소리마저 들리지 않는 지경에 이르자 잠시 멈추었지만, 자신이 침묵하면 의원들이 "연설을 끝내라!"며 고함을 질러댈까 봐 더욱 열띤 어조로 말을 이어갔다. 하지만 회의장은 이제 견디기 힘들 정도로 떠들썩했다.

의회 군중의 개인들 역시 군중에 속해 있는 동안에는 개인의 정체성을 상실한다. 그래서 자신이 추구하지도 않고 심지어 반대하는 정책들에 표를 던지고는 한다. 게다가 그들은 대체로 흥분 상태에 있기 때문에 감정의 양 극단을 오간다. 오늘의 결정을 내일 손바닥 뒤집듯 할 수 있는 것도 그 때문이다.

흥분이 고조된 상태에 있는 의회 군중은 보통의 비균질적 군중과 똑같아져서 언제나 극단적인 감정에 사로잡히는 특성을 보인다. 그들이 위대한 영웅적 행위를 하거나 극악무도한 짓을 저지르는 경우를 심심찮게 볼 수 있는 것도 그 때문이다. 의회 군중 속의 의원 개개인은 더 이상 그 자신이 아니고 개인의 정체성이 거의 남아 있지 않은 상태여서 자신의 이해와 정반대에 있는 정책들에 표를 던지기도 한다.

프랑스 대혁명의 역사는 의회 군중이 무의식에 얼마나 지배를 받는지, 그로 인해 자신들의 이해에 반하는 암시들을 어느 정도까지 따를 수 있는지를 보여준다. 귀족에게 특권을 포기한다는 것은 엄청난 희생이었지만, 그 유명한 입헌 의회의 밤, 그들은 한 치의 망설임 없이 이를 증명해냈다. 면책특권을 포기한다는 국민 공회 의원들에게는 끊임없이 죽음의 위협이 닥치는 것이나 마찬가지였지만, 그들은 그 권리를 포기했다. 그리고 오늘 동료들을 보낸 단두대에 내일 자신들이 설 수 있다는 사실을 알면서도 서로를 죽이는 데 거리낌이 없었다.

그들은 완전히 기계적으로 반응하는 상태에 이르렀다. 그래서 아무런 판단도 하지 못한 채 자신들을 최면에 빠뜨리는 암시에 굴복할 수밖에 없었다. 당시 의원으로 활동했던 자크 니콜리 비요 바렌*Jacques-Nicolas Billaud-Varenne*(1756~1819, 프랑스의 정치인. 국민 공회의 의장이었다)의 회고록 중 다음 구절은 그 전형을 완벽하게 묘사하고 있다. '사람들은 우리의 결정에 엄청난 비난을 쏟고 있다. 하지만 우리 역시 이틀 전, 아니 하루 전만 해도 그런 결정을 결코 원치 않았다. 그저 위기 상황에서 내린 어쩔 수 없는 결정이었다.' 이보다 더 적절한 묘사가 있겠는가.

무의식에 복종하는 이러한 현상은 항상 떠들썩했던 공회 회의들에서도 나타났다. 이폴리트 텐은 이렇게 기록했다.

그들은 자신들이 혐오하는 일, 그러니까 허튼짓이나 광기 어린 행위뿐 아니라 무고한 이들과 동료를 살해하는 등의 범죄 행위까지도 찬성하고 공인했다. 우파와 합세한 좌파는 자신들의 수장으로서 프랑스 대혁명을 주도하고 지휘했던 당통을 처형하는 데 만장일치로 열렬히 환호하며 그를 단두대로 보냈고, 좌파와 합세한 우파는 혁명 정부가 제정한 최악의 법령에 극렬히 찬동하며 만장일치로 표를 던졌다. 또 국민 공회는 콜로 데르부아*Jean-Marie Collot d'Herbois*(1749~1796, 프랑스 혁명의 지도자로서 로베스피에르와 함께 공포 정치를 이끌었으나 테르미도르 반동에 가담하여 로베스피에르를 실각시켰다. 하지만 그 역시 공포 정치에 관한 책임을 추궁당하여 추방되었다)와 쿠통*Georges Auguste Couthon*(1755~1794, '로베스피에르의 두 번째 영혼'이라 불릴 만큼 공포 정치에 적극 가담했다. 테르미도르 반동 때 처형되었다), 로베스피에르를 열광적으로 지지하며 수차례 자발적으로 실시한 재선거를 통해 탄복과 열광과 함성 속에서 만장일치로 살인 정부를 유지하는 데 찬성했다. 평원당(앞서 설명한 '산악당'과 비교하여 의회 연단과 가까운 평평한 곳에 자리를 잡아서 붙은 이름이다)과 산악당은 혁명 정부가 살인을 자행하고, 또 자신들을 괴멸시키려 한다는 각각의 이유로 혐오감을 표했지만, 이 다수당과 소수당도 결국에는 자신들의 괴멸에 일조하는 데 동의하고 말았다. 요컨대 프레리알 22일(프랑스 혁명력 2년 아홉 번째 달 초월[草月, 5월 20일~6월 18일]의 22일로, 오늘날의 달력으로는 1794년 6월 10일에 해당한다), 국민 공회는 로베스피에르의 지지를 받는 쿠통의 제안에 따라 오직 혐의만으로도 반동파를 즉결 처분할 수 있는 재판 개혁 법안을 만장일치로 통과시켰다. 하지만 테르미도르 8일(프랑스 혁명력 2년 열한 번째 달 열월[熱月, 7월 19일~8월 17일]의 8일로, 오늘날의 달력으로는 1794년 7월 26일에 해당한다), 로베스피에르는 연설을 마친 지 15분 만에 공포 정치에 불만을 품었던 이른바 테르미도르파라는 반동파에 의해 실각하고 숙청되었다.

암울하지만 정확한 묘사다. 최면에 걸린 채 격앙되어 있는 의회 군중은 이러한 특성을 띠기 마련이고, 그래서 결국에는 모든 충동에 휩쓸리는 변덕스러운 무리가 되고 만다. 자타가 공인하는 민주주의 신봉자 외젠 스퓔레르*Eugène Spuller*(1835~1896, 프랑스의 정치인)가 1848년의 의회를 묘사한 글은 그 전형을 잘 보여준다. 다음은《르뷔 리테레르*Revue littéraire*》에서 따온 글로, 앞서 군중의 특

성이라고 기술했던 모든 과잉된 감정들은 물론 가장 상
반된 감정들이 순식간에 교차하는 절정의 변덕을 확인할
수 있는 구절이다.

분열과 시기, 의심 그리고 차례로 잇따르는 맹목적인 신
뢰와 무한한 희망. 결국 공화당은 그로 인해 괴멸했다. 그
들은 어리석고 순진했던 만큼 모든 것을 불신했다. 적법
성에 대한 가치 판단은커녕 규율에 대한 이해조차 없이
끝없는 불안과 환상에 사로잡혀 있을 뿐이었다. 그런 점
에서 그들은 농사꾼이나 어린아이와 통했다. 침착한 만큼
조급하고 야만적인 만큼 온순한 성질은 인격이 성숙하지
못하고 교육을 받지 못했을 때 보이는 특성이다. 그들은
여간해서는 놀라지 않지만 만사에 당황하고는 한다. 겁에
질려 벌벌 떨면서도 대담하고 용맹해서 언젠가 불길에 뛰
어들 때도 있겠지만, 또 그림자만 보고도 뒷걸음질할 때
도 있을 것이다.

그들은 사건의 결과와, 그것이 미칠 영향에 대해서는 거
의 무지하다. 또한 돌연 의기소침해지는 만큼 곧잘 흥분
하는 데다 온갖 불안에 쉽게 사로잡히며, 적절한 감정의

360

정도를 찾지 못한 채 극단을 오간다. 그들은 물보다 더 쉬이 흘러 다니며 어떤 색채든 반영하고 온갖 형태로도 변한다. 그런 그들이 대체 어떠한 정치 체제의 기반을 수립할 수 있으리라 기대하겠는가?

입법을 기획하거나 정책을 구상할 때 의원은 하나의 개인으로 돌아간다. 그 전문가에 의해 탄생한 법과 정책은 뛰어난 개인의 작품이지만, 여러 의원들의 수정이 더해지면 결국에는 집단의 참담한 작품으로 변질되고 만다. 그래도 일시적이나마 전문가들이 의회의 지도자 역할을 하며 의회의 미숙한 결정과 오류를 바로잡는다. 하지만 유권자를 의식한 의회 행정으로 인해 재정이 낭비되는 상황은 피할 수 없다.

하지만 다행히도 조금 전 기술한 의회 군중의 모든 특성들이 언제나 변함없이 나타나는 것은 아니다. 의회는 특정 순간에만 군중을 이루며, 의회 군중의 구성원들은 대개의 경우 각자의 독자성을 유지한다. 의회가 고도로 전문적인 법을 만들 수 있는 이유가 여기에 있다. 그런 법을 만들어내는 이는 조용한 사무실에서 홀로 기안하는 전문가이기 때문에 가결되는 법은 사실상 개인의 작품이지 의회의 작품이 아니다. 이렇게 탄생한 법은 단연 훌륭하다. 하지만 의원들의 섣부른 수정이 여러 차례 더해져 결국 집단의 작품이 되어버리면 그 법은 참담한 수준으로 전락하고 만다. 어떤 범주에 속하건 군중의 작품은 항상 독립된 개인의 작품보다 열등하기 마련이다. 따라서 의회가 지나칠 정도로 무질서하고 미숙한 대책들을 면할 수 있는 건 전문가들 덕분이다. 그러므로 전문가는 일시적인 지도자가 된다. 의회는 그런 전문가에게 영향을 미치지 못하지만, 전문가는 의회에 영향력을 행사할 수 있다.

운영상의 어려움이 있기는 해도 의회는 여러 국가들에서 찾아낸 최적의 정치 제도이며, 특히 개인의 폭정이란 굴레에서 벗어날 수 있는 최고의 제도다. 적어도 철학자와 사상가, 작가, 예술가, 학자 등 문명의 최고점을 이루는 이들에게는 이상적인 정치 체제임이 분명하다.

더욱이 의회에 존재하는 중대한 위험은 사실 딱 두 가지뿐이다. 하나는 불가피하게 재정을 낭비하는 것이고, 다른 하나는 개인의 자유를 점진적으로 제한하는 것이다.

첫 번째 위험인 불가피한 재정 낭비는 유권자 군중의

요구와 예측 불능에 따른 어쩔 수 없는 결과다. 만약 어떤 의원이 모든 노동자의 퇴직 연금을 보장한다거나 도로 작업 인부 또는 교사들의 처우를 개선한다는 등 민주주의 사상을 명백히 충족하는 정책을 제안할 경우, 다른 의원들은 그 정책이 예산 부담을 가중하고 새로운 세금을 신설하도록 만들 것이란 사실을 알면서도 거부하지 못한다. 유권자는 두려운 존재라는 암시에 사로잡힌 탓에 감히 그들의 이해에 상충하는 입장을 취할 엄두를 내지 못하는 것이다. 더구나 유권자가 투표권을 행사할 시기에 망설인다는 건 당치도 않다. 지출 증대에 따른 결과는 어쨌든 먼 훗날의 일이어서 당장 자신들을 난처하게 만들 일이 없지만, 반대표를 던진다면 그 결과는 자신들이 유권자 앞에 서야 하는 순간 명백히 드러나게 되는 법이니 말이다.

재정 낭비를 유발하는 또 다른 원인은, 의원들이 지역의 이해를 위한 모든 지출은 승인할 수밖에 없다는 데 있다. 지역의 이익을 위해 재정을 쓰는 데 반대할 의원은 없을 것인데, 그런 지출은 유권자의 요구를 수용해서이기도 하지만 동료 의원이 제시하는 유사한 요구를 들어주어야만 자신의 지역구에 필요한 지원을 얻을 수 있어

서이기도 하다.[27]

의회에 의해 재정이 낭비되는 가시적인 위험보다는 개인

---

27 프랑스 경제 주간지 《레코노미스트_l'Économiste_》 1895년 4월 6일자
에는 순전히 선거를 유리하게 끌고 가기 위해 1년 동안 지출하
는 경비, 그중에서도 특히 철도 관련 경비가 어느 정도인지 계산
한 흥미로운 기사가 실렸다. 고산 지대에 위치한 랑가예_Langayes_(인
구 3,000명)와 르 퓌_Le Puy_를 잇는 철도 건설안이 통과되었고, 예상
비용은 1,500만 프랑이었다. 보몽_Beaumont_(인구 3,500명)과 카스텔-
사라쟁_Castel-Sarrazin_을 잇는 철도, 우스트_Oust_(인구 523명)라는 마을
과 세_Seix_(인구 1,200명)를 잇는 철도 건설에는 각각 700만 프랑이,
프라드_Prades_와 올레트_Olette_(인구 717명)라는 촌락을 잇는 철도 건
설에는 600만 프랑의 비용이 예상되었다. 공익과 무관한 철도 건
설 예산으로 1895년에만 9,000만 프랑이 배정되었던 것이다. 그렇
다고 선거에 필요한 다른 경비가 이보다 적은 것도 아니었다. 재
무 장관에 따르면 노동자 연금법을 위해서는 최소 연 1억 6,500만
프랑이 필요하다고 하지만, 경제학자 르로이-볼리외_Leroy-Beaulieu_
는 8억 프랑까지 예상했다. 계속된 지출 증가는 당연히 파산을 초
래한다. 포르투갈, 그리스, 스페인, 튀르키예 등 이미 많은 유럽 국
가들이 파산했고, 다른 국가들도 머지않아 파산할 처지에 몰려 있
다. 하지만 여러 국가의 국민들이 국채 배당금을 80퍼센트 삭감하
는 데 큰 저항 없이 동의했으므로 지나치게 걱정할 필요는 없다.
아무튼 꾀바른 파산 덕에 적자였던 예산은 순식간에 균형을 되찾
았다. 하지만 전쟁과 사회주의, 경제 투쟁으로 더 많은 재앙이 빚
어지는 만큼 이제 우리 앞에는 전 지구적 붕괴의 시대가 펼쳐질
것이다. 그러니 우리 힘으로 어쩔 수 없는 미래를 너무 염려하지
말고 그저 하루하루를 받아들이며 살아야 한다.

364

의 자유가 점진적으로 제한된다는 두 번째 위험 요소가 더욱 치명적일 수 있다. 의회 군중은 초래될 결과를 충분히 예상하지 못한 채 법안을 가결해야 한다는 강박에 싸인 채 수많은 법을 제정하고 있다. 시민들은 더 많은 법이 더 많은 평등과 자유를 보장하리라는 환상에 사로잡힌 채 갖가지 규제가 일상의 자유를 조금씩 좀먹는 현실을 제대로 보지 못한다. 이런 상황에서는 행정 관료라는 폐쇄 집단의 힘이 막강해질 수밖에 없다. 정부에 의해 개인의 자유가 제한되는 상황은 노쇠한 국가와 문명에서 나타나는 쇠퇴기의 전조 현상이다.

앞서 언급한 두 가지 위험 가운데 의회 군중에 의한 개인의 자유 제한은 첫 번째 위험에 비해 드러나는 정도는 낮지만 상당히 현실적으로 다가오는 위험이다. 의원들은 지나치게 단순하게 사고하는 탓에 그 결과조차 제대로 예측하지 못하면서도 법안을 가결해야 한다고 생각하는데, 그렇게 제정된 무수한 법들이 결국 개인의 자유를 제한하는 위험을 초래하는 것이다.

유권자로부터 의원들의 독립성을 유지하는 가장 완벽한 전형을 제시하는 영국 의회조차도 그런 위험에서 자유롭지 않은 걸 보면, 개인의 자유 제한은 분명 피할 수 없는 과제다. 허버트 스펜서는 이미 오래전 연구를 통해 표면적 자유가 증대할수록 실제 자유는 감소한다고 이야기했다. 그는 최근의 저서 『개인 대 국가*The Man versus the State*』에서 그 주장을 되풀이하며 영국 의회에 대해 이렇게 묘사하기도 했다.

> 그 시대부터 입법은, 내가 앞서 지적한 대로, 빠르게 늘어나는 전제적 대책들이 끊임없이 개인의 자유를 제한하는 방향으로 진행되었다. 다음의 2가지 방식으로 말이다. 첫째, 과거에는 완전한 자유성이 부여되었던 시민들의 행위에 규제를 가하여 자유 의지에 따라 행하거나 행하지 않아도 되었던 행위들을 반드시 하게끔 강제하는 법규들이 매년 무수히 제정되었다. 둘째, 가처분 소득은 줄이는 반면 국가가 징수한 세금을 공무원들이 마음대로 사용할 수 있는 지출액은 늘리는 방식으로 조세 부담, 그중에서도 특히 지방세 부담을 점점 가중시켰다.

개인의 자유를 점진적으로 제한하는 현상은 허버트 스펜서가 지적한 바와 달리 모든 국가에서 하나의 특별한 형태로 나타난다. 대개 제약성을 띠는 수많은 법을 제정하면 그 법제를 운영하는 공무원의 수와 권력, 영향력이 자연히 커지며, 공무원들은 그런 식으로 점차 문명국가의 진정한 지도자가 되어가는 것이다. 그리고 그들은 끊임없이 변하는 권력 구조 안에서도 변화의 역풍을 비껴가며 면책성과 비개인성(어떤 결정을 내리고 정책을 실행할 때 발생하는 과오에 관하여 행정의 주체인 책임자가 겉으로 드러나지 않는 현상), 연속성 모두를 가진 유일한 집단, 즉 행정 관료라는 폐쇄 집단에 힘입어 더욱 강력해진다. 면책성과 비개인성, 연속성의 3가지 특성이 동시에 나타나는 형태만큼이나 억압적인 전제 정치는 없는 법이다.

쓸데없는 절차로 생활 속 사소한 행위까지 제약하는 법과 규칙을 끊임없이 제정하다 보면 시민들은 운신의 폭이 점점 줄어드는 치명적인 상황에 이른다. 국민은 여러 가지 법이 제정될수록 평등과 자유가 더 잘 보장되리라는 환상의 노예가 되어 날마다 더욱더 조여오는 족쇄를 그저 받아들이게 되는 것이다.

하지만 국민이 그 족쇄들을 그저 평온하게 받아들이는 것은 아니다. 억압을 견뎌내는 데 익숙해지면 그들은 오히려 억압을 갈구하며 자발성과 활력을 완전히 잃은 채 의지도 저항력도 원동력도 없는 텅 빈 그림자나 수동적인 꼭두각시로 전락하고 만다.

내 안에서 찾을 수 없는 힘은 외부에서 찾게 된다. 시민들의 무관심과 무기력이 커질수록 정부의 역할이 커질 수밖에 없는 것이 그 때문이다. 개인들이 더 이상 진취성과 도전 정신, 지도력을 발휘할 수 없다면 이제 그 주체는 정부가 되어야 한다. 정부가 모든 것을 주도하고 통솔하고 보호하는 것이다. 그런 식으로 국가는 전지전능한 신이 된다. 하지만 지금까지의 경험으로 비추어보건대 그런 신들의 권력은 그리 오래가지도 않았고 강력하지도 않았다.

자유를 보장하는 듯 보이는 국가들에서도 실제로는 그 모든 자유가 점진적으로 제한되고 있는데, 이는 국가의 체제만큼이나 국가 자체가 노쇠한 탓일 수 있다. 자유를 제한하는 현상은 지금까지 어떤 문명도 피해갈 수 없었던 쇠퇴기의 여러 전조 증상 중 하나다.

과거의 교훈과 각처에서 드러나는 징후로 판단하건대 오늘날 수많은 현대 문명이 이미 쇠퇴 직전 극도의 노쇠기에 접어들었다는 사실을 알 수 있다. 그리고 역사가 이미 수없이 반복한 과정인 만큼, 이 단계는 모든 국가들에 치명적일 듯하다.

민족은 하나의 이상으로 뭉친 결합체이며, 문명은 그 이상으로부터 영감을 받아 탄생한 것들이 이룬 결과물이다. 하지만 어느 정도의 수준에 이르면 문명은 성장을 멈추고 노쇠기에 접어든다. 이와 함께 민족도 분열한다. 각자의 이해와 열망에 따라 분열한 개개인들은 곧 사소한 행위조차 지도해줄 어떤 존재를 기다리게 되고 이때 막강한 영향력을 가진 국가가 등장한다. 하지만 이상이 힘을 잃는 순간 민족도 문명도 더는 존재하지 않는다. 꿈을 좇아 야만에서 문명에 이르렀다가 그 꿈을 상실하면서 다시 야만으로 돌아가는 것이 민족과 문명의 흥망성쇠다.

문명이 일반적으로 어떠한 진화 단계를 거치는지 간략하게 기록하기란 어렵지 않으므로 나는 그 단계들을 요약하는 것으로 이 책을 끝마치려 한다.

우리보다 앞선 문명의 흥망성쇠를 살펴보면서 과연 무엇을 알 수 있을까?

문명의 여명기에는 이주나 침략, 영토 정복 등의 이유로 다양한 민족의 수많은 사람이 우연히 한데 모인다. 혈통만큼이나 언어나 신념도 다양한 그들은 아직 완전한 권력을 갖지 못한 우두머리가 내세우는 법을 통해서 서로 이어진다. 이처럼 혼잡한 결합체에서는 군중 심리의 특성들, 이를테면 일시적인 응집력과 영웅주의, 이성적 사고의 결핍, 충동성 또는 폭력성이 매우 강하게 나타나지만, 어떤 특성도 지속되지 않기에 아직은 미개인과 다를 바 없다.

이후는 시간의 몫이다. 동일한 환경 속에서 피가 섞이는 가운데 공동생활의 필요성이 한데 모여 있는 상이한 개인들에 서서히 작용하면 그들은 융합 과정을 거쳐 하나의 민족, 즉 공통된 특성과 감정을 공유하는 결집체를 형성하게 된다. 그리고 그 공통 특성과 감정은 대대로 이어지며 점점 더 고착된다. 그러면 군중은 하나의 민족을 이루어 이제 야만성에서 벗어날 수 있게 된다.

하지만 민족이 야만성에서 완전히 벗어나기 위해서는 오랜 노력을 기울이고 끊임없이 투쟁하며 무너지고 시작하는 과정을 되풀이하고 나서 이상을 획득해야 한다. 로마 숭배든 아테네의 힘이든 알라의 승리든, 그 이상의 본질이 무엇인지는 중요하지 않다. 단지 이상을 제시하는 것만으로도 민족이 형성되는 단계의 개개인은 감정과 사상이 통일되었음을 충분히 느낄 수 있다.

그러고 나면 마침내 제도와 신념, 예술을 근간으로 새로운 문명이 탄생할 수 있다. 민족은 꿈을 원동력 삼아 문명에 찬란함과 힘과 위대함을 부여하는 모든 것을 차례차례 이루어나갈 것이다. 물론 그 민족도 어느 순간에는 군중으로 되돌아갈 테지만, 그때 그 군중의 유동적이고 가변적인 특성 너머에는 민족정신, 즉 민족이 맞닥뜨릴 동요와 진폭을 줄이고 우연한 위험을 억제하는 견고한 기층이 자리하고 있을 것이다.

하지만 창조 활동을 끝마친 때에는 어떤 신도 인간도 피해가지 못하는 파괴라는 작업에 돌입한다. 문명은 어느 정도 수준의 힘을 갖추고 복잡한 체제를 이루면 성장을 멈추며, 그 즉시 쇠락의 길로 들어설 수밖에 없다. 노쇠기의 문이 열리는 것이다.

어떤 문명도 피해갈 수 없는 이 시기에는 민족정신을 지탱해온 이상이 약화된다. 그렇게 이상이 희미해지면 그 이상에서 영감을 얻었던 종교적·정치적·사회적 체계 일체가 흔들리기 시작한다.

이렇게 이상이 점차 소멸하면 민족은 그들에게 응집력과 통일성, 힘을 부여하던 가치들을 차츰 상실한다. 이때 개인은 여전히 인격적으로나 지성적으로 성장할 수 있지만, 민족의 집단 이기주의는 지나치게 발달한 개인 이기주의로 대체되고, 민족의 기개와 실행력도 약화되어 버린다. 그러면 일체성을 갖고 하나의 집단을 형성했던 민족은 결국 응집력이 없는 개개인들의 집합체가 된 채 그저 전통과 제도만 앞세우며 한동안 인위적으로 유지될 뿐이다.

이 단계에 이르면 개인들은 각자의 이해와 열망에 따라 분열하지만, 자기 자신을 다스리는 법을 알지 못하기 때문에 지극히 사소한 행위마저 지도해줄 누군가를 기다리게 된다. 그러면 이때 개인들의 마음을 단박에 사로잡을 만큼 영향력을 행사하는 국가가 등장한다.

과거의 이상을 완전히 잃어버린 민족은 결국 고유의 정신마저 완전히 잃고 만다. 그런 민족은 그저 무수히 많은 독립된 개인으로 흩어진 최초의 모습, 즉 군중으로 되돌아간다. 그러면 그들은 더는 일관성도 없고 내일도 없는 군중의 모든 과도기적 특성들을 띠고, 문명도 더는 불변성을 갖지 못한 채 우연히 닥쳐오는 위험들에 고스란히 맞닥뜨리게 된다. 이렇게 되면 평민이 여왕 노릇을 하고 야만인이 앞서가는 시대가 된다. 문명은 오랜 과거가 만들어낸 외관 덕분에 찬란해 보일지 모르지만, 사실은 떠받쳐주는 기초 하나 없어서 폭풍우 한 번에도 무너져 내릴 케케묵은 건물로 전락해버린다.

꿈을 좇아 야만에서 문명의 단계에 도달했다가, 그 꿈

372

이 힘을 잃는 즉시 쇠하고 소멸해버리는 것, 이것이 곧 민족의 흥망성쇠가 아닐까.

옮긴이 김진주

홍익대학교 예술학과와 불어불문학과에서 공부하고, 한국외국어대학교 통번역대학원을 졸업했다. 프랑스 일간지 〈르몽드(Le Monde)〉의 자매 월간지인 《르몽드 디클로마티크(Le Monde Diplomatique)》의 번역 위원으로 활동했다. 현재 번역 에이전시 엔터스코리아에서 번역가로 활동하고 있다. 옮긴 책으로는 『혼자를 권하는 사회 : 주눅 들지 않고 나를 지키면서 두려움 없이 타인을 생각하는 심리학 공부』 『내면의 삶』 등이 있다.

현명한 존재는 무리에 섞이지 않는다
: 군중 심리

초판 1쇄 발행 2024년 10월 21일

지은이 귀스타브 르 봉
옮긴이 김진주
펴낸이 김선준

편집이사 서선행
책임편집 송병규 **편집4팀** 이희산
마케팅팀 권두리, 이진규, 신동빈
홍보팀 조아란, 장태수, 이은정, 권희, 유준상, 박미정, 이건희, 박지훈
표지 디자인 김세민
본문 디자인 외주 김미령
경영관리 송현주, 권송이, 정수연

펴낸곳 페이지2북스
출판등록 2019년 4월 25일 제2019-000129호
주소 서울시 영등포구 여의대로 108 파크원타워1, 28층
전화 070)4203-7755 **팩스** 070) 4170-4865
이메일 page2books@naver.com
종이 월드페이퍼 **출력·인쇄·후가공·제본** 한영문화사

ISBN 979-11-6985-103-9 (03100)